Taschenwörterbuch

zum

Corpus juris civilis,

den Institutionen des Gajus und anderen
römischen Rechtsquellen.

Mit einer Übersicht
über Juristen, Leges und Senatus Consulta
nebst 2 Verwandtschaftstafeln.

Dritte Auflage.

1918
Verlag von H. W. Müller.
München NW. 2, Berlin SW. 68.

Druck von Dr. F. P. Datterer & Cie. (Arthur Sellier) München und Freising.

Vorwort zur ersten Auflage.

Für alle eingehenderen Quellenstudien ist Heumanns verdienstvolles Handlexikon zu den Quellen des römischen Rechts ein unentbehrlicher und zuverlässiger Berater. Ein den Bedürfnissen und ökonomischen Verhältnissen der Studenten entsprechendes, knapp gehaltenes und handliches Nachschlagebuch zu den römischen Quellen fehlte indes bis jetzt.

Diese Lücke auszufüllen war das Bestreben des Verfassers. Dazu mußte er sich möglichster Kürze befleißigen und von jedem Quellennachweis absehen. Andrerseits aber erschien es ihm angebracht, sich nicht auf den Wortschatz des Corpus juris civilis zu beschränken, sondern auch andere bedeutsamere Quellen zu berücksichtigen; so fanden u. a. auch seltenere Wortformen aus Bruns' Fontes Aufnahme.

Die von Stölzel in seiner „Schulung für die civilistische Praxis" ausgesprochene Klage „über die unglaublichen Betonungsfehler der Kandidaten" gab dem Verfasser die Anregung zu einer ausgiebigen Länge- und Kürzebezeichnung: Hinweise, die besonders den Abiturienten der Realgymnasien und Oberrealschulen bei ihren Studien willkommen sein dürften.

Schließlich wurden dem Wörterbuch noch eine Zusammenstellung der bekanntesten, in den Quellen genannten Juristen, der wichtigeren Leges und Senatus Consulta und zwei Verwandtschaftstafeln beigefügt, die einen raschen Überblick ermöglichen sollen.

Vorwort zur zweiten Auflage.

Bei der Neubearbeitung wurde mehr noch als bisher Wert auf möglichste Anpassung der Wortbedeutungen auch an den Sprachgebrauch der Institutionen des Gajus gelegt Der mehr und mehr in Aufnahme kommenden Benutzung dieser Institutionen in seminaristischen Übungen dürfte damit in geeigneter Weise Rechnung getragen sein. Möge auch der zweiten Auflage eine freundliche Aufnahme zuteil werden!

Berlin, im Dezember 1910.

Bemerkung zur dritten Auflage.

Des Krieges wegen wurde von der Veranstaltung einer neu bearbeiteten Auflage abgesehen. Die dritte Auflage ist deshalb lediglich ein unveränderter Abdruck der 2. Auflage.

Inhalt.

Zeichenerklärung.

* weist auf die am Ende befindlichen Verwandtschaftstafeln hin.

v bezeichnet das vorhergehende Wort als eine Abwandlungsform des dahinterstehenden.

Durch gesperrten Druck sind die juridischen termini technici kenntlich gemacht.

Keine Längezeichen haben Doppelvokale und positionslange, d. h. von mehreren Konsonanten geschlossene Silben.

Abschnitt I.

A.

a, ab von, durch, aus, an, in
defendĕre, ab verteidigen vor
legāre ab jm. Legat auferlegen
abactor, ōris Viehräuber, -dieb
abactus v. abigere
abăcus Spielbrett, Tischchen, Kachel
abaliĕnāre veräußern, übertragen
abamĭta* Schwester des abavus
abavĭa* Großmutter des avus
abavuncŭlus* Bruder der abavia
abăvus* Großvater des avus
abdĭcāre sich lossagen, verstoßen, aufgeben, verwerfen
abdĭcĕre aberkennen
abdĭtus heimlich, versteckt, abgelegen
abdūcĕre wohinführen, entführen, entfernen, wegtreiben, -nehmen, abhalten
terrōre abdūci außer sich geraten
Abellĭnum s. Avellinas.
abĕo s. abire
aberrāre sich verirren, abschweifen, zerstreut werden
abesse abwesend, entfernt sein, frei sein, fehlen, verloren sein
abfŏre(m) v. abesse
abhinc von jetzt an, nun vor
abhorrēre abgeneigt sein, abweichen, nicht passen zu
abĭcĕre weg-, abwerfen, aufgeben, veräußern, entfernen
abĭens v. abeo
abjectĭo v. abicere
abjectus verworfen, niedrig
abigeātus Viehdiebstahl
abĭgĕre fort-, weg-, abtreiben
abigĕus Viehdieb
abjĭcĕre s. abicere
abīre weggehen, verschwinden, verlassen, vorübergehen, vergehen, verloren gehen
abjudĭcāre aberkennen
abjūrāre ableugnen (unter Eid)
ablātus v. aufero
ablēgāre ab-, wegschicken
ablŏcāre vermieten, einräumen
ablŭĕre abwaschen, entfernen
abmatertĕra* Schwester der abavia
abnĕgāre abschlagen, ableugnen
abnĕpos* Enkel des nepos
abneptis* Enkelin des nepos
abnoctāre über Nacht ausbleiben

abnŭo verneinen, abschlagen
abnutīvum verneinend
abŏlēre zerstören, beendigen, aufheben, niederschlagen
abolitĭo Abschaffung, Aufhebung
abominabĭlis, **abominandus** verabscheuungswert
abominanter abscheulicherweise
abomĭnāri hinweg-, verwünschen
abominātus verwünscht
abŏrĭri verschwinden, abgehen
aborsus v. aboriri
abortĭo Fehlgeburt
abortum, abortus = abortio
abpatrŭus* Bruder des abavus
abreptus v. abripere
abrĭpĕre los-, wegreißen
abrŏgāre (ganz) abschaffen, aufheben, entziehen
abrumpĕre losreißen, trennen, verletzen, verlassen
abrumpi verloren gehen
abruptus steil, kurz, plötzlich
abs = a, ab
abscēdĕre fort-, abgehen, verloren gehen, getrennt werden
abscessus Weggehen, Absonderung
abscīdĕre abhauen, -schneiden
absci(s)se kurz, abgebrochen
abscīsus v. abscidere
abscondĕre verstecken, verhehlen
abscondĭtus geheim, unbekannt
absectus getrennt
absens v. abesse
absentāre fortschicken
absimĭlis unähnlich
absis, īdis runde Schüssel
absistĕre abstehen, unterlassen
absolūte bedingungslos
absolutĭo Freisprechung, Befreiung, Vollendung
absolutorĭus zur Freisprechung geeignet, der F. günstig
absolūtus vollendet, abgemacht
absolvĕre losmachen, befreien, freisprechen, zu Ende bringen, vollbringen
absŏnans, **absŏnus** abweichend
absque ohne, außer, fern von
abstentus v. abstinere
abstĭnēre abhalten, hindern
se abstinēre sich entäußern
abstractus v. abstrahere
abstrăhĕre wegreißen, -nehmen entziehen
abstrusus heimlich
absūmĕre wegnehmen, aufzehren, verbrauchen, aufwenden
absumptus v. absumere
absurdus unvernünftig, sinnlos
abundanter reichlich
abundantĭa Fülle, Überfluß
abundāre überfließen, Überfluß haben, überflüssig sein
abunde = abundanter
Aburnius s. Abschn. II.
abusĭo Mißbrauch, falscher Gebrauch
abusīve mißbräuchlich, ungebräuchlich
abūsus Miß-, Verbrauch
abūti verbrauchen, mißbrauchen, falsch brauchen
ac = atque
acăpnus rauchlos brennend
accēdĕre herangehen, (be)treffen, betreten, antreten, nahekommen, hinzukommen, beistimmen, anwachsen
accelĕrāre beschleunigen, eilen

accendĕre anzünden, entflammen
accensus I. überzähliger Soldat
— II. v. accendere
acceptāre in Empfang, annehmen
acceptilatĭo Quittung, Erlaßvertrag
acceptĭo Empfang(nahme)
acceptor Empfänger
acceptus v. accipio
accersĕre = arcessere
accessĭo Hinzutritt, -kommen, Zurechnung, Zuwachs
accessorĭus hinzutretend, abhängig
accessus Zugang, Zutritt
accĭdens Zufall
ex accidenti zufällig [eignen
accĭdĕre anfallen, zustoßen, sich ereignen
accinctus gegürtet, ausgestattet
accĭpĕre an sich nehmen, erhalten, wahrnehmen, aufnehmen, annehmen, übernehmen, erleiden
acceptum Inkasso, Einnahme
acceptum ferre erlassen
accīre herbeirufen, -führen
acclāmāre zurufen, begrüßen
accŏla / accŏlens } Anwohner
accommŏdāre anfügen, anpassen, heranbringen, hergeben, anwenden
accomŏd(āt)us passend, bequem
accrescĕre (her)anwachsen, zuwachsen, hinzukommen
accubatĭo Liegen, Sitzen
accumbĕre sich hinlegen, liegen
accumŭlāre aufhäufen
accūrāre besorgen
accurrĕre hinzulaufen
accūsāre zur Rede stellen, anklagen, beschuldigen [Sekte
Acephăli die „Führerlosen", eine
acer, acris, e scharf, heftig, starr
acerbus herb, rauh, hart
acerra Opferkästchen mit Weihrauch
acervus Haufe
acescĕre sauer werden
acetabŭlum Essiggefäß, Becher
acētum (Wein-)Essig
Achāja Landschaft an der Nordküste des Peloponnes
Achillēae thermae Bäder in Konstantinopel
acĭdus sauer
acĭes, ei, Schärfe, Sehschärfe, Blick, Höhe, Schlacht(reihe)
Acilia lex s. Abschn. II.
acinaticĭum Wein aus trocknen Trauben
acolūthus / acolȳthus } Meßdiener
aconītum Sturmhut, Eisenhut
acor, ōris Säure [zufrieden sein
acquiescĕre ruhig werden, ausruhen,
acquīrĕre verschaffen, erwerben
acquisitĭo Erwerb
acrimonĭa Schärfe, Energie
ac si gerade als ob
acta Protokoll
actĭo Tun, Tat, Unter-, Verhandlung, Klage, Klagformel, Vortrag, Anspruch, Beweisurkunde [handeln
actĭtāre (geschäftig) betreiben, ver-
actor, ōris Geschäftsführer, Verwalter, Prozeßvertreter, Kläger
actuarĭa navis Schnellsegler, Ruderschiff [viantmeister
actuarĭus Rechnungsführer, Pro-
actus Treiben, Recht zum Viehtreiben, Betrieb, Handlung, Rechtsgeschäft, Tätigkeit, Geschäftsführung
acucŭla Nädelchen [führung

aculĕus Stachel, Sporn
acus Nadel, Stift
acūtus scharf, scharfsinnig
ad zu, nach, gegen, bis zu, bei, um, in bezug auf, zufolge, nach, für
ad aliquid einigermaßen
ad verbum Wort für Wort
adactus v. adigere
adaequāre gleich machen, -stellen, [anpassen
adaeque auf gleiche Weise
adaerāre in Geld abschätzen
adămāre lieb gewinnen
adămas Diamant
adauctus v. adaugere
adaugĕre vermehren, vergrößern
adcinctus s. accinctus
adclāmāre s. acclamare
adcrescĕre s. accrescere
adcorpŏrāre einverleiben
addĕre herbeibringen, hinzutun, wohinlegen
addīcĕre zusagen, zuerkennen, zuschlagen, verkaufen, ansagen
in diem addictīo vorläufiger Zuschlag
addictus Schuldknecht
additamentum Zusatz, Zulage, Zurechnung
additicīus hinzugefügt
addītus v. addere
addubītare in Zweifel sein, Bedenken tragen
addūcĕre wohinführen, versetzen in, veranlassen, anführen
adductus v. adducere
ademptīo Widerruf (eines Legats)
ademptus v. adimere
adĕo bis dahin, so sehr, eben, gar
adeptus v. adipisci
adesse da sein, zugegen sein, begleiten, beistehen, zustehen
adf. . . . s. aff . . .

adg . . . s. agg . . ., ag . . .
adhaec außerdem
adhaerēre hängen an, zusammenhängen mit, gehören zu
adhĭbēre wohinbringen, zuziehen, benutzen, sich schuldig machen, anführen
fidem adh. Wort halten
modum adh. Maß halten
adhibĭtus v. adhibere
adhuc bisher, noch nicht, noch, dennoch, sogar, außerdem
adjăcens anliegend, benachbart
adjactamentum Anhang, Zugabe
adīcĕre zufügen, überbieten, zuziehen, einfügen
adjectīo Zusatz, Übergebot, Beitritt, Vermehrung
adjectus v. adicere
adīgĕre wohin bringen, wozu treiben
adigere jurejurando schwören lassen
adjīcĕre s. adicere
adīmĕre wegnehmen, rauben, versagen
adimplēre erfüllen, befriedigen
adinventum Erfundenes
adipisci erreichen, erlangen
adīre herzutreten, ersuchen, antreten
aditīo Zusammenkunft, Antritt, Eintritt, Ersuchen
adītus Zu-, Eingang, Zutritt, Zugangsrecht, Erwerbsrecht
adjudīcāre zuerkennen, zuteilen
adjudicatīo Teil der Formel und Urteil im Teilungsprozeß
adjudicātus = addictus
adjumentum Hilfe, Beistand
adjunctīo Zufügung, Zusatz
adjunctus verbunden, zugehörig
adjungĕre anspannen, anfügen, verbinden, beifügen, anbefehlen

adjuratorius zu beschwören, eidlich
adjūtor, ōris Helfer, Gehilfe
adjutorium Hilfe, Unterstützung
adjutrix, icis Helferin, Hilfs= . . .
adjūtus v. adjuvare
adjūvāre beistehen, unterstützen, nützen, begünstigen
adl . . s. all . . .
admensus v. admetiri
admētiri zumessen
adminicŭlum Stütze, Hilfe, Unterstützung, Helfer
administrans Fürsorger, Statthalter
administrāre behilflich sein zu, besorgen, leiten
administratio Dienstleistung, Leitung, Verwaltung
administratiuncŭla Ämtchen
administrātor, ōris Verwalter, Statthalter
admirabilis bewundernswert
admiratio Bewunderung
admiscēre beimischen, zufügen
admissio Zulassung, Zutritt
admissionālis Kammerherr
admissor, ōris Täter
admissum Unrecht, Frevel
admittens = admissor
admittĕre zulassen, zuziehen, geschehen lassen, verschulden, an sich nehmen, zuleiten
admixtus v. admiscere
admŏdum völlig, sehr, genug
admŏnēre ermahnen, erinnern, mahnen, vorladen [Züchtigung
admonitio Ermahnung, Mahnung,
admonitor, ōris Mahner [kung
admonitorium Ermahnung, Bemer=
admonitus = admonitio
admōtus v. admovere

admŏvēre wohinbringen, nahebrin= [gen
adnectere s. annectere
adnĕpos* Enkel des pronepos
adnexum s. annexum
adniti s. anniti
adnotāre s. annotare
adnuĕre s. annuere
adnumĕrāre s. annumerare
adŏlēre an=, verbrennen
adolescens v. adolescere, Jüngling
adolescentia Alter zwischen dem 15. und 25. Lebensjahre
adolescĕre heranwachsen, groß=jährig werden
adoptabilis wünschenswert
adoptāre (einen alieni juris) an Kindesstatt annehmen
adoptātor, ōris Adoptivvater
adoptātus Adoptivkind
adoptio Annahme an Kindesstatt, Kindesverhältnis
adoptivus Adoptiv= . . .
adōrāre beten zu, Ehrfurcht zeigen
adoratio (unterwürfige) Verehrung
adornāre ausrüsten, schmücken
adp . . . s. app . . .
adquiescere s. acquiescere
adquirere s. acquirere
adquisitio s. acquisitio
adrādĕre beschneiden
adresponsum Adjutant, Stellvertreter des magister militum
adripĕre s. arripere
adrōdere s. arrodere
adrogantia s. arrogantia
adrŏgāre s. arrogare
adsc . . . s. asc . . .
adse . ., adsi . ., adso . . s. asse . ., [assi . ., asso . .
adsp . . s. asp . . .
adst . . s. ast . . .

adsu.. s. assu...
adt... s. att...
adūlāre schmeicheln, kriechen
adulatĭo Schmeichelei, Knechtsucht
adulescēre s. adolescere
adulter Ehebrecher, Verfälscher
adultĕrāre Ehebruch treiben, fälschen
adulterātor Fälscher
adulterīnum Fälschung
adulterīnus ehebrecherisch, verfälscht
adulterĭum Ehebruch, Verfälschung
adultus v. adolesco
adumbrāre beschatten, verdunkeln, [erdichten
adumbratĭo Täuschung, Heuchelei, Unterschrift
adūnāre vereinigen, sammeln
adūrĕre anbrennen
adustus v. adurere
advectāre herbeiführen
advectus v. advehere
advĕhĕre wohin schaffen, herschaffen
advĕna Fremder, Neuling
advĕnīre wohinkommen, da sein
adventāre heranrücken
adventicĭus fremd, zufällig, außerordentlich, von andern herrührend
dos adventicĭa Mitgift von Drittem bestellt
adventus Ankunft, Eintritt
adversabilĭs = aversabilis
adversāri gegenüberstehen, sich widersetzen
adversarĭus entgegengesetzt, Gegner
adversum Mißgeschick
adversus I. entgegenstehend, ungünstig
— II. entgegen, gegen, nach
advertĕre bemerken, beobachten
advīvĕre weiterleben, leben bleiben
advŏcāre herbeirufen, zu Hilfe nehmen (als Rechtsanwalt)
advocatĭo Rechtsbeistand, Frist zur Beschaffung desselben, Stand der Rechtsanwälte
advocātus Rechtsanwalt
advŏlāre herbeifliegen
adynătus unmöglich
adўtum Geheimkabinett
Aebutia lex s. Abschn. II.
aedēs Gebäude, Tempel, Wohnhaus
Aedēsa s. Edessa
aedicŭla Kapelle, Gemach
aedifăcĕre = aedificare
aedifĭcāre erbauen, wieder aufbauen, herstellen
aedificatĭo Bau
aedificātor, ōris Erbauer
aedificātus bebaut
aedificĭum Gebäude
aedīlis Ädil (kurulischer: Marktpolizei, plebejischer: Gehilfe des Tribuns); Cerialis (seit Cäsar für Getreidespenden); in Munizipien Polizei
aedilicĭus von Ädilen erlassen
aedilĭtas Amt des Ädils
aedĭtor Tempelpriester
aeditŭus Tempelhüter
aeger krank, niedergeschlagen, verdrießlich
aegre mit Mühe, kaum
aegritūdo, ĭnis Krankheit
aegrōtans leidend
aegrōtāre krank sein
aegrōtus krank
Aegyptĭacus ägyptisch
Aegyptĭus Ägypter
Aegyptus Ägypten (Afrika)
Aelĭa Capitolīna Kolonie in Palästina
— Sentia s. Abschn. II.
Aelius s. Abschn. II.

Aemilĭa Gegend um Padua
Aemilius s. Abschn. II.
aemulatĭo Nacheifern, Wetteifer
aemŭlus Mitkämpfer, Nebenbuhler
aēnĕus ehern, bronzen, dauernd
aenigma, ătis Rätsel, Geheimnis
aēnum Wasserkessel
aequabĭlis billig, gleich
aequālis gleich, gleichförmig
aequalĭtas Gleichheit
aequanimĭtas Gleichmut
aequāre vergleichen, gleichmachen
aeque gleichmäßig, gleich
aequinoctĭum Tag= und Nachtgleiche
aequipărāre } gleichstellen, gleich=
aequipĕrāre } kommen [Milde
aequĭtas Gleichförmigkeit, Billigkeit,
aequor, ŏris Meer
aequus gleich, gerecht, billig, ange=messen, gleichmütig
aër, aĕris Luft
aerāmen(tum) ehernes Geschirr
aerarĭum (Volks=) Staatskasse
aerarĭus I. Kupferschmied
— II. in Geld (geschätzt)
aerātus erzbeschlagen
aerĕus ehern
aëriensis Luft=...
aero s. hero
aerŏsus erzhaltig
aerumna Not, Mühsal [Waffen
aes Erz, Kupfer, Bronze, Geld, Eisen,
aes aliēnum Schulden
aestas, ātis Sommer
aestĭmāre schätzen, abwägen, meinen
aestimatĭo Schätzung, Schätzungs=wert, Würdigung, Ruf
aestimatorĭa, actio Minde=rungsklage, Klage aus Trödelver=trag

aestimāto, actio de, Klage aus Trödelvertrag
aestĭvus sommerlich
aetas, ātis Lebensalter (hohes oder jugendliches), Zeitalter
aeternā(bĭ)lis = aeternus
aeternĭtas Ewigkeit, ewige Dauer
aeternus ewig, heilig
Aetnensis zur Stadt Ätna gehörig
aevĭtas lange Zeit, hohes Alter
aevum Ewigkeit, Lebensalter
afantĭcus s. aphanticus
Afer zu Afrika gehörig
affātim hinlänglich, genug
affātus Anrede, Verordnung
affectāre streben nach, heucheln
affectĭo Zustand, Stimmung, Wille, Liebe, Verwandtschaft
affectuosus leidenschaftlich
affectus = affectio
afferre wohinbringen, beibringen, anführen, bereiten
affĭcĕre verursachen, zufügen, behan=deln
affĭci erleiden
affīgĕre anfügen, befestigen
affiliātus = adoptatus
affingĕre hinzu=, andichten, anfügen
affīnis Nachbar, Verschwäger=ter, Verwandter
affinĭtas Schwäger=, Verwandtschaft
affinĭtus = definitus
affirmāre behaupten, bekräftigen
affirmatĭo Beteuerung, Versiche=rung
affirmātor Tauglichkeitsbürge
affixus v. affigere
afflictāre plagen, ängstigen, reizen
afflictatĭo Zufügung, Marter
afflictus v. affligere

afflīgĕre wohin schlagen, treffen, herabsetzen, mindern
afflūĕre herangehen an
Afiniānum s. Abschn. II.
Afrīca Erdteil
Africanus s. Abschn. II.
Afrodisias s. Aphrodisiensis
afuisse v. abesse
agallŏchus wohlriechendes indisches [Holz
agāso Eseltreiber, Pferdeknecht
agellus kleiner Acker
agens Geheimpolizist, Kläger
ager Mark, Feld, Acker
agĕre bewegen, treiben, forttreiben, betreiben, überlegen, zubringen, verhandeln, klagen, sich bewegen
gratīas agĕre Dank abstatten
lege agĕre mit (Spruch-)Formeln klagen
nihil agĕre nichts zustande bringen
Agerīus, Aulus Name für Kläger
agger, ĕris Damm, Landstraße, [Wall, Haufe
aggĕrĕre aufhäufen, herbeischaffen
aggrāvāre beschweren, erschweren
aggrĕdi herangehen an, angreifen
aggrĕgāre hinzutun, hinzurechnen, zurechnen, binden an
se aggregare sich anschließen
aggressīo Angriff, Überfall
aggressor Angreifer, Räuber
aggressūra } Angriff
aggressus } Angriff
aggressus v. aggredi
agītāre treiben, antreiben, betreiben, überlegen, verhandeln, klagen
agitātor Wagenlenker
agmen, īnis Zug, Strömung, Heer, Schar, Abteilung
agminālis zum Zuge gehörig
agnasci hinzugeboren werden, nachgeboren werden
agnaticīus den Agnaten zukommend
agnatīo Nachgeborenwerden, (Familien-)Verwandtschaft
agnātus Verwandter von väterlicher Seite
agnātum Sklavenkind, Tierjunges
agnīnus zum Lamm gehörig
agnitīo Anerkennung, Erkennen, Untersuchung, Ersuchen
agnītus v. agnosco
agnōmen, īnis Beiname
agnoscĕre anerkennen, kennen lernen, wiedererkennen, billigen, übernehmen
agnus Lamm
agōn, ōnis Wettkampf
agonothesīa Kampfrichteramt
agonothĕta Kampfrichter
agonothetīcus den Kampfrichtern überlassen
agrariensis Schiff zur Küstenbewachung
agrarīus Acker-, Feld-...
agratīcum Feldabgabe, Ackergeld
agrestis ländlich
agricŏla } Bauer
agricultor } Bauer
agricultūra Landbau
agrimensor Feldmesser
Agrippīna Tochter des Germanicus, Großenkelin des Augustus
Agrippinensis Einwohner der colonia Agrippina
ajo, ait, ajunt sagen, vorschreiben
ala Flügel, Schwadron
alabarchīa Zoll in Ägypten
alăcer munter, rasch, geweckt
Alamannīcus Justinian als Besieger der Alamannen (Germanen)
Alanīcus — als Besieger der Alanen

alāris zur Schwadron gehörig
Albānus zu Alba gehörig
albarĭus Mörtelarbeiter, Tüncher
albescĕre weiß, hell werden
albīnus = albarius [zeichnis
album Ediktstafel, Dekurionenver=
albus weiß, hell, auch = album
alchelucĭa = agallochus
alĕa Würfel(spiel), Zufall
aleātor Würfel=, Glücksspieler
Allemannĭcus = Alamannicus
alĕre nähren, unterhalten
Alexander Sevērus Kaiser, 222 bis 235 n. Chr. [tens
Alexandrĭa berühmte Stadt Ägyp=
Alfenus s. Abschn. II.
Algĭdus hoher Berg bei Rom
alĭa anderswie
alĭas anderswann,=wo, sonst, = alĭter
alĭbi anderswo
alicŭbi irgendwo
alicŭla leichtes Oberkleid
aliēnāre veräußern, aufgeben
alienatĭo Übertragung, Recht zur Veräußerung
alienātor Veräußerer
alienātus ausgeschlossen
alienigĕna Fremdling
aliēnum fremdes Gut [schlossen
aliēnus fremd, ungeeignet, ausge=
aes alienum Schulden
alimentarĭus I. z. Unterhalt gehörig — II. Unterhaltsberechtigter
alimentum Nahrung, Unterhalt
alimonĭa Ernährung
alimonĭum = alimonia
alĭo anderswohin
aliōqui(n) anderswann, übrigens
aliorsum anderswohin, anderswie
aliquamdĭu einige Zeit hindurch
aliquando irgend mal, einst
aliquantŭlus ein wenig
aliquantus einig, ziemlich viel
aliquatĕnus einigermaßen
aliquilĭbet = aliquis
alĭquis irgend jemand, ein anderer
alĭquo irgendwo, ein wenig
alĭquot einige
alĭquotĭe(n)s ein paar Mal
alĭter anders, andernfalls, zuwider
aliŭbi anderswo
aliunde anderswoher
alĭus ein anderer, fremd
aliūta auf andere Weise
allectĭo Wahl zu einem Amt
allēgāre absenden, anführen
allegatĭo Anführung, Reskript
allĕgĕre auswählen, hineinwählen
allĕvāre erheben
allĭgāre anbinden, verbinden, hindern
allŭĕre anschwemmen
alluvĭo Anschwemmung
almus nährend, ehrwürdig
alŏë Aloe
altāre Altar
alte v. altus
alter der eine, der andere, einer
altercāre } streiten
altercāri }
altercatĭo (Wort=)Streit, Rechtsstreit
alternāre abwechseln, zur Wahl stellen
alternatĭo Wahl zwischen zweien
alternum eins ums andere
alterŭter einer von zweien, einer
altitūdo Höhe
altus hoch, tief
alumen, ĭnis Alaun
alumna, alumnus Zögling, Schüler

alvĕus Mulde, Faß, Flußbett, Bienenstock
alytarcha Vorsteher der Schauspiele
alytarchīa Amt des **alytarcha**
ama s. **hama**
Aman Fest der Juden
amandāre fortschicken, verbannen
amans befreundet
amanuensis Sklave, Geheimsekretär
amāre lieben
amārus bitter, scharf, streng
Amasēnus Einwohner von Amasia
Amasīa Stadt in Pontus
amātor Liebhaber, Buhler
amatorĭus Liebes= . . .
ambāges Umweg, Umschweife
ambĕdĕre rings anfressen, verzehren
ambīgĕre schwanken, zweifeln, streiten
ambiguĭtas Doppelsinn, Streit
ambigŭus unsicher, zweideutig
ambīre Stimmenwerben, umgeben
ambitĭo Gefallsucht, Gefälligkeit
ambitiōsus prahlerisch, parteiisch
ambĭtus Umzäunung, Stimmkauf
ambo beide
ambŭlāre umher=, übergehen, reisen
ambŭlāris mit der Staatspost
ambulatorĭus veränderlich, über=gehend
ambūrĕre an=, verbrennen
amentĭa Wahnsinn
amethystus Edelstein
amfractus s. **anfractus**
amīca Konkubine
amica(bĭ)lis freundschaftlich
amĭcīre umhüllen, umtun
amicitĭa Freundschaft
amictorĭum Überwurf
amīcus I. geneigt, günstig
— II. Freund

Aminĕa Gegend im Picentinum
Aminĕus aus Aminea
amissĭo Verlieren, Verlust
amĭta* Vatersschwester
amitīnus* Sohn der amita
amittĕre gehen lassen, aufheben, verlieren
amnĭcus Fluß= . . .
amnis Fluß
amoenĭtas Gefälligkeit, Genuß
amoenus reizend, angenehm
amōmum Balsamstaude
amor, ōris Liebe
amotĭo Entfernung
amŏvēre entfernen, entwenden, verbannen
amphităpus auf beiden Seiten zottig
amphitheatrum Theater im Halbrund
amphŏra Krug, Maß
amphorarĭus in der amphora
amplecti umfassen, ergreifen
amplexāri = **amplecti**
amplexus Umarmung
amplĭāre, **amplifĭcāre** } erweitern, aufschieben
amplitūdo, ĭnis Umfang, Größe, Würde
amplĭus mehr, länger
amplus weit, groß, stark, herrlich
ampŭtāre abschneiden, aufheben
amputatĭo Beschneiden, Abhauen
amussis Richtscheit, Regel
an ob, oder
anabolicarĭus Importreeder
anadēma Stirnschmuck, Band
Anastasiana s. Abschn. II.
Anastasĭus Kaiser, 491—518 n. Chr.
anceps, ĭtis schwankend, gefährlich
anchŏra s. **ancora**
ancilla Magd, Sklavin
ancillāris der Magd gehörig
ancon Henkelgefäß
ancŏra Anker

aneclogistus nicht rechenschafts= [pflichtig
anfractus Krümmung
angarĭa(e) Frohndienst
angariālis Frohn= ...
angarĭāre Frohnden auflegen
angĕlus Engel
angiportum } Gäßchen
angiportus }
angularĭus winkelig, eckig
angŭlus Winkel
angustāre einengen, beschränken
angustĭa Enge, Kürze, Verlegenheit
angustus eng, beschränkt
anĭma Lebenskraft, Geist [bann
animadversĭo Tadel, Strafe, Blut=
animadversus v. animadvertere
animadvertĕre wahrnehmen, erken=
nen, strafen, auf Tod erkennen
anĭmal, ālis lebendes Wesen, Tier,
animālis beseelt, lebendig [Sklave
animans lebendes Wesen
anĭmāre beseelen, anreizen
animosĭtas Heftigkeit, Hitze
animōsus mutvoll, eifrig
anĭmus Geist, Trieb, Herz, Wille
annāles Chronik
annālis jährig, jährlich
annicŭlus ein Jahr alt(es Kind)
anniversarĭus alljährlich, jährig
annōna Naturalertrag, Nahrungs=
mittel, Getreide, Kornzufuhr,
=preis, Proviant
annonarĭae Getreidearten [gehörig
annonarĭus I. zu den Lebensmitteln
— II. Proviantmeister
annosĭtas hohes Alter
annōsus bejahrt [gen, zuweisen
annŏtāre vermerken, eintragen, rü=
annuālis ein Jahr alt
annŭlus s. anulus

annus Jahr
annŭus jährlich, jährig
ansa Henkel, Griff, Handhabe
ansarĭum Art von Abgaben
anser, ĕris Gans
anserīnus Gänse= ...
antapŏcha s. apocha
ante vor, vorher
antĕa vorher
anteactus früher, vergangen
antecēdĕre vorgehen, vorhergehen
antecellĕre hervorragen
antecessor Vorgänger, Rechtslehrer
antedictus } vorerwähnt
antefātus }
antĕferre vor(her)tragen, vorziehen
antegestus vorher getan
antehābēre vorziehen
antĕhac vormals
antemeridiānus am Vormittag
antemna } Rahe
antenna }
antĕpōnĕre vorsetzen, vorziehen
antĕquam bevor
anterĭor früher, vorig
antestāre übertreffen
antestāri zu Zeugen anrufen
antestātus Zeuge
antevĕnīre übertreffen
antevertĕre zuvorkommen
antichrēsis Nutzungspfand
anticĭpāre vorwegnehmen [Anten
Antĭcus Justinian als Besieger der
antidŏtum } Gegengift
antidŏtus }
antinŏmĭa Widerspruch
Antiochensis } zu Antiochia gehörig
Antiochēnus }
Antiochĭa Hauptstadt Syriens
antipherna Gegen=Mitgift

antiquāre beim Alten lassen, ablehnen, aufheben
antiquārius Archivar, Abschreiber
antiquātio Kassierung, Aufhebung
antiquītas Altertum, (hohes) Alter
antiquītus ehemals, von altersher
antīquus alt, früher, wichtig
antistes Vorsteher, Aufseher
Antoniniana s. Abschn. II.
Antonīnus I. — Pius, Kaiser 138 bis 161 n. Chr.
—II. Mark Aurel—, 161—180 n. Chr.
—III. Titus—, Commodus, 180—192
—IV. Magnus—, Caracalla, 211—217
—V. Elagabălus, 218—222
antrum Höhle
anŭlus Ring, Ringel
ănus altes Weib, alte Jungfer
anxius ängstlich
Anzetēnus, Anzitēnus } die Anzeten in Armenien betreffend
Apamēa Stadt in Coelesyrien
Apamēnus zu Apamea gehörig
Apelles griechischer Maler
aper Wildschwein, Keiler
apĕrīre aufdecken, öffnen, enthüllen
aperte, aperto } öffentlich
apertūra Eröffnung, Öffnung
apertus offen
apex, ĭcis Spitze, Feinheit, Brief
aphantĭc(ĭ)us unfruchtbar
aphoplista wer Waffen niederzulegen befiehlt
Aphrodisiensis auf Karien bezüglich
apis Biene
apisci = adipisci
apŏcha Quittung
apŏchāre quittieren, statt Naturalien Geld nehmen

apocrisiarius Abgeordneter der Bischöfe
Apollinariānus, Apollinarista } Anhänger des Apollinarius
Apollinārĭ(u)s Stifter einer Sekte
apostāta Abtrünniger
apostŏli Apostel, Berufungsschreiben
apostolĭcus die Apostel betreffend
Apotactītae Sekte
apothēca Speicher, Keller
apothecarius Krämer
appărāre zurüsten, einrichten
apparatio Zurüstung
apparātus Zurüstung, Gerät
appārēre sichtbar werden, sich zeigen
apparitio Dienst, Dienerschaft
apparītor Diener, Gerichtsdiener
appellāre angehen, anrufen, appellieren, mahnen, nennen
appellatio Berufung
appellātor Berufungskläger
appellatorius Berufungs-...
appellĕre treiben, landen
appendĕre zuwägen
appendēre schweben
appendix Anhang
appĕtĕre streben nach, angreifen, ergreifen, belangen
appetitio Streben, Begehr
appetītor Ehebrecher
Appia via Straße von Rom nach Kapua
Appius s. Abschn. II.
applĭcāre anfügen, heranziehen, binden
applicari sich etwas zuziehen
applumbāre verlöten
appōnĕre zusetzen, beigeben, bestellen
apportāre herzubringen

apprehendĕre erfassen, begreifen, erlangen
apprŏbāre billigen, beweisen [heit
approbatĭo Zustimmung, Zufrieden=
appropinquare nahe sein
appulsus Recht zur Tränke zu treiben
aprarĭus für Wildschweine bestimmt
Aprīlis April betreffend
Apronianum s. Abschn. II.
apsis s. absis
aptāre anpassen, beziehen auf
aptus passend tauglich
apud bei, an, in
Apuleja s. Abschn. II.
Apulensis Apulum betreffend
Apulĭa Landschaft Italiens
Apŭlum Stadt in Dacien
aqua Wasser
aquaeductus Wasserleitung [recht
aquaehaustus Wasserschöpf=
aquagĭum Wasserleitung, Kanal
aquarĭus I. für Wasser bestimmt
— II. Wasserträger
aquĭla Adler
Aquilēja Hafen tn Oberitalien
aquilex, ēgis Brunnenmeister
Aquilia s. Abschn. II.
Aquiliana stipulatio s. Aquilius
Aquilius s. Abschn. II.
aquimināle }
aquiminarĭum } Waschbecken
Aquitanĭa Provinz Südgalliens
ara Altar
arabarchĭa s. alabarchia
Arabĭa Arabien
Arabĭcus aus Arabien
aranĕa }
aranĕum } Spinngewebe
arāre pflügen

arātor Bauer
aratorĭus urbar
aratrum Pflug
arbĭter (Schieds=) Richter
arbitrālis vom Schiedsrichter
arbitrāri bemerken, glauben, urteilen
arbitrarĭus willkürlich, nach Ermessen
arbitratĭo Gutachten
arbitrātus Erachten, Gutdünken, Mahnung
arbitrĭum Willkür, Ermessen, Ausspruch, Rechtsstreit, Amt
arbor, ŏris Baum, Mast [sträuch
arbustum Baumpflanzung, Ge=
arca Kiste, Kasse, Sarg
Arcadiānus Kaiser Arkadius be=
Arcadius s. Abschn. II. [treffend
arcānum Geheimnis [weihevoll
arcānus heimlich, geheimnisvoll,
arcarĭus Kassenbeamter
arcĕra gedeckter Wagen
arcēre fernhalten, verbieten
arcessĕre herbeirufen
archeōta Archivar
archiāter Oberarzt, Leibarzt
archiatrĭa Amt des Oberarztes
archidiacŏnus Oberdiakonus
archiepiscopus Erzbischof
archierosȳna Oberpriester (Ägypten)
archigallus Oberpriester der Cybele
archigĕrontes Stadtälteste
archigubernus Obersteuermann
archimandrīta Vorsteher der Mönche
archimīmus erster Tänzer
archiōta = archeota [goge
archisynagōgus Haupt der Syna=
architectus Baumeister
archīum }
archīvum } Archiv
arctāre beschränken, verkürzen, binden

arctus eng, knapp
arcuarĭus Bogenverfertiger
arcŭla Kästchen, Büchse, Sarg
arcus Bogen
ardēre brennen
ardiniensis geringes Brot
ardor Brand, Begier
ardŭus steil, schwer
arĕa Bauplatz, Hof, Beet, Tenne
Arelāte Stadt in Südgallien (Arles)
Arĕlatensis Einwohner von Arelate
arēna Sand, Kampfplatz
arenarĭus Gladiator
arenifodīna Sandgrube
arenōsus sandreich
arens trocken, dürr
arescĕre trocknen, vertrocknen
argentāre in Geld umsetzen
argentarĭa Wechslerladen, -geschäft
argentarĭum Silberschrank [treffend
argentarĭus I. Silber, Wechsler be-
— II. Geldwechsler, Bankier
argentĕus silbern
argentifodīna Silbergrube
argentum Silber, Geld
argŭĕre beschuldigen, beweisen
argumentāri als Beweis anführen,
folgern [halt
argumentum Beweis, Anhalt, In-
argutĭa Scharfsinn
argūtus scharfsinnig, spitzfindig
argyroprāta Bankier, Geldwechsler
Ariānus Anhänger des Arĭus
arĭdus trocken, dürr
arĭes, ĭĕtis Widder [minum
Ariminensis Einwohner von Ari-
Arimĭnum Stadt in Umbrien
arista Granne, Ähre
Aristo s. Abschn. II.
arma Waffen, Geräte, Krieg

armamentum Geräte, Takelwerk
armāre bewaffnen, ausstatten
armarĭum Wandschrank
Armenĭa asiatische Landschaft
Armenĭus Einwohner Armeniens
armentum Ackervieh, Herde
armilla Armband
armipŏtens kriegerisch, tapfer
arōma Gewürz
arr(h)a Draufgeld, Angeld
arrālis zum Angeld gehörig
Arrianus s. Abschn. II.
arrĭpĕre an sich reißen, ergreifen
arrōdĕre annagen, beschneiden
arrogantĭa Eigendünkel
arrŏgāre Gewaltfreien in Familie aufnehmen
ars Fertigkeit, Kunst, System, List
Arsăces König von Armenien
Artaxăta Stadt in Armenien
artĕmo(n) Bramsegel
arthritĭcus gelähmt, gichtisch
articulāris Gelenk- . . .
articulātus gegliedert, deutlich
Articulejanum s. Abschn. II.
articŭlus Gelenk, Glied, Teil, Ab-
schnitt, Augenblick, Fall [heber
artĭfex, ĭcis Meister, Künstler, Ur-
artificiōsus kunstreich [List
artificĭum Gewerbe, Kunstfertigkeit,
artus Gelenk, Glieder
arundinētum Röhricht
arundo, ĭnis Rohr, Schilf
arūra Acker, Saatfeld
arvum Saat, Acker
arx Festung, Citadelle
as Kupfermünze, Einheit
ex asse } im ganzen
in assem }
asceterĭum Kloster für Asketen

ascetrīa Asketin
ascīa Zimmermannsaxt
Ascodrogītae s. Tascodrogītae
asellus Eselchen
Asīa Kleinasien, Asien
Asiānus Bewohner Kleinasiens
asiarcha Oberpriester in Asia.
asiarchīa Amt des asiarcha
asīnus Esel
aspargo, īnis Bespritzen
asper, ĕra . . rauh, derb, hart
aspĕrāre aufreizen, schärfen
aspĕre v. asper
aspergĕre anheften
asperītas Rauheit, Roheit
aspernanter verächtlich
aspernāri verachten, verschmähen
aspīcĕre anblicken, ansehen
aspīrāre streben nach, beanspruchen
asportāre wegschaffen [folgen
assectāri auf Schritt und Tritt
assensīo } Zustimmung, Beifall
assensus }
assentatīo Beifall, Beistimmung
assentīre zustimmen
assĕqui verfolgen, erlangen
asser Balken, Pfahl [fertigen
assĕrĕre I. an sich nehmen, recht-
— II. zupflanzen
assertīo Freiheitsbehauptung, Behauptung
assertorīus Freiheits-...
assertus versehen
asservāre verwahren, erlangen
assessīo Amt des Assessors
assessor Beisitzer
assessorīus Beisitzer betreffend
assessūra = assessio
assevĕrāre betreiben, behaupten
asseveratīo Behauptung
assīdēre Beisitzer sein
assiduītas Beständigkeit, Eifer
assidŭo v. assiduus
assidŭus beständig
assignāre bezeichnen, anweisen, übergeben, siegeln
assignatīo Anweisung
assimīlāre = assimulare
assimŭlāre vergleichen, nachahmen, heucheln
assimulatīo Vorspiegelung
assimulaticīus erdichtet, gefälscht
assistĕre zutreten, beistehen
associāre vereinigen, beigesellen
assŏlet es pflegt..
assuētus gewohnt. gewöhnlich
assūmĕre an sich nehmen, erwerben
assumptīo Annahme, Zusatz
Assyrīus assyrisch
ast = as
astāre da stehen, dasein
astipŭlāri einer Stipulation beitreten, beistimmen
astipulatīo Unterstützung
astipulātor Nebengläubiger
astrictīo Beschränkung
astrictus straff, knapp
astringĕre binden, enger ziehen
astrolŏgus Sternkundige
astrŭere beifügen, hinzufügen
astutīa Gewandtheit, Schlauheit
astūtus geschickt, schlau
asȳlum Freistätte
at aber, doch
atavia* Mutter des abavus
atăvus* Vater des abavus
Atejus s. Abschn. II.
Atellatus aus Atella in Kampanien
ater schwarz
Athēnae Athen

Atheniensis Athener
athlēta Wettkämpfer
Atilia s. Abschn. II.
Atilicinus, Atilius, Atinia s. Abschn. II.
atnepos* s. adnepos
atque und, auch, als wie
atqui(n) vielmehr, dagegen, nun aber
atramentum Schwärze
atrētus = diatretus
atriarĭus } Türhüter
atriensis } Türhüter
atrĭum Vorhalle, Vorsaal
atrocĭtas Häßlichkeit, Strenge
atrocĭter v. atrox
atrox, ōcis finster, streng, schwer
attactus Berührung
attămen jedoch
attamĭnāre antasten, beflecken
attemperĭes, ēi Mäßigung
attemptāre angreifen, versuchen
attemptatĭo Angriff, Versuch
attendĕre richten auf, streben
attentāre s. attemptare
attentatĭo s. attemptatio
attentĭo Aufmerksamkeit
attĕrĕre abnutzen, aufreiben
attestāri bezeugen, als Zeugen anrufen
attestatĭo Zeugnis, Erklärung
Attĭcus griechisch
attĭnēre festhalten, verbinden
attingĕre berühren, angehen
attollĕre emporheben, erhöhen
attonĭtus betäubend
attrăhĕre an sich ziehen
attrectāre anrühren, nehmen
attribŭĕre zuteilen, beifügen
attributĭo Anweisung, Zuteilung
atўpus Stammler

auceps, ŭpis Vogelsteller
auctĭo Versteigerung
auctionalĭa Auktionslisten
auctor Urheber, Rechtsvorgänger, Zustimmender [trag
auctoramentum Dienst, Dienstver-
auctōrāre } sich verbürgen, sich verdingen, zustimmen
auctōrāri } sich verbürgen, sich verdingen, zustimmen
auctorĭtas Veranlassung, Wille, Kraft, Eigentum, Zustimmung, [Gewähr
auctrix v. auctor
auctus v. augere
aucŭpāri vogelstellen, haschen
aucupatĭo Haschen
aucupĭum Vogelfang
audacĭa Kühnheit, Verwegenheit
audacter v. audax
audax, ācis kühn, verwegen, dreist
audenter v. audax
audēre wagen
Audiāni Sekte (v. 4. Jahrh.)
audientĭa Zuhören, Anhören
audĭre hören, zuhören, anhören, verstehen, zustimmen
auditĭo = audientia
audĭtor, ōris Hörer, Richter [saal
auditorĭum Verhör, Gerichtshof, Hör-
audĭtus Anhören, Gehör, Verhör
auferre wegtragen, entreißen, er-
Aufidius s. Abschn. II. [halten
aufŭgĕre entlaufen
augēre vermehren, verstärken,
augescĕre zunehmen [wachsen
augmentāre vermehren
augmentum Zunahme, Zuwachs
augur, ŭris Zeichen-, Vogeldeuter
Augusta Kaiserin
Augustaliānus v. Augustalis
Augustālis Statthalter in Ägypten
augustalĭtas Würde des Augustalis

Augustamnĭca Provinz in Ägypten
Augustānus } augusteisch
Augustensis }
Augustus I. Oktavian, 31–14 n. Chr.
— II. kaiserlich, im August
aula Vorhof, Hof
aulaeum Decke, Vorhang
aulĭcus höfisch, fürstlich
Aulus s. Agerius
aura Luft, Wind
aurarĭa Goldgrube, Einschätzung
aurarĭus golden, Geld= ...
aurātus vergoldet
Aurelĭa via Straße bei Rom
Aurelius s. Abschn. II.
aurĕus I. golden, vergoldet
— II. Goldstück
aurichalcum Messing
aurichalcus messingen
auricŭla Ohrläppchen, Ohr
auriculārĭ(u)s Ohren= ....
aurĭfex, ĭcis Goldarbeiter
aurifodīna Goldgrube
aurīga Fuhrmann
aurīgāre fahren
aurilegŭlus Goldsucher
auris Ohr
aurum Gold, Geld
auspĭcāri beginnen
auspicĭum Anfang
austerĭtas Herbheit, Strenge
austērus herb, streng, ernst
ausum } Wagnis
ausus }
aut oder
autem aber
authentĭcum Original
authentĭcus urschriftlich
automatarĭum sich selbst bewegendes Werk
autopractor sein eigner Steuereintreiber
autumnālis herbstlich
autumnus Herbst, herbstlich
auxilĭāri helfen
auxiliāris Hilfs= ...
auxilĭum Hilfe, Hilfsmittel, Heilmittel
Auxumītae Äthiopen am Roten Meer
avaritĭa Habsucht, Geiz
avārus habsüchtig
ave! s. have!
avĕhĕre fortführen
avellĕre losreißen, entreißen
Avellīnas aus Avella in Kampanien
avēna Wildhafer
Aventinus einer der sieben Hügel Roms
avēre grüßen
aversabĭlis verabscheuenswert
aversāri sich abwenden
aversĭo (in — ne) in Bausch und Bogen
averta Mantelsack
avertarius Paßpferd
avertĕre abwenden, stehlen, abhalten
avĭa* Großmutter
aviarĭum Vogelhaus
aviatĭcus großelterlich
avidĭtas Begier, Habsucht
avĭdus begehrlich, gierig
avis Vogel
avītus großväterlich
avŏcāre abberufen, zurückfordern
avŏlāre fortfliegen
avuncŭlus* Mutterbruder
-magnus Großmutterbruder
avus* Großvater
Axumītae s. Auxumitae

B.

Babylonĭcum gestickte Decke
babylonĭcus babylonisch
de Bacchanalibus s. Abschnitt II

bacchāri schwärmen, toben
Baetĭca Provinz in Spanien
bajŭlāre Last tragen
bajŭlus Bürde
Balabitēna Bezirk in Armenien
balănus Eichel, Kastanie
balbus stammelnd, stotternd
balbūtīre stammeln
balinĕum s. balneum [tiger
ballistrarĭus Wurfmaschinenverfer-
ballūca Goldsand
balnĕa s. balneum
balneāris Bade-...
balnearĭum Badezimmer
balnearĭus = balnearis
balneātor Bader, Badediener
balneatorĭus = balnearis
balnĕum Bad
baltĕus Gürtel, Degengurt
baphēum Färberei
baphēus (Scharlach-) Färber
baphīum s. bapheum
baphĭus s. bapheus
baptisma Taufe
baptīzāre taufen
barba Bart
barbaricarĭus Goldarbeiter
barbarĭcum Feindesland
barbarĭcus ausländisch
barbarĭes Ausland
barbărus I. fremd
— II. Ausländer [lonas
Barcinonensis Einwohner Barce-
Barsagŏras } Räuber zur Zeit des
Barsatŏres } Kaisers Gordian
basilĭca Gerichts- und Markthalle
basis Fußgestell
bastăga Fronfuhre
bastagarĭus Fronfuhrmann
Batrachītae eine Sekte

bĕāre glücklich machen
beatitūdo, ĭnis Glück
beātus beglückt, glücklich, reich, selig
Belabitena s. Balabitena
Belgĭca Bezirk in Gallien
bellāre Krieg führen
bellĭcus kriegerisch
Bellovăci Stamm in Belgica
bellum Krieg, Heerdienst
bellus lieblich, schön, gut
bene v. bonus [Bonmots
bene dicta treffende Bemerkungen,
benefăcĕre Gutes tun [Beamten
beneficiarĭus aus dem Gefolge eines
beneficĭum Wohltat, Gunst, Privileg
Beneventānus aus Benevent in Italien
benevolentĭa Wohlwollen, Güte,
benevŏlus gütig [Milde
benignĭtas Leutseligkeit, Güte,
benignus leutselig, mild
Bersabīnus aus Bersaben in Judäa
Berutiensis = Berytensis
beryllus Edelstein
Berytensis } aus Berȳtus in Phö-
Berytĭus } nizien
bes, bessis $^{8}/_{12}$ As, zwei Drittel
bestĭa wildes Tier
biarchĭa Amt des biarchus
biarchus Proviantmeister
bibĕre trinken
bibliothēca Bücherschrank, -saal
bidens Karst, Hacke
bidŭum Zeitraum von zwei Tagen
biennālis zweijährig
biennĭum Zeitraum von zwei Jahren
bifarĭam zweifach
bijŭgus zweispännig
bimenstrŭus = dimenstruus

bimus = biennalis
bini (je) zwei [Gewalt
biocolȳta Beamter zum Schutz gegen
birōta zweirädriger Wagen, Kabriolet
birrŭs = byrrhus
bis zweimal
bi(s)sextum Schalttag (24. Februar)
bismenstrŭus = dimenstruus
Bithȳnus aus Bithynien in Klein-
blaesus stammelnd [asien
blandīri schmeicheln, locken
blanditīae Schmeichelei
blandus schmeichlerisch
blasphemīa Schmähung, Lästerung
blatta Purpur [schmied
blattiarīus Goldschläger, Blech-
Boa Insel vor Dalmatien
boarīus Viehhändler
(boēthus) Gehilfe
bombycīnus seiden [inbegriff
bona Güter, Vermögen, Sach-
in bonis esse im (bonitarischen) Eigentum stehen
bonītas Güte
bonum Nutzen
bonus gut, tüchtig, günstig
bonuscŭla kleines Gut
Borboriāni } eine Sekte
Borborītae }
bos Rind, Ochse
brac(c)a } Beinkleider, Hosen
bracha }
brachīum Unterarm, Arm
Brantesium = Brundisium
brephotrophīum Erziehungsanstalt
breve, brevis Notizbuch, Liste
breviarīus kurzgefaßt
brevis kurz, klein, gering
brevītas Kürze
brevīter v. brevis

Britannīcus aus Britannien
Brundisīum Hafen in Kalabrien
Bruttīus aus Bruttien (Süditalien)
Brutus s. Abschn. II.
bubrostis = buprestis
bubulcus Ochsen führend
bu(c)cella Bissen, verteiltes Brot
buccellarīus Söldner
buccellātum Soldatenzwieback
buccinātor Trompeter
buccŭla Visier
Bucīnum Stadtgegend Roms
bucŭlarīus Visierfabrikant
buprestis giftiger Käfer
burdo, ōnis Maulesel
burgarīus Grenzsoldat
burgus Grenzfestung
bustum Grabmal, Grabstätte
buxĕus } aus Buchsbaum
buxīnus }
Byblīus aus Byblus in Phönizien
byrrhus Baumwollkleid (für Sklaven)
byssīcus aus Byssus
byssus Flachsart
Byzacēnus aus Byzacium
Byzacīum Bezirk in Afrika
Byzantīus aus Konstantinopel

C.

caballatīo Futter, Ration
caballus Packpferd, Gaul
ca(c)ăbus Kochtopf
cadāver Leichnam [fallen unter
cadĕre herabfallen, sinken, fallen in,
causā cadere Prozeß verlieren [treffend
caducarīus herrenloses Gut be-
cadūcus herabgefallen, hinfällig, nicht angefallen, verfallen
cadus Flasche, Krug

caecāre blenden
Caecilius s. Africanus (Abschn. II)
caecĭtas Blindheit
caecus blind, verblendet
caedĕre fällen, schlagen, töten
caedes Niederhauen, Mord
caedŭus schlagreif [erhaben)
caelāre gravieren, bossieren (halb-
caelatūra Bossierkunst, Basrelief
caelebs ehelos
caelestis himmlisch, göttlich, kaiserlich
Caelestis Göttin in Afrika
caelibātus Ehelosigkeit
Caelicŏlae eine Sekte (5. Jahrh.)
caelĭtus mit Gott, vom Kaiser
Caelius s. Abschn. II.
caelum Himmel, Luft
caementicĭus aus Mauerstein
caementum Bruchstein, Quader
caenacŭlum s. coenaculum
caenum s. coenum
caeremonĭa Religionsgebrauch
Caesar Kaiser, Mitregent, Thron-
Caesarēa Stadt in Palästina [erbe
Caesariānus kaiserlich, Provinzial-
Caesariensis aus Cäsarea [beamter
caespes, ĭtis Rasenstück, Boden
caetĕra s. cetera
caeterōqui(n) s. ceteroquin
caetĕrum s. ceterum
Calabrĭa Landschaft Unteritaliens
calamĭtas Schaden, Verlust, Unfall
calamitōsus schädlich, unglücklich
calantĭca s. calautica
calātus berufen
calatis comitiis in den (alten Sakral-)Komitien
calautĭca Frauenhaube
calcāre treten, pressen, unterdrücken
calcarĭa Kalkhütte

calcāriensis Kalkbrenner
calcarĭus zum Kalkbrennen bestimmt
calceamentum s. calciamentum
calcearĭum s. calciarium
calceātus s. calciatus
calcĕus, calciamentum Schuh, Stiefel
calciarĭum Schuhgeld (Legat)
calciātus beschuht
calcitrōsus schlagend (Tiere)
calculātor Rechner, Buchhalter
calcŭlus Rechnung, Urteil
caldus s. calidus
calefăcĕre erwärmen, einheizen
calefactĭo Heizung
Calendae s. Kalendae
calendarĭum Zinsen, Schuldbuch
calēre warm sein, glühen
Caletānus aus Calenum in Kampanien
calĭdus warm, heiß
caligātus gestiefelt, gemeiner Soldat
calīgo Nebel, Finsternis
calix, ĭcis Kelch, Pokal
callaĭnus Türkis (grüner Edelstein)
callidĭtas Durchtriebenheit, List
callĭdus klug, schlau
Callinĭcum Feste in Persien
callis Fußsteig
Callistratus s. Abschn. II.
calor, ōris Glut, Eifer, Leidenschaft
Calpurnia s. Abschn. II.
calumnĭa Ränke, Schikane
pro calumnia jurare den Gefährdeeid schwören
calumnĭāri schikanös handeln
calumniātor Ränkeschmied
calumniōsus ränkevoll, schikanös
calvi täuschen
Calvisiāna actio Klage des

erbberechtigten Patrons (ab intestato)
Calvisianum SC. s. Abschn. II.
calx I. Ferse
— II. Kalk(stein), Ziel
camelarius Kameltreiber
camelasĭa Amt des camelarius
camēlus Kamel
camĕra Gewölbe, Wölbung
camerātus gewölbt
Campanĭa Landschaft Mittelitaliens
Campānus I. Einwohner von Kampanien
— II. s. Abschn. II.
campus Ebene, Feld, Exerzierplatz
camum eine Art Bier
canālis Röhre, Kanal, Straße
cancellāre gittern, durchstreichen
cancellarĭus Kanzlist, Kanzler
cancellus Gitter, Schrank
candelābrum Leuchter
candidātus I. mit der weißen Toga
— II. Amtsbewerber
— III. Bewerbung
canĕre singen, besingen
Canina s. Abschn. II.
canis Hund
cannăba, cannăbis Hanf
canon, ŏnis Richtschnur, Regel, jährliche Abgabe
canonicarĭus Steuereintreiber
canonĭcus regelmäßig, Kanon betreffend
cantabrarĭus Fahnenträger
cantāmen Zauberspruch, -lied
cantāre singen, besingen, aussprechen
canthăris spanische Fliege
canthărus Wasserröhre, Brunnenfigur
cantĭcum Lied, Spottlied
cantor Sänger, Vorsänger
Canuleja s. Abschn. II.

capacĭtas Umfang, Fassungskraft, Erbfähigkeit
capax fassend, fähig, erbfähig
Capēnas aus Capēna in Tuscien
capĕre fassen, ergreifen, erwerben, nehmen, berauben, betrügen, zulassen
capessĕre greifen nach, übernehmen
capillus Haar
capio Erwerb, Wegnahme
capio pignŏris Pfändung
capistrum Halfter
capĭtal, ālis todeswürdiges Verbrechen
capitālis Kopf-..., Lebens-..., Tod(es)-...
capitalĭter auf den Tod, bei Todesstrafe
capitatĭo (Kopf-)Steuer, Ration
capitĭum Brusttuch, Mieder
Capĭto s. Abschn. II.
Capitolĭum vom Capitolium
Capitolīnus Spitze des mons Tarpejus in Rom
capitularĭus I. zur Rekrutenstellung verpflichtend
— II. Aushebungsbeamter
Capitulensis aus Älia Capitolina (Palästina)
capitŭlum Kapitel, Abschnitt, Teil, Punkt, Rekrutenstellpflicht
capĭtum, capĭtus Viehfutter, Ration
Cappadocĭa Provinz Kleinasiens
capra Ziege
caprīnus Ziegen-...
capsa Kasten, Futteral
Capsa Stadt in Gätulien (Afrika)
capsarĭus Bücherträger, Kleiderwart, Kapselarbeiter
capsella Kästchen
captāre haschen, streben, ausnutzen
captātor Streber, Erbschleicher

captatorīus eigennützig [den
captīo Täuschung, Trugschluß, Scha=
pignoris captio = p. capio
captiōsus betrügerisch, verfänglich, gefährlich
captivāre erobern, unterjochen
captivītas Gefangenschaft
captīvus kriegsgefangen, Gefangner
captus Fang, Beute
Capŭa Stadt in Kampanien
caput, ĭtis Kopf, Anfang, Hauptsache, Person, Leben, Rechtsfähigkeit, Teil, Kapitel, Kopfsteuer
carbăsum feiner spanischer Flachs
carbo Kohle
carbonarīus Kohlen=...
carcer Gefängnis
carcerālis Kerker=...
cardamōmum Gewürzholz
carēre freisein, ermangeln, verlieren
carēum Kümmel
Carīa Provinz in Kleinasien
carīca karische Feige
carīna Kiel
carītas Teuerung, Wert, Liebe
carmen, ĭnis Ton, Lied, Gedicht
caro I. v. carus
— II. Fleisch [Saft
carpăsum Pflanze mit betäubendem
Carpathīus aus Karpathus im Ägäischen Meere
carpentarīus Stellmacher
carpentum Karosse, Gepäckwagen
Carpocratītae s. Apotactitae
carptim stückweise, einzeln
carrūca Wagen, Kutsche
carrucarīus I. Kutsch=...
— II. Kutscher
carrūcha = carruca
carrŭlus Karren, Wägelchen
carrum, carrus Transportwagen
Carthaginiensis aus Karthago
Carthāgo, ĭnis Stadt in Nordafrika
carus teuer, wert
casa Haus, Hütte
casarīus Kätner, Häusler
Cascellius s. Abschn. II.
casearīus } Käse=...
casiarīus }
casītāre fallen, wanken
Cassandrensis aus Cassandrēa in Macedonien
cassāre vernichten, aufheben
cassīa Gewürzrinde, =holz
Cassiānus I. vom Empörer Cassius (175 n. Chr.)
— II. Anhänger des C. Cassius
Cassiŏpa Hafen auf Corcyra
Cassius s. Abschn. II.
cassis (Metall=)Helm
cassus leer, eitel, nichtig
castellanus Festungs=...
castellum Festung, Bassin
castīgāre züchtigen
castigatīo Leibesstrafe
castimonīa } Keuschheit
castītas }
castra s. castrum
castrāre verschneiden
castratīo Verschneidung
castrātus Kastrat, Hämling
castrensiāni I. Grenzwächter
— II. Hofdienerschaft [II betreffend
castrensis I. Soldaten=...,
— II. Haushofmeister [wächter
castriciānus Lagersoldat, Grenz=
castrum Kastell [ferne
castra Lager, Kriegsdienst, Ka=
castus züchtig, rein

casuālis zufällig
casūla Häuschen
casus Fall, Zufall, Vorfall, Eintritt, Ende, Unfall
catabolensis Botenfuhrmann
catadrŏmus Lauffeil
Catanensis aus Catăna auf Sizilien
Cataphrȳgae Sekte
catachumĕnus Taufschüler
catēna Kette
caterva Haufe, Trupp
cathĕdra Sessel, Stuhl
cathedrarĭus Sessel- . . .
cathedratĭcum Weihgebühr des Bischofs
cathĕtus senkrechte Linie, Lot
catholiciāni Steuerbeamte in Afrika
catholĭcus rechtgläubig
catillus Mühlstein
Cato s. Abschn. II.
Catoniānus nach M. Cato
candicarĭus Flößer, Floßschiffer
caupo, ōnis Schankwirt
caupōna } Schenke, Gasthof
cauponĭum }
causa Grund, Rechtsgrund, Zweck, Vorwand, Rechtssache, Partei, Inhalt, Art, Lage
causāri vorschützen
causarĭus kränklich, wegen Krankheit
causatĭo Vorschützen
causidicĭna Anwaltschaft
causidĭcus Anwalt
cautēla Vorsicht, Sicherheitsleistung
cauterĭum Brenneisen
cautēs rauher Fels
cautĭo Vorsicht, Sicherheitsleistung, Verschreibung, Vertrag
cautionālis cautio betreffend

cautus vorsichtig, sicher
cavĕa Gehege, Käfig, Schauplatz
cavēre sich hüten, sich sichern, sorgen, sicherstellen, schriftlich festsetzen
cavillāri Scherz treiben, Sophismen [machen
cavus hohl, nichtig
cēdĕre weichen, einräumen, fallen an, fallen unter, herankommen, laufen
dies cedens der Tag, von dem aus gezählt wird
celāre verhehlen, verbergen
celĕber zahlreich, besucht, berühmt
celĕbrāre besuchen, feiern, vornehmen
celebratĭo Feier, Vornahme
celĕbris s. celeber
celebrĭtas Zulauf, Menge, Feier
celer schnell, rasch [Könige
celĕres Leibwache der römischen
celerĭtas Schnelligkeit
celerĭter v. celer
cella Kammer, Keller
cellar(ar)ĭus Kellermeister
cellariensis Keller- . . .
cellarĭum = cella Speisevorrat
cellŭla Kämmerchen
celsitūdo Hoheit
celsus hoch
Celsus s. Abschn. II.
cement . . . s. caement . . .
cen . . . s. coen . . . [mal
cenotaphĭum leeres Grabmal, Denk-
censēre abschätzen, einschätzen, abwägen, beurteilen, bestimmen
censĭo Einschätzung, Bestrafung
censĭtor Schätzungskommissar
censĭtus steuerpflichtig, Kolone
censor Magistrat für Steuerwesen

censorĭus Steuerpacht betreffend
censuālis I. census oder censuales
— II. Steuerbeamte
censuarĭus = casarius
censūra Aufsicht, Strenge, Strafe
census Steuereinschätzung, Steuerrolle, Steuer, Vermögen
centēna(ria) Würde eines centenarius
centenarĭus I. wer 100000 Sesterzien besitzt
— II. besondere Beamte
— III. Zentner
centēni (je) hundert
centenienālis Kupfermünze
centesĭma gesetzlicher Zinsfuß (12%)
centesĭmus der hundertste
centĭes hundertmal
cento Flickendecke
centonarĭus Deckenflicker, Lumpenhändler
centum hundert
centumvirālis vor die centumviri gehörig
centumvĭri Geschworenengericht
centurĭa Kompagnie
centurĭo Hauptmann, Zivilbeamter
cephalaeōta Kopfsteuereinnehmer
cera Wachs, Schreibtafel
cerātus mit Wachs bezogen
ceraunĭum ein Kristall
Cercīna Insel vor Nordafrika
Cereālis Ceres-..., Getreide-...
cerĕbrum Gehirn, Verstand
Ceres Göttin des Ackerbaues
cerĕus = cera
cernĕre sondern, wahrnehmen, entscheiden
certāmen Wettkampf, Prozeß
certāre kämpfen, prozessieren
certātim um die Wette
certatĭo Wettstreit Streit
certiōrāre benachrichtigen
certus gewiß, fest, bestimmt, sicher
cerussa Bleiweiß
cerussātus mit Bleiweiß gefärbt
cervesĭa Bier
cervīcal, ālis Kopfkissen
cervisĭa Bier
cervix, īcis Nacken
cervus Hirsch
cericĭum Heroldstab
cespes s. caespes
cessans müßig, fehlend
cessāre nachlassen, säumen, aufhören, zurücktreten, ausbleiben
cessatĭo Verzögerung, Unterlassen, Brachliegen
cessicĭus cessio betreffend
cessim zurück
cessĭo Abtretung, Übergabe, Herannahen eines Termins
cetĕra im übrigen
cetĕroqui(n), cetĕrum sonst, übrigens
cetĕrus der andere übrig
chalbăne = galbanum
Chalcēdon Stadt am Bosporus
Chalcedonensis in Chalcedon
chaldaeus Sterndeuter
Charisius s. Abschn. II.
charistĭcum Geschenk
charonarĭus unterirdisch
charta Blatt, Papier
chartacĕus papieren
chartiatĭcum Geld zu Papier
chartoprātes Papierhändler
chartŭla = charta
chartularĭus Archivar, Registrator
chasma Erdöffnung
chelonĭa, chelynĭa Edelstein (Schildkrötenauge)
Chersonesitānus aus dem Chersones

chiliarches } Oberst
chiliarchus
chirographarĭus handschriftlich
chirogrăphum Handschrift, Schein
chlamis, ўdis wollenes Oberkleid
chōma Damm
chŏrus Reigen, Chor, Truppe
christianĭtas Christentum, Klerus
christiānus I. christlich
— II. Christ, Geistlicher
Chrysanthiānus nach Chrysanthius in Sardes
Chrysippus stoischer Philosoph (3. Jahrh. n. Chr.)
chrysolĭthus Edelstein
cibarĭa(e) } Nahrungsmittel, Kost
cibarĭum
cibus Speise, Futter
cicātrix, īcis Narbe
Cicereja lex s. Abschn. II.
Cicĕro, M. Tullius, berühmter Redner (106—43 v. Chr.)
cicūta Schierling
Cilicĭa Landschaft in Kleinasien
Cilicĭum Decke aus Ziegenhaar
cimeliarcha Schatzwächter
cimeliarchĭum Amt des cimeliarcha
Cincia s. Abschn. II.
cinctus Gürtel, Umzäunung
cingĕre gürten, umgeben, abschälen
cingŭlum Gürtel (der Soldaten, Beamten)
cinis Asche
Cinna s. Abschn. II.
cinnamōmum Zimmet
circa um(her), gegen, in, betreffend
circensis Zirkus=...
circĭter ringsum, gegen, in betreff
circĭtor Wachtrunde, Hausierer
circitorĭus Patrouillen=...
circŭīre hintergehen
circuitĭo Umschweif, Ablauf
circuĭtus Umfang, Umschweif
circulātor Marktschreier
circŭlus Kreis, Rand, Zirkel, Versammlung
circum ringsumher, um
circumactus v. circumago
circumăgĕre ablaufen
circumambŭlāre herumgehen
Circumcelliōnes Sekte, die umherzog (4. Jahrh. n. Chr.)
circumcīdĕre beschneiden, entfernen
circumclūdĕre einschließen
circumcŏlĕre ringsherum wohnen
circumdăre umgeben, umstellen
circumdūcĕre herumführen, =binden, betrügen, aufheben, auslassen
circumductĭo Umgang, Umschweif
circumferre herumtragen, verbreiten
circumflŭĕre herumfließen, überfließen
circumjectus Umgebung
circumīre umhergehen, umstellen, vermeiden
circumlustrāre von allen Seiten beleuchten
circumpotatĭo = convivium
circumscrībĕre umziehen bestimmen, betrügen
circumscriptĭo Umgehung, Betrug
circumscriptor Betrüger
circumscriptorĭe betrügerisch
circumsēptus einzäunen
circumspectĭo Umblick, Vorsicht
circumspectus umsichtig
circumstructus umbaut, eingebaut
circumvĕnīre umgeben, hintergehen
circumventĭo Betrug
circus Theater, Rennplatz
Cirtensis aus Cirta in Numidien
cis diesseits

cisalpīnus auf italienischer Seite
der Alpen
cisiarĭus Kutscher, Fabrikant eines
cisĭum Kabriolet [cisium
cista Kiste
cisterna Wasserbehälter, Behälter
cistibĕres Beamte für den Stadt-
teil südlich der Tiber [rufen
citāre treiben, vorladen, auf-
citatĭo } Vorladung
citatorĭum }
citātus schnell
citerĭor näher, früher [hörend
citharoedĭcus zum Zitherspieler ge-
Citĭensis aus Citium auf Cyprus
cito schnell
citra vor, außer, ohne
citrĕus aus Zitrusholz
citro(ultro-) hin und her, gegenseitig
citus schnell, rasch
civĭcus bürgerlich, Bürger- . . .
civīlis bürgerlich, Bürger- . . .,
Volks- . . ., billig, privatrechtlich
civilĭtas = civitas
civilĭter nach jus civile, im Zivil-
prozeß, rechtmäßig, billig
civis Bürger
civĭtas Bürgerrecht, Bürger-
schaft, Stadtgemeinde, Staat
clabulārĭ(u)s zu Postwagen gehörig
clades Unheil, Schaden
clam heimlich
clamāre rufen, vorladen, aufrufen
clamatĭo Zuruf
clamor, ōris Geschrei
clanculārĭo } heimlich
clancŭlo }
clandestīnus geheim
clarēre } glänzen, erhellen
clarescĕre }

clarissimātus Würde einer persona
clarissima (Konsul, Prätor)
clarĭtas Glanz, Helligkeit, clarissi-
claritūdo Glanz, Ruhm [matus
clarus hell, deutlich, glänzend, be-
classĭcus Marinesoldat [rühmt
classis Einteilung, Abteilung, Flotte
claudĕre verschließen, umschließen
Claudĭa (aqua) eine Wasserleitung
— lex s. Abschn. II.
Claudianum s. Abschn. II.
Claudiopŏlis Stadt in Bithynien
Claudĭus Kaiser, 41—54 n. Chr.
claudus hinkend
claustrum Schloß [Klausel
clausŭla Schluß, Formel, Satz
clausūra Kastell
clausus enthalten
clavicarĭus Schlosser
clavis Schlüssel
clavus Nagel, Geschwulst, Steuer,
Streifen [Jonien
Clazomenĭus aus Klazomenä in
clemens gütig, mild
clementer v. clemens
clementĭa Milde
clericālis geistlich
clericātus geistlicher Stand
clerĭcus Geistlicher
clerus Geistlichkeit
clibanarĭus Panzerreiter, Kürassier
cliens Höriger, Schützling
clientēla Schutzgenossenschaft, die
Klienten
clipĕus Schild, Brustbild
clivōsus hügelig
clivus Hügel
cloāca Kanal (für Abwässer)
cloacarĭum Kloakensteuer
clodus lahm, hinkend

cludĕre s. claudere
clusūra s. clausura
clusus s. clausus
clypĕus s. clipeus
clystēr Klistierspritze [rechnen
coacervāre aufhäufen, zusammen=
coacescĕre sauer werden
coactĭlis filzig [hung
coactĭo kurze Darstellung, Einzie=
coactor Steuereinnehmer
coactus v. cogere
coadūnāre vereinigen
coadunatĭo Vereinigung
coaequāre gleichstellen
coaestĭmāre mitabschätzen.
coăgĕre treiben, schlagen
coalescĕre sich verbinden, wachsen
coangustāre einengen, verkürzen
coarctāre s. coartare [stoßen
coargŭĕre anklagen, erweisen, um=
coartāre einengen, verkürzen, zwin=
coccum Scharlach [gen
cochlĕa s. coclea
cochlĕār(e) Löffel
cocinatorĭus Koch=...
coclĕa Schnecke
coctĭo Kochen
coctor Koch
coctus v. coquere
cocus Koch
codex, ĭcis Tafel, Buch, Schuld=buch, Gesetzbuch, Urkunde
codicillarĭus durch Kodizill ernannt
codicillus Handschreiben (letztwilliges), Brief, Diplom, Kabinettsorder
Coele-Syrĭa s. Syria
coelebs s. caelebs
coel... s. cael...
coĕmĕre aufkaufen, erkaufen
coëm(p)tio Ankauf, Eheschlie=ßung [coëmptio
coëm(p)tionātor Ehegatte bei
coena (Haupt=)Mahlzeit
coenacularĭa Zimmervermieten
coenacularĭus Mieter eines Stock=werks
coenacŭlum Speisezimmer, Stock=
coenāre speisen [werk
coenatĭcum Kostgeld für die Soldaten
coenatĭo Speisezimmer
coenatorĭus Tisch=...
coenobĭta Mönch
coenōsus schmutzig
coenum Kot, Schmutz
coepisse beginnen, begonnen haben
coeptum Unternehmen
coërcēre zusammen=, in Schranken halten, beschränken, strafen
coërcitĭo Strafe, Recht zu strafen
coërrāre zusammen umherirren
coetus Versammlung [treiben
cogĕre sammeln, zusammendrängen,
cogĭtare durchdenken, beachten
cogitatĭo Denken, Gedanke, Plan, Meinung
cognatĭo Bluts=Verwandt=schaft, =Verwandte
cognātus Blutsverwandter [chung
cognitĭo Erkennen, Untersu=
cognitionālis zur Untersuchung ge=hörig
cognitionalĭter durch Untersuchung
cognĭtor (förmlich bestellter) Prozeßvertreter, Richter
cognitorĭus den cognitor betreffend
cognitūra Stellung des cognitor
cognĭtus bekannt, bewiesen
cognōmen Beiname
cognomĭnāre benennen, nennen

cognoscens Richter
cognoscĕre wahrnehmen, erkennen, untersuchen, billigen
cohaerēre zusammenhangen, bestehen
cohercitĭo s. coërcitio
cohēres Miterbe [verhindern
cohĭbēre festhalten, zurückhalten,
cohonestāre ehren
cohors Trupp, Abteilung, Gefolge
cohortalĭnus } zur Kohorte gehörig
cohortālis }
cohortāri ermahnen
cohortatĭo Ermahnung
coĭcĕre zusammenstellen, legen
coinquĭnāre mitbesudeln
coĭre sich vereinigen, sich verbinden, sich paaren
coitĭo Zusammenkunft, Verbindung
coĭtus Beischlaf
colĕre bearbeiten, pflegen, hegen, ausschmücken, verweilen
collābi zusammenstürzen, stürzen in
collactanĕus Milchbruder
collatĭo Zusammentragen, Beitrag, Zusammenlegen
collatīvum (Geld)beitrag
collātor Steuerzahler
collaudāre sehr loben
collectārĭus Geldwechsler
collectĭo Einlese, Einberufung, Rekapitulation
collēga Gefährte, Amtsgenosse [gat)
collegatarĭus Mitbedachter (im Le-
collegiātus Genosse einer niedern Zunft
collegĭum Verein, Korporation
collibertus Mitfreigelassener
collīdĕre zerdrücken, zerschlagen
collĭgāre zusammenbinden, abmachen
collĭgĕre sammeln, aufbringen, erwerben, umfassen, folgern
collīsus v. collidere
collŏcāre wohinsetzen, -legen, verwenden, übertragen, erwerben
collocatĭo Errichten
collŏqui besprechen, unterhandeln
colloquĭum Unterredung, Besprechung
colluctatĭo Ringen, Kämpfen
collūdĕre spielen mit, Scheingeschäft schließen
colludĭum = collusio
collŭĕre ausspülen, heranspülen
collum Hals
collusĭo geheimes Einverständnis
collūsor Helfer bei collusio
collusorĭe abgekarteterweise
colluvĭes } Spülicht
colluvĭo }
collyrĭum (flüssige) Salbe
colŏb(ĭ)um kurzärmeliches Unterkleid
colōna v. colonus
colonarĭus hörig [hörigkeit
colonātus Bauernstand, Grund-
Colōne Stadt in Messenien
colonĭa Landgut, Pachthof, Kolonie, Kolonisten
coloniarĭus aus einer Kolonie
colōnus Bauer, Pächter, Pflanzer
color, ōris Farbe, Schein, Ansehen
colōrāre färben, beschönigen, be-
colorātus angeblich [arbeiten
colorĭus farbig
cōlum Seihgefäß, Salbe
columba Taube
columbarĭum Taubenhaus
columna Pfeiler, Säule
comagēna s. commagenum

Comanensis aus Comāna in Cappa-
comātus langhaarig [docien
combūrĕre verbrennen
comĕdĕre aufessen, auffressen
comes, ĭtis Gefährte, Begleiter, Ge-
folge, hoher Beamter
comĕsor Fresser, Vielfraß
comĭnus = commĭnus
comĭtāri begleiten, folgen [folge
comitatensis I. im kaiserlichen Ge-
— II. Leibgarde, Unterbeamter
comitātus Begleitung, Gefolge, Hof
comĭter freundlich, gefällig
comitĭa Volksversammlung
comitiālis die Komitien störend
— morbus Fallsucht, Epilepsie
comitiānus den comes Orientis be-
treffend
comitĭva Würde des comes
comitĭum Versammlungsort (forum)
commacŭlāre beflecken, besudeln
Commagēne Provinz von Syrien
commagēnum Salbe aus Comma-
commănēre verbleiben [gene
commĕans beurlaubt
commeāre hin und hergehen, führen
commeatālis Zufuhr betreffend, be-
urlaubt
commeātus Ab- und Zugang,
Durchlaß, Urlaub, Zufuhr
commemŏrāre gedenken, erwähnen
commemoratĭo Erinnerung, Er-
wähnung
commendāre übergeben, empfehlen,
darlegen
commendaticĭus Empfehlungs- . . .
commendatĭo Empfehlung
commendatorĭus Empfehlungs- . . .
commentariensis Sekretär, Kon-
trolleur
commentarĭus Notizbuch, Pro-
tokoll, Erklärung, Buch (Teil)
commentātor Erklärer
commenticĭus interpretiert, Schein-..
commentĭri ersinnen, lügen
commentum Lüge, Scheinabschluß
commentus v. comminisci
commercĭum Handelsverkehr,
Verkehrfähigkeit, Handel
commĕrēre verdienen
commilitĭum Kriegskameradschaft
commilĭto Kriegskamerad
commĭnāri drohen
comminatĭo Drohung, Androhung
comminisci ersinnen, vorschützen
comminŭere vermindern
commĭnus in der Nähe, nahe, sofort
commiscēre vermischen, sich paaren
commissorĭalex Rücktritts-
klausel (Kauf), Verfallklau-
sel (Pfand)
commissum Verbrechen, Ver-
gehen
commissus v. committere
committĕre verbinden, eingehen,
streiten, verüben, verfallen, hin-
geben
commŏdāre darleihen, schenken
commodātor Verleiher
commodātum Leihe, Leihver-
trag
commodĕrāre mäßigen
commodĭtas Angemessenheit, Nutzen
commŏdum Bequemlichkeit,
Nutzen, Ertrag, Zinsen
commŏdus gehörig, passend, bequem
Commŏdus Kaiser, 180—192 n. Chr.
commonefăcĕre } erinnern, mahnen
commŏnēre }
commonitĭo Erinnerung, Mahnung

commonitorĭum Mahnbrief, Auftragsschreiben
commonitorĭus Erinnerungs- . . .
commŏrāri verweilen
commŏri zusammen sterben
commotĭo Bewegung, Erregung,
commōtus v. commovere [Eingriff
commŏvēre bewegen, erregen
commundāre reinigen
commūne Gemeinwesen, Staat
communĭcāre teilen mit, teilen unter
communicatĭo Gemeinschaft
communĭo Gemeinschaft, Gemeinschaftlichkeit, Anteil
commūnīre befestigen, unterstützen
commūnis gemeinsam, gemein, gewöhnlich
communītus versehen mit
commūtāre verändern, tauschen
commutatĭo Veränderung, Tausch
cōmoedus Schauspieler
compactum Vertrag
compar, ăris gleich(wertig)
compărāre zusammenbringen, vergleichen, gleichstellen, vereinbaren, erwerben
comparaticĭus zum Ankauf bestimmt
comparatĭo Vergleich, Kauf, Erwerb
comparātor Schriftvergleicher, Käu-
comparātus festgestellt, bestimmt [fer
compārēre erscheinen, vorhanden sein
compascĕre zusammen weiden
compascŭus gemeinsame Weide be-
compăti mit leiden [treffend
compatrōnus Mitpatron
compĕdes Fesseln
compedītus gefesselt [treiben
compellĕre zusammentreiben, an-
compendiarĭus kurz
compendiōsus abgekürzt, kurz

compendĭum Ersparnis, Abkürzung, Gewinn [anrechnen
compensāre ausgleichen, aufrechnen,
compensatĭo Aufrechnung
comperendĭnus drittnächst
compĕrīre entdecken, erfahren
compertus ertappt, sicher
compes s. compedes [schränken
compescĕre zusammenhalten, ein-
compĕtens passend, zuständig
competenter gehörig
compĕtĕre stimmen, gehören, fordern, zustehen.
competitĭo gerichtliche Forderung,
competītor Mitbewerber [Anrufen
compīlāre plündern, berauben
compingĕre zusammensetzen
compĭtum Kreuzweg [gleich
complacĭtum Übereinkunft, Ver-
complacĭtus angenehm, nützlich
complānāre ebenen, niederreißen
complecti umschlingen, fassen
complementum Füllung, Ergänzung
complēre anfüllen, erfüllen
completĭo Erfüllung, Vollzug
complex Teilnehmer, Genosse
complexĭo Verknüpfung, Zusammenziehung
complexus Umfassen, Vereinigung
comploratĭo heftiges Weinen, Klage
complūres mehrere, sehr viele
compōnĕre zusammensetzen, vereinigen, verfassen, ordnen, aufbewahren, anordnen, ausgleichen
comportāre sammeln
compos, ŏtis mächtig, teilhaftig
compositĭo Zusammensetzung, Verbindung, Abfassung, Beilegung
compositor Verfertiger, Verfasser

compositum Vertrag

compraehendĕre / comprehendĕre { zusammen=, erfassen, begreifen, umschließen

comprīmĕre zusammendrücken, unterdrücken, schänden [bezeugen

comprŏbāre gut heißen, beweisen,

compromissarius Schieds= ...

compromissum Schiedsgerichtsvertrag [schließen

compromittĕre ein compromissum

compulsio Zwang, Mahnung

compulsor Steuermahner

compulsus gezwungen [bedenken

compŭtāre berechnen, hinzurechnen,

computatio Berechnung, Zahlung

conāmen Bemühung, Versuch

conāri versuchen

conātus Versuch

concamĕrāre umwölben

concameratio Wölbung

concēdĕre fortgehen, nachgehen, einräumen, erlassen

conceptacŭlum Behältnis

conceptio Abfassen, Empfängnis

conceptīvus von ertapptem Diebstahl

conceptus I. v. concipere

— II. Empfängnis

concertatio Wettkampf, Rechtsstreit

concessio Erlaubnis, Zugeständnis

concha Muschel

conchylium Muschel, Purpurschnecke

conchy(lio)legŭlus Muschelsammler

concĭdĕre stürzen, fallen

concīdĕre zerhauen, zertrümmern

conciliabŭlum Sammel=, Marktplatz

conciliāre gewinnen, einigen

conciliātrix Kupplerin

concilium Versammlung, Rat, Gemeinde

concinnāre erdichten, andichten

concinnātor Urheber

concinnītas Lüge, Betrug

concio s. contio

concĭpĕre ergreifen, aufnehmen, schwanger werden, denken, abfassen, eintreten

concĭtāre aufregen, reizen

concitatio Erregung

concitātor Erreger

conclāmāre rufen, herbeirufen

conclamatio Geschrei

conclāve Gemach

conclericus Mitkleriker, Amtsbruder

conclūdĕre einschließen, einengen, abschließen, abfassen

conclusio Schluß, Bestimmung

concordāre übereinstimmen

concordia / concordium } Eintracht

concrĕmāre verbrennen

concrescĕre zusammenwachsen

concŭba / concubīna } Beischläferin

concubinātus außereheliche Geschlechtsverbindung

concubītor Beischläfer

concubītus Beischlaf [dreschen

conculcatio Zerstampfen, Aus=

concumbĕre Beischlaf vollziehen

concupiscĕre verlangen nach

concurātor Mitkurator

concuriālis aus derselben Kurie

concurrĕre herbeilaufen, zusammentreffen, übereinkommen

concursus Zulauf, Auflauf, Zusammentreffen

concussio Erpressung

concŭtĕre erschüttern, zerrütten, erpressen
condĕcet es ziemt sich
condecŏrāre schmücken
condecuriālis Mitdekuriale
condemnāre verurteilen, jemandes Verurteilung betreiben
condemnatĭo Verurteilung
condĕre begründen, begraben, verbergen
condīcĕre verabreden, ankündigen, (auf dare oportere) klagen
condicĭo s. conditio
condicticĭus auf condictio bezüglich
condictĭo Rückforderung
condignus geeignet, passend
condiscĕre lernen, erfahren
conditĭo Lage, Zustand, Verhältnis, Bedingung, Gelegenheit
conditionālis I. bedingt
— II. zu einem Amt bestellt
condĭtor Urheber, Gründer
conditūra Würze, Eingemachtes
condītus gewürzt
condĭtus v. condere
condomonobŏlon eine Art Spiel
condōnāre beschenken
condūcĕre sammeln, mieten, pachten, bestellen
conducibĭlis nützlich
conductēla, conductĭo } Miet-, Pachtvertrag, Dienst-, Werkvertrag
conductor Mieter, Pächter, Unternehmer
conductum = conductio
conectĕre = connectere
confarreatĭo Form der Eheschließung
confectĭo Anfertigung, Errichtung
conferre zusammenbringen, beitragen, vereinigen, vergleichen, wohinschaffen, bestimmen

confertus gedrängt
confessĭo Geständnis, Bekenntnis
confessorĭus Bekenntnis-, Anerkennungs-...
confessus geständig
confestim sogleich
confĭcĕre vollenden, zerstören
confidejussor Mitbürge
confidentĭa Vertrauen, Bekenntnis
confīdĕre vertrauen, sich verlassen
confīgĕre durchbohren
confingĕre verfertigen, ersinnen
confīnis I. benachbart
— II. Nachbar
confinĭum Nachbarschaft, Grenze, Ende, Bereich
confirmāre befestigen, bekräftigen
confirmatĭo Bestätigung
confirmātor Gewährsmann
confiscāre, confiscāri } einziehen
confitēri eingestehen, aussagen
conflăgrāre brennen
conflāre schüren, erregen, einschmelzen
conflātor Einschmelzer
conflictatĭo, conflictus } Kampf, Rechtsstreit
conflīgĕre kämpfen, streiten
conflŭĕre zusammenfließen, -treffen
confŏvēre pflegen, begünstigen
confringĕre zerbrechen
confŭga Flüchtling
confŭgĕre sich flüchten
confundĕre vermischen, vereinigen, verwirren, tilgen
confūse in Bausch und Bogen
confusĭo Vereinigung von Recht und Schuld in einer Person
confūsus v. confundere
confūtare widerlegen, überführen
congemiscĕre seufzen

congĕrĕre zusammentragen, aufhäufen, herbeiführen
congestĭo Aufhäufen
congiarĭum Gefäß, einen congius
(1/8 amphora) fassend
conglomeratĭo Aufhäufung
conglutĭnāre zusammenkleben,
congrĕdi verklagen [-fügen
congrĕgāre sammeln, zurechnen
congregatĭo Sammlung, Vereinigung
congressus Zusammenkunft, Kampf
congrŭens schicklich, angemessen
congrŭĕre passen zu, stimmen
congrŭus = congruens
conĭcĕre = coĭcere
conjectāre erraten, vermuten
conjectĭo Vermutung, Zusammenstellung
conjectūra Vermutung
conīti = connīti
conjugālis Gatte
conjugatĭo = conjunctio
conjugĭum Ehe, Gatte
conjuncte } verbunden
conjunctim } verbunden
conjunctĭo Vereinigung, Verbin-
conjunctīvus verbindend [dung, Ehe
conjunctus = conjunctio [berufen
conjungĕre verbinden, zusammen-
conjūrāre sich verschwören
conjuratĭo Verschwörung
conjurātus Verschworener
conjux, ŭgis Gatte
coniventĭa s. conniventia
conīvēre s. connivere
conlābi s. collābi
conlaudāre s. collaudare
connectĕre verknüpfen, verbinden
connexus verbunden

connīti streben, sich anstrengen
conniventĭa Nachsicht
connīvēre Augen schließen, drüber
connubĭum Ehe [wegsehen
connumĕrāre zuzählen
conquassāre erschüttern, zerstören
conquĕri sich beklagen
conquestĭo Beschwerde
conquiescĕre ruhen, aufhören
conquīrĕre zusammensuchen, verschaffen, untersuchen, begehen
conquisitĭo Auftreiben, Suchen
conrādĕre s. corradere
conrasus s. corrasus
conrĕus s. correus
conrīvāre s. corrivare
consānāre heilen [wandt
consanguinĕus bluts-, stammver-
consanguinĭtas Verwandtschaft
consceleratus verbrecherisch
conscendĕre besteigen, steigen
conscientĭa Mitwisserschaft, Gewissen, Bewußtsein
conscindĕre zerreißen
consciscĕre zufügen
— sibi manus sich selbst töten
conscĭus Mitwisser [schreiben
conscrībĕre aufschreiben, unter-
conscriptĭo Darstellung, Schriftsatz
consĕcrāre weihen
consecratĭo Weihe
consenescĕre alt werden
consensĭo } Zustimmung
consensus } Zustimmung
consentanĕus I. übereinstimmend
consentanĕus II. Genosse
consentīre zustimmen
consĕquens folgend, folgerecht
consequentĭa Folge, Folgerichtigkeit
consĕqui folgen, erreichen, erlangen

consĕrĕre I. säen, bepflanzen
— II. zusammenbringen
conserva Mitsklavin
conservāre erhalten, verwahren, [wahren
conservātor Erhalter, Wächter
conservus Mitsklave
consessus Versammlung, Sitz darin
considĕrāre besehen, erwägen, bedenken
consideratĭo Überlegung, Rücksicht
consīdĕre sich versammeln, Sitzung halten, zu Gericht sitzen
consignāre versiegeln, bezeichnen, aufschreiben, überweisen
consignatĭo Dokument
consilĭāri um Rat fragen
consiliarĭus Ratgeber, Beisitzer
consilĭum Überlegung, Entschluß, Vorsicht, Rat
consimĭlis ganz ähnlich
consistĕre sich hinstellen, auftreten, verweilen, bestehen, beruhen auf
consistoriānus Beisitzer
consistorĭum kaiserlicher Rat
consobrīnus* Geschwisterkind
consŏcer Mitschwiegervater
consociatĭo Vereinigung
consocĭus Genosse
consōlāri trösten
consolatĭo Trost
consolĭdāri Nießbrauch sichern
consolidatĭo = confusio beim Nießbrauch
consonantĭa Harmonie
consŏnāre übereinstimmen
consŏnus entsprechend, passend
consororīnus = consobrīnus
consors Teilhaber, Genosse
consortĭo } Gemeinschaft, Geschlechtsgemeinschaft
consortĭum
conspectĭo } Anblick, Überblick
conspectus I.
— II. = conspicuus
conspĭcāri erblicken
conspĭcĕre sehen, betrachten, einsehen
conspicŭus auffallend, ansehnlich
conspīrāre sich vereinigen, -verschwören
conspiratĭo Verschwörung
constans fest, standhaft
constantĭa Beständigkeit, Ausdauer
Constantiānus nach Constantius
Constantinensis } nach Konstantin
Constantiniānus
Constantinopolitānus aus Konstantinopel
Constantīnus Kaiser, 306—337 n. Chr.
constāre feststehen, stimmen, bestehen, kosten
consternere ausbreiten
constitŭere wohinstellen, aufstellen, errichten, feststellen, beschließen, akkordieren, setzen in
constitutĭo Einrichtung, Anordnung, Zustand
constitutionarĭus Konstitutionsregistrator
constitutorĭus zum Akkord gehörig
constitūtum Abkommen über schon bestehende Schuld, Akkord
constrātus verstreut, ausgebreitet
constringĕre zusammenbinden, -fassen, binden, verpflichten, beschränken
constructĭo Errichtung
construĕre errichten
consŭĕre zusammennähen
consuescĕre sich gewöhnen
consuetudinarĭus gewöhnlich
consuetūdo Gewohnheit
consuētus gewohnt
consuēvisse pflegen
consul oberster Magistrat

consulāris I. Konsul betreffend
— II. gewesener Konsul, Statthalter
consularītas Würde des consularis
consularīus = consularis I.
consulātus Würde des Konsul
consŭlĕre um Rat fragen, überlegen, sorgen für, beschließen [mit
boni consulere sich zufrieden geben
consultāre um Rat fragen
consultatīo Anfrage, Beratung
consultātor Ratsuchender
consulte } mit Überlegung, absichtlich
consulto }
consultor Ratgeber, Rechtsgelehrter
consultum Rat, Beschluß
consultus überlegt, befragt, gelehrt
consūmĕre verzehren, vernichten, durchbringen, aufheben, aufwenden
consummāre zusammenrechnen, zustande bringen [endung
consummatīo Summierung, Voll-
consurgĕre aufstehen, entstehen
consūtum Kleid
consūtus zusammengenäht
contagīo } Ansteckung
contagīum }
contamīnāre beflecken, verderben
contaminatīo Befleckung
contĕgĕre zu-, verdecken
contemnĕre verachten, verschmähen
contemplāri betrachten, berücksich- [tigen
contemplatīo Beachtung
contem(p)tibīlis verächtlich
contem(p)tīo Verachtung
contem(p)tor Verächter
contem(p)tus = contemptio
contendĕre anstrengen, sich bemühen, streiten, klagen, sich binden
contentīo Streit

contentiōsus streitsüchtig, streitig
contentus zufrieden
contĕrĕre abnutzen, aufbrauchen
contermīnus benachbart
conterrēre erschrecken
conterrītus erschrocken
contestāri zu Zeugen anrufen, vor Zeugen erklären
contestatīo Zeugenaufruf, Erklärung, Abschluß des Prozesses in jure
contestāto vor Zeugen
contestatorīus Zeugnis- . . .
contexĕre zusammenweben, -fügen
contextīo Weben, Anfertigung
contextor Verfasser
contextus I. v. contexere
— II. Verbindung, Zusammenhang
contīcēre } schweigen
conticescĕre }
contignatīo Gebälk, Stockwerk
contigŭus berührend, angrenzend
contīnens zusammenhängend
ex continenti sofort
continenter in einem fort [gung
continentīa Zusammenhang, Mäßi-
contīnēre enthalten, erhalten, zurückhalten, umfassen
contīnēri bestehen in, beruhen auf [treffen, widerfahren
contingĕre berühren, erreichen, be-
continŭāre verbinden, fortsetzen
continuātim ununterbrochen
continuatīo Folge, Fortsetzung
continŭo sofort, in einem fort
continŭus zusammenhängend, ununterbrochen
contīo Versammlung
contra I. gegenüber, entgegen, um-
— II. gegen, betreffs [gekehrt

contractĭo Vermischung
contractor Vertragspartei
contractus Vertrag
contrādĕre = tradere
contradīcĕre widersprechen
contradictĭo Widerspruch
contradictor Gegner
contradictorĭus widersprechend, Gegen-...
contradictus bestritten
contrăhere zusammenziehen, begründen, abschließen
contrariĕtas Gegensatz
contrarĭum Gegenteil
contrarĭus entgegengesetzt, widersprechend
contrectāre berühren, entwenden
contrectatĭo Entwendung
contrectātor Dieb, Unterschlager
contribŭĕre zusammenlegen, gewähren
contributĭo Verteilung, Zuteilen, Beitrag
controversĭa Streit
contubernālis Zelt-, Bettgenosse
contubernĭum Zeltgemeinschaft, Sklavenehe, Konkubinat
contuēri ins Auge fassen, Rücksicht nehmen auf
contumacĭa Trotz, Ausbleiben vor Gericht
contŭmax trotzig, ungehorsam
contumelĭa Schmach, Schmähung
contumeliōsus schimpflich
contundĕre zerbrechen, zerstören
conturbāre verwirren
contus Spieß, Stange
contūtor Mitvormund
conubĭum s. connubium
convalescĕre gesunden, gültig werden
convectāre, convĕhĕre herbeischaffen
convellĕre losreißen, umstürzen
convenĭens passend
convĕnīre zusammenkommen, gehören zu, passen, schreiten zu, vereinbaren, angehen, verklagen
conventicŭlum Versammlung
conventĭo Versammlung, Vertrag, Anspruch, Klage
conventionālis vertraglich
conventus Versammlung, Tagung, Gerichtstag
conversāri verweilen, handeln
conversatĭo Gebrauch, Aufenthalt, Umgang, Geschäft
conversus Umdrehung
convertĕre umdrehen, abwenden, abändern, aufwenden
conveterānus Regimentskamerad, Mitveteran
convicānus Dorfnachbar
conviciāri schmähen
convicĭum Schmähung
convincĕre überführen, beweisen
convīva Gast
convivĭum Mahl, Gastmahl
convŏcāre zusammenrufen
convocātus Berufung
convocĭam gemeinsames Geschrei
convŏlāre fliegen, laufen nach
coopĕrīre zudecken, verdecken
coopertorĭum Decke
cooptāre hineinwählen
copĭa Menge, Macht, Gelegenheit
copiāta Totengräber
copula Band, Verbindung, Ehe
copŭlāre verbinden
copulatĭo Verbindung, Verwandtschaft
copulatīvus verbindend
coquĕre kochen, braten
coquinatorĭus s. cocinatorius
coquus s. cocus

cor Herz, Sinn, Verstand
coracīnus rabenschwarz
coram vor, in Gegenwart
corbis Korb [land
Corinthĭus aus Korinth in Griechen-
corĭum Fell, Leder
Cornelia lex s. Abschn. II.
Cornelius s. Abschn. II.
cornicularĭus Adjutant, Assistent
cornicŭlus Amt des cornicularis
cornu Horn
cornuarĭus Hörnerfabrikant
corōna Kranz, Krone
corōnāre krönen, bekränzen
coronarĭus zur Krone bestimmt
coronātus gekrönt, tonsiert
corporālis körperlich, körperschaftlich
corporatĭo Körperschaft
corporātus Körperschaft betreffend
corpus, ŏris Körper, Leichnam; Person, Substanz, Text, Ganzes, Körperschaft; körperliche Tätigkeit
corpŭsculum Körperchen [kratzen
corrādĕre zusammenscharren, ab-
correctĭo Zurechtweisung
corrector Landvogt, Statthalter
correptĭo Ergreifen [beklagter
corrĕus Mitschuldner, Mit-
corrĭgĕre gerade richten, bessern,
corrĭpĕre ergreifen [strafen
corrīvāre zusammenleiten
corrobŏrāre stärken, bekräftigen
corrŭĕre zusammenstürzen
corrumpĕre zerbrechen, zerstören, beschädigen, verführen, bestechen
corruptēla Verführung, Bestechung
corruptĭo Verderbnis
corruptor Verführer, Bestecher
corruptus v. corrumpere

Coruncanius s. Abschn. II.
Corsĭca Insel vor Italien
cos Schleifstein
costamōmum } wohlriechendes
costum } Kraut
cotarĭa } Schleifsteingrube
cotōrĭa }
cottidiānus (all)täglich
cottidĭe täglich
crabattus Lotter-, Ruhebett
cras morgen
crassus dick, derb, grob
cratēr Mischkrug, Kessel
craticĭus aus Flechtwerk
creāre schaffen, erwählen
creatĭo Wahl
creātor Wähler
creber häufig
crebescere häufig vorkommen
credĕre glauben, vertrauen, leihen,
credibĭlis glaubhaft [kreditieren
credĭtor Gläubiger
credĭtum Darlehen
credulĭtas Leichtgläubigkeit
credŭlus leicht-, rechtgläubig
cremāre verbrennen
crematĭo Verbrennung
cremiālis zu Reisig bestimmt
cremĭum Reisig
crescĕre wachsen
creta Kreide
Creta Insel vor dem Ägäischen Meer
cretifodīna Kreidegrube
cretĭo Erbschaftsantritt
cribrum Sieb [Beschuldigung
crimen Verbrechen, Anklage,
criminālis Verbrechen-.., Kriminal-
crimĭnāri beschuldigen
criminatĭo Beschuldigung, Anklage
criminōsus verbrecherisch

crinis Haar
crinum Liliensalbe
Crispus Sohn Konstantins
crithologĭa Getreidehebungsstelle
crocufantĭa } Prachtkleid für Frauen
crocyfantĭa }
cruciāre martern
cruciatĭo } Marter
cruciātus }
crudēlis grausam, roh
crudelĭtas Grausamkeit
crudus blutig, unreif
cruentus blutbedeckt
cruor, ōris Blut
crurālis Schienbein- . . .
crus Schenkel, Schienbein
crusta Rinde, Schale, Stuck, eingelegte Arbeit; Kleid
crux Kreuz
crypta Gewölbe, Keller
crystallĭnus kristallen
cubāre liegen
cubicularĭus Kammerdiener
cubicŭlum Schlafzimmer
cubīle Lager, Lagerstatt
cubĭtus Ellbogen, Elle
cucullus Kappe
cucŭma Kochgeschirr, Kessel
cucumella Kesselchen
cucurnĭa s. curcuma
cudĕre schlagen, prägen
culcĭta Kissen, Matratze
cullĕus } Schlauch, Sack
culĕus }
culmen, ĭnis Gipfel, Hoheit
culpa Verschulden, Schuld
culpabĭlis schuldhaft
culpāre beschuldigen
cultellus } Messer
culter }
cultĭo Bebauung, Verehrung
cultor Pflanzer, Anhänger
cultūra = cultio
cultus I. v. colere
— II. Pflege, Lebensweise, Verehrung
cum I. mit, samt; von — an
— II. wenn, obgleich, da, weil
cumque = quandocumque
cumŭlare aufhäufen, vermehren
cumŭlus Haufe, Höhe
cunabŭla Wiege, Ursprung, Anfang
cunctāmen Zögern
cunctāri zögern
cunctatĭo Bedenken
cunctus sämtlich, gesamt
cunĕus Keil, Keilformation
cunicŭlus Grube, Gang, Mine
cupa Kufe, Tonne
cupĕre begehren
cupidĭtas } Verlangen, Begierde
cupīdo }
cupĭdus begierig, geldgierig
cupĭtus v. cupio
cuppa = cupa
cuppŭla kleine Tonne
cupressĕus von der Cypresse
cupressus Cypresse
cur warum, weil
cura Sorge, Obhut, Sorgfalt
curagendarĭus Aufseher
curapalatĭus Palastwächter
curāre sorgen für, sich kümmern um, leiten, berichtigen
curatĭo Sorge, Pflege, Heilung, Amt
curator Verwalter, Aufseher, Pfleger
curatoricĭus Aufseher- . . .
curatorĭus Pfleger- . . .
curax s. currax
curcŭma Gebiß

curīa Abteilung, Senatssaal, Senat, Staatsrat
curiālis I. curia betreffend
— II. Mitglied der curia
curialītas Würde des curialis
curiātus in der Kurie beschlossen
curiosītas Neugier
curiōsus I. neugierig, sorgsam
— II. Polizeiagent
currax schnell (laufend)
currĕre laufen, eilen, gehen
curricŭlum Lauf, Laufbahn, Zeitlauf
cursitatīo Staatspostfuhre
cursor Läufer
cursuālis postalisch
cursus Lauf, Post [sessel
curūlis Rennbahn-..., Amts-
curvatūra Krümmung
curvus krumm
cusīo Prägung
cusor Münzer
cuspis Spitze
custodēla / custodīa Bewachung, Verwahrung Haftung, Gewahrsam, Obhut
custōdīre bewachen, bewahren, ver-
custos, ōdis Wächter [hüten
Cyclādae Inseln im Ägäischen Meere
cydonēum Quittensaft, -wein
cylindrus Walze, Edelstein
cymbīum Trinkgefäß
Cyprus Insel südlich von Kleinasien
Cyrēne Stadt in Afrika
Cyrenensis Bewohner von Cyrene
Cyzicenīus aus Cyzīcus in Mysien

D.

Dacīa Provinz an der untern Donau
dactyliothēca Ringkästchen
daemon Gottheit, Teufel
dagogīanus s. paedagogianus
Dalmatīa Gegend von Illyrien
damnabīlis verdammungswürdig
damnāre verdammen, verurteilen, verpflichten
damnas verpflichtet
damnatīo Verurteilung, Formelteil per damnationem legare (zivilrechtlich) testamentarisch vermachen
damnātus verurteilt
damnificāre schädigen, verurteilen
damnōsus schädlich
damnum Schaden, Sachbeschädigung, Geldbuße
Danubīus Donau [ochia
Daphnensis bei Daphne zu Anti-
daps Opfermahl, Opfer [rer
dardanarīus Getreide-, Warenwuche-
Dardanīa Gegend Kleinasiens
dare geben, hingeben, zuweisen, übereignen, sich hingeben, nachgeben
Dasumianum s. Abschn. II.
datīo Hingabe, Übergabe, Erteilung, Leistung, Entäußerung
datīvus bestellt, gegeben
datum gegeben
de von—her, aus, von—an, unter, über, betreffs, nach, gegen
dealbāre übertünchen
dealbātor Tüncher
deambŭlāre umhergehen
deambŭlatīo Spaziergang
deaurāre vergolden
deaurātor Vergolder [dürfen
debēre schulden, verdanken, müssen, debēri gebühren
debīlis schwach [stümmeln
debilītare schwächen, entkräften, ver-
debilītas Schwäche

debĭtor Schuldner
debĭtum Schuld
debĭtus v. debere
decanĭcum Sakristei
decantāre absingen, vortragen
decānus Gefolgsmann, Leichenträger
decaprōtĭa Würde des decaprotus
decaprōti zehn obersten Ratsherren
decargȳrus Silbermünze
decēdĕre weggehen, abgehen, räumen, verloren gehen
decem zehn
December Dezember= . . .
decempedālis zehn Fuß lang
decemprĭmātus Würde der decemprimi
decemprĭmi = decaproti
decemvĭri Kollegium von Richtern, Ausschuß von Senatoren
decennalĭa alle zehn Jahre gefeiertes Fest
decennĭum Zeitraum von zehn Jahren
decenter ziemlich, geziemend
deceptĭo Betrug
deceptus v. decipere
decernĕre entscheiden, bestimmen, beschließen
decerpĕre abpflücken
decertāre streiten
decertatĭo Streit
decessĭo Abgang, Minderung
decessor Amtsvorgänger
decessus Rücktritt, Tod
decet es ziemt sich
decĭdĕre herabfallen, sinken, verfallen
decīdĕre abschneiden, prügeln, zerschneiden, entscheiden
decĭes zehnmal
d. (centena milia) Million
decĭma zehnter Teil

decĭmāre bestrafen
decimarĭus das Zehntel betreffend
decĭmus der zehnte
decĭpĕre täuschen
decisĭo Entscheidung
declāmāre vortragen, sich beschweren
declārāre zeigen, erklären, dartun
declīnāre abbiegen, abwenden, sich wenden
decoctĭo Verlust, Unterschlagung
decoctor Unterschlager
decollatĭo Enthauptung
decŏlor entstellt, häßlich
decolōrāre entstellen, beschimpfen
decŏquĕre durchbringen, unterschlagen
decōrāre schmücken
decōrus geziemend, zierlich, schön
decrescĕre abnehmen, sich mindern, abgehen
decrētālis durch Dekret
decrētum Entscheidung, Urteil, Verordnung
decumbĕre sich niederlegen
decurĭa Stadtrat, urspr. die Zunft der Apparitoren
decuriālis Stadtrat, Kanzlist
decurĭo Ratsherr
decurionātus Amt eines decurio
decurrĕre herab=, ablaufen, sich entwickeln, verlaufen, gelangen, Zuflucht nehmen
decus, ŏris Schmuck, Zier, Würde, Ruhm
decŭtĕre abschütteln, beseitigen
dedecorandus } entehrend
dedecorōsus }
dedĕcus Schande
dedĕre übergeben
dedĭcāre weihen, widmen
dedignāri verschmähen, verweigern
dediscĕre verlernen

dediticius unterworfen, niedere Klasse der Freigelassenen
deditio Hingabe
deditus v. dedere
dedūcĕre wegführen, abziehen, wohinbringen, verteilen, teilen, ausziehen
deductio Abzug
deesse nicht da sein, fehlen, mangeln
defāmāre in Verruf bringen
defectio Abfall, Verfall
defectus I. v. deficere
— II. Abfall, Aufhören, Mangel
defendĕre abhalten, verteidigen, schützen, beanspruchen
defensacŭlum Verteidigung
defensāre verteidigen
defensio Verteidigung, Vertretung, Verfolgung, Verteidigungsmittel
defensor Verteidiger, Vertreter
defensus geschützt
deferre herbeibringen, feilhalten, übertragen, zuschieben, angeben
defervescĕre sieden
defessus ermüdet
deficĕre entfernen, ab-, wegfallen, verlassen, mangeln, schwach werden, sterben
deficiens, mangelnd, sterbend
defigĕre einschlagen, aufschlagen, bannen, erschrecken
definire begrenzen, bezeichnen, bestimmen, entscheiden
definitio Begrenzung, Bestimmung
definitivus bestimmend, End- . . .
definitum = definitio
defixus bestimmt
deflectĕre ablenken, abschwenken
deflēre beweinen
deflŭĕre herabfließen, zuströmen, anfallen, ablaufen
defŏdĕre eingraben
deformāre entstellen, beschimpfen
deformatio Entstellung
deformis entstellt, häßlich
deformitas Verunstaltung, Schimpf
defossus v. defodere
defraudāre betrügen
defraudātor Betrüger
defringĕre abbrechen
defrūtum eingekochter Most
defŭga Flüchtling
defŭgĕre entfliehen, sich entziehen
defunctarie oberflächlich
defunctus verstorben
defundĕre abgießen, eingießen, [zahlen
defungi zu Ende bringen, loskommen
vita defungi sterben
degĕner ausgeartet, unecht, unwürdig
degĕre Zeit zubringen
deglābrāre glätten, abschälen
degrădāre = regradare
degustāre kosten, berühren
degustatio Probe
dehinc hierauf, danach
dehonestāre } entehren
dehonōrāre }
deicĕre abwerfen, werfen, schlagen, herauswerfen, umwerfen
dejectio Hinauswerfen
dejector Vertreiber
dejĕrāre = dejurare
dein = deinde
deinceps folgend, darauf, ferner
deinde danach
deitas Gottheit
dejudicare entscheiden
dejūrāre beschwören
delābi herab-, zerfallen, verfallen

delatĭo Anklage
delātor Ankläger
delatorĭus zum Ankläger gehörig
delectāre erquicken
delectus I. v. deligere
— II. Auswahl, Wahl
delēgāre wohinschicken, überweisen, anweisen, übertragen
delegatĭo Anweisung, Steuersoll
delegātor Schatz-, Steuerbeamter
delegatorĭa Steueranschlag
delegātum, delegātus } = delegatio
delenimentum Linderungsmittel
delēre zerstören, aufheben, vernichten, auslöschen
deleticĭus wieder überschrieben
deletĭo Vernichtung, Auslöschen
Delfĭa s. Delphica
delibatĭo Verminderung
delibĕrāre abwägen, überlegen
deliberatĭo Überlegung
delicātus üppig, zart
delicĭae Lust, Freuden
deliciōsus üppig, weichlich
delictum Vergehen, Verbrechen
delĭgĕre auswählen
delinimentum = delenimentum
delinquĕre verlassen, fehlen lassen, sich verfehlen
delitescĕre sich verstecken
Delphĭca (dreibeiniger) Putztisch
Delphus aus Delphi in Phocis
delūbrum Tempel
delūdĕre sein Spiel treiben, verspotten
demānare entspringen
demandāre anvertrauen, übertragen
dematūrāre = maturare
demens wahnsinnig
dementĭa Wahnsinn

demĕre wegnehmen
demĕrēre sich verdient machen
demergĕre versenken
demetātor = temerator
demĭgrāre weggehen, übergehen
deminŭĕre mindern, schmälern
deminutĭo Verminderung
demittĕre herablassen, hinauslassen, stützen
demogrammatĕus Gemeindeschreiber
demōlīre, demōlīri } zerstören
demolitĭo Zerstörung
demonstrāre zeigen, beweisen, bezeichnen, bestimmen, leiten
demonstratĭo Bezeichnung, Erklärung, Formelteil
demonstratorĭus erklärend
demŏrāri verweilen, aufhalten
demŏri sterben
demortŭus abgestorben
Demosthĕnes Redner in Athen, 384—322 v. Chr.
demŏvēre entfernen
demum (nun) erst, nur
dena je zehn
denarismus Berechnung nach Denaren
denarĭus Silbermünze (4 Sesterzien)
Dendrophŏri eine Sekte
dendrophŏrus Zimmermann
denĕgāre verneinen, leugnen, verweigern
deni je zehn
denĭque hiernach, endlich, sogar, kurz, z. B.
denomĭnāre benennen, vorschlagen
denominatĭo Vorschlag
denŏtāre kennzeichnen, beschimpfen
denotatĭo Kennzeichnung, Schimpf
dens Zahn
densĭtas Dichtigkeit, Andrang
densus dicht, häufig

dentātus gezähnt
denūdāre entblößen, plündern
denuntĭāre verkündigen, an-
sagen, anzeigen, verbieten
denuntiatĭo Anzeige
denuntiātor Ankläger
denŭo von neuem
deorsum abwärts
depacisci = depecisci
depactus v. depacisci
depangĕre Vertrag schließen
depascĕre abweiden lassen
depasci abweiden, aussagen
depecisci schimpflich vertragen
depectĭo schimpflicher Vertrag
depellĕre wegtreiben, entfernen,
verstoßen
dependĕre bezahlen, verwenden
depensĭo Aufwendung
depensus v. dependere
deperdĕre zugrunde richten
deperdi verloren gehen
deperdĭtus verdorben [sterben
depĕrīre verderben, verloren gehen,
depingĕre (ab)malen, schreiben
deplōrāre klagen
deploratĭo Klage
deplorātus beklagenswert
depōnĕre wegstellen, niederlegen, ab-
reißen, aufgeben, abgeben, hinter-
depopŭlāri verwüsten [legen
depopulatĭo Plünderung
depopulātor Plünderer, Marodeur
deportāre wegschaffen, ver-
bannen
deportatĭo Verbannung [fuhr- . . .
deportatorĭus Einfuhr- . . ., Aus-
deportātus Verbannter
deposcĕre dringend fordern
depositarĭus Verwahrer

depositĭo Niederlegung, Hinter-
deposĭtor Hinterleger [legung
deposĭtum v. deponere
depraedāri ausplündern
depraedatĭo Plünderung
depraedātor Plünderer
deprāvāre entstellen, verderben
deprāvāri sich verschlechtern, sich
bestechen lassen
depravatĭo Verunstaltung
deprĕcāri abwehren, fürbitten, ab-
bitten, erbitten
deprecatĭo Fürbitte, Abbitte
deprehendĕre erfassen, ertappen,
finden
deprehensĭo Ertappen, Finden
depressus niedergeschlagen
depretĭāre herabwürdigen, entwerten
deprĭmĕre herabdrücken, senken
deprōmĕre herholen, erklären
depropĕrāre beschleunigen
depropĕrus eilig
depugnāre kämpfen
depŭtāre abschätzen, wofür halten,
beilegen, wofür bestimmen
derādĕre abschaben
derectarĭus = directarius
derelictus verlassen, herrenlos
derelinquĕre aufgeben, hin-
derīdēre verlachen [terlassen
derĭgĕre = dirigere
derĭpĕre = diripere
derisorĭus spöttisch
derīvāre ableiten, herleiten
derivatĭo Ableitung [ben
derŏgāre zum Teil aufhe-
derogatĭo teilweise Abschaffung
derogatorĭus aufhebend
desaevīre wüten
descendens Abkömmling

descendĕre herabsteigen, sich einlassen, übergehen, abstam-
descīscĕre abfallen [men
descrībĕre abschreiben, beschreiben, einteilen, festsetzen
descriptĭo Darstellung, Verteilung
desĕcāre abschneiden, abhauen
desĕrĕre im Stich lassen, aufgeben
desertĭo Verlassen, Aufgabe, Fahnenflucht
desertor Aufgebender, Deserteur
desertus aufgeben, unbebaut
deservīre dienen
deses müßig [fragen
desidĕrāre verlangen nach, fordern,
desiderĭum Verlangen, Wunsch
desidĭa Trägheit
desidiōsus träge
designāre bezeichnen, anordnen
designatĭo Angabe, Wahl
designātor Kampfrichter
desĭnĕre ablassen, unterlassen
desistĕre sich entfernen, abstehen, ablassen
desōlāre verlassen, liegen lassen
desolātus öde
desolvĕre bezahlen
despērāre verzweifeln
desperatĭo Verzweiflung
despĭcĕre verachten, verschmähen
despolĭāre berauben
despoliatĭo Plünderung
despoliātor Plünderer
despondēre verloben lassen
desponsāre verloben [absenden
destĭnāre bestimmen, beschließen,
destinatĭo Bestimmung
destĭtor Flüchtling
destitŭĕre wohinstellen, verlassen, aufgeben, vereiteln

destitutĭo Verlassen
destrictĭo Zwang
destrictus v. destringere
destringĕre abstreifen, zücken, binden
destringi verwickelt werden
destructĭo Zerstörung
destrŭĕre einreißen, zerstören
desūdāre schwitzen bei
desuetūdo außer Gebrauch
desultor Kunstreiter [kommen
detĕgĕre abdecken, enthüllen
detentāre zurückhalten
detentatĭo = detentio
detentātor = detentor
detentĭo Besitz
detentor Besitzer
detĕrĕre abnutzen
detergĕre abwischen
deterĭor schlechter
deteriōrāre verschlechtern
determĭnāre umgrenzen, bestimmen
determinatĭo Bestimmung, Begren-
deterrēre abschrecken [zung
deterrĭmus schlechtest
detestabĭlis verwünschenswert
detestandus abscheulich
detestāri verwünschen, überführen
detestatĭo Überführung
detestātus überführt
detexĕre abwehren [besitzen
detĭnēre ab-, fernhalten, festhalten,
detondēre abscheren [entziehen
detorquēre wegwenden, abwenden,
detractāre = detrectare
detractatĭo, detractĭo } Entziehung, Abzug
detrăhĕre abziehen, abreißen, entziehen, weglassen, widerrufen
detrectāre verweigern
detrectatĭo Verweigerung

detrimentum Abbruch, Schaden
detrītus v. detĕrere
detrūdĕre wegstoßen, verdrängen
detruncāre abhauen
deunx $^{11}/_{12}$ As
deūrĕre niederbrennen
deus Gott
devăgāri umherstreifen
devastāre verwüsten
devĕhĕre fortschaffen
devĕnīre wohinkommen
deversāri verweilen
deversorĭum Absteigequartier
devertĕre ablenken, einkehren
deverticŭlum Abweg, Nebenweg, Herberge
devĭāre vom Wege abbiegen
devincĕre völlig besiegen
devincīre festigen
devirgĭnāre entjungfern
devĭus abseits
devŏcāre ab-, wohinrufen, -führen
devolvĕre hinabwälzen
devolvi hinabfallen, anfallen
devorsorĭum = deversorium
devotĭo Ergebenheit, Steuer, Schuldanerkenntnis, Titel
devōtus ergeben
devŏvēre geloben
dextans $^{10}/_{12}$ As
dexter rechts
dextra rechte Hand
diabathrarĭus Drechsler
diacatochĭa Grundbesitz
diacatŏchus Grundbesitzer
diăcon = diaconus
diaconātus Würde des diaconus
diaconĭcum Sakristei
diaconissa Gehilfin
diacŏnus Gehilfe
diacŏpus Durchstich
diadōta Austeiler
diaeta Wohnung, Gartenhaus
diaetarĭus Hausmeister
diaetēta Schiedsrichter
dialectĭcus Dialektiker
Diālis dem Jupiter heilig
diamĕtrum = detrimentum
diarĭum Tageskost, -sold
diasōstes Offizier
diastolĕus Rechnungsrevisor
diatretarĭus Drechsler
diatrētus gedrechselt
dicāre widmen
dicatĭo Widmung, Ehre
dicātus geweiht
dicĕre sagen, aussprechen, behaupten, urteilen
dichoneutus zweimal eingeschmolzen
dicĭo Botmäßigkeit
dicis gratiā zum Schein
dictāre vorsagen, diktieren, gebieten, bestimmen
dictatĭo Diktat
dictātor unumschränkter Magistrat
dictĭo Vortrag, Botmäßigkeit
dictum Befehl, Wort, Bonmot
dictus erwähnt
didascălus Schüler
didūcĕre trennen, teilen
Didymaeus = aus Didўma bei Milet
Diensis aus Dium in Macedonien
dies Tag, Termin
diffāmāre verleumden
differentĭa Unterschied
differre verbreiten, aufschieben, aufbewahren; sich unterscheiden
difficĭlis schwierig
difficultas Schwierigkeit
difficulte v. difficilis
diffidentĭa Mißtrauen

diffīdĕre mißtrauen
diffindĕre spalten, unterbrechen, vertagen
diffīsus v. diffindere
diffitēri leugnen
difflŭĕre zerfließen
diffŭgĕre fliehen, sich entziehen
diffundĕre ausgießen, ausbreiten
diffūsus v. diffundere
digĕrĕre trennen, auseinandersetzen, ordnen, vorbringen
digerĭes Verdauung
digesta Schriftensammlung
digĭtus Glied, Finger, Zehe
digma Probe
dignāre würdigen
dignāri für wert erachten
dignatĭo Würdigung, Gnade, Würde
dignĭtas Würde
dignoscĕre unterscheiden
dignus würdig, wert
digrĕdi weggehen, sich trennen
dijudĭcāre beurteilen, urteilen
dijudicatĭo Entscheidung
dilābi zerfallen, auseinanderfließen
dilacĕrāre zerreißen
dilaceratĭo Zerreißen
dilanĭāre zerfleischen
dilapĭdāre verstreuen, verschwenden
dilapidatĭo Verschwendung
dilātāre ausdehnen, erweitern
dilatĭo Aufschub
dilatorĭus aufschiebend
dilectus Auswahl, Aushebung; Liebe
dilĭgens sorgsam, feißig
diligentĭa Sorgfalt, Fleiß
dilĭgĕre lieben
dilucĭdus hell, deutlich
dilŭĕre auflösen, zerstören
diluvĭum Überschwemmung, Zerstörung
dimensĭo Maß, Umfang
dimenstrŭus zweimonatlich
dimĭcāre kämpfen
dimidiātus } zur Hälfte
dimidĭus } zur Hälfte
diminŭĕre mindern
dimissorĭus Bericht an höhere Instanz enthaltend
dimittĕre fortschicken, entlassen, aufgeben, auflösen, lösen
dinoscĕre = dignoscere
dinumĕrāre abzählen, berechnen
dinumeratĭo Berechnung
dinummĭum Einfuhrzoll in Alexandria
Diocaesariensis = Caesariensis
Diocletiānus Kaiser, 204—305 n. Chr.
dioecesānus zur Diözese gehörig
dioecēsis Verwaltungsbezirk
dioecētes Verwalter
Dioscūrus Jünger des Apollinaris
diplōma } Empfehlungsschreiben
diplūma } Paß
dipondĭus, dipundĭus = dupondium
diptychum Schreibtafel
dirae Verwünschungen
directarĭus Zimmerdieb
directo geradezu
directorĭum Reiseroute
directus gerade, geradezu
direptĭo Raub
direptor Räuber
direptus geraubt
dirĭgĕre richten, wohinlenken, -senden, bestimmen
dirĭmĕre zerteilen, aufheben, schlichten
dirĭpĕre rauben, entziehen
dirŭĕre zerstören
discēdĕre weggehen, zurücktreten, sich trennen, verloren gehen
discens Schüler
disceptāre streiten, entscheiden
disceptatĭo Rechtsstreit, Entscheidung

disceptātor Richter
discĕre lernen, kennen lernen
discernĕre unterscheiden, entscheiden
discerpĕre zerreißen
discessus Weggang
discidĭum Trennung, Abfall
discingĕre entgürten, entheben, lösen
disciplīna Unterricht, Lehre, Kenntnis, Satz, Vorschrift, Zucht, Charakter
discipŭlus Schüler
discŏlor bunt
discordāre verschiedener Ansicht sein
discordĭa Zwietracht
discrĕpāre nicht stimmen
discretĭo Unterscheidung, Trennung
discrētus v. discernere
discrīmen Unterschied, kritische Lage
discurrĕre sich zerstreuen, ablaufen
discursus Hin- und Herlaufen, Botendienst, Verkehr
discus Teller
discussĭo Untersuchung, Verwaltung
discussor Revisor
discŭtĕre zerteilen, trennen, entscheiden, prüfen
disertus beredt
disĭcĕre zerstreuen
disjunctim zerstreut, getrennt
disjunctĭo Trennung
disjunctīvus getrennt, trennend
disjunctus v. disjungere
disjungĕre trennen
dismenstrŭus = dimenstruus
dispar, ăris ungleich
dispărāre zerteilen, trennen
dispendiōsus nachteilig
dispendĭum Nachteil, Ausgabe
dispensāre austeilen, auszahlen, verwalten

dispensātor Hausverwalter
disperdĕre vernichten [trennen
dispergĕre zerstreuen, verschwenden,
dispĕrīre zugrunde gehen
dispertīre verteilen
dispĭcĕre durchschauen, untersuchen
displĭcēre mißfallen, mit sich unzu-
dispoliāre plündern [frieden sein
dispōnĕre verteilen, anordnen, einteilen
dispositĭo Anordnung
dispunctĭo Prüfung
dispungĕre durchgehen, prüfen
disputāre streiten, Prozeß führen
disputātĭo Rechtsstreit
disquīrĕre untersuchen
disquisitĭo Untersuchen
disrumpĕre zerreißen
dissemĭnāre verstreuen
dissensĭo Uneinigkeit [mung
dissensus Nichtübereinstim-
dissentīre uneinig sein, aufheben
dissĕrĕre erörtern
dissĭdēre nicht übereinstimmen
dissidĭum Zwiespalt
dissimĭlis unähnlich
dissimilitūdo Unterschied
dissimŭlāre verheimlichen
dissimulatĭo Verstellung
dissĭpāre zerstreuen, zerstören
dissĭtus entfernt
dissocĭāre auflösen
dissolutĭo Lösung, Trennung
dissolūtor Zerstörer
dissolūtus v. dissolvere
dissolvĕre auflösen, zerstören
dissŏnans widersprechend
dissonantĭa Widerspruch
dissŏnus = dissonans
distantĭa Entfernung

distāre entfernt sein, sich unterschei-
distendĕre ausdehnen [den
distermĭnāre trennen
distinctĭo Unterscheidung
distinguĕre unterscheiden, scheiden
distractĭo Zerteilung, Verkauf, Hinterziehung
distractor Verkäufer, Wechsler
distractus Auflösung
distrăhĕre trennen, auflösen, einzeln verkaufen, fernhalten
distribŭĕre verteilen
distributĭo Verteilung
districtĭo Schwierigkeit
districtus streng
distringĕre aufhalten, stören
disturbāre verwirren
ditāre bereichern
ditĭo = dicio
ditĭor reicher (dives)
diu lange
diurnarĭus Tagebuchführer
diurnus bei Tage, täglich
diutĭnus lange
diuturnĭtas Länge der Zeit
diuturnus lange
divăgāri umherstreifen
divālis göttlich, kaiserlich
divendĕre = vendere
diversāri verweilen, beschäftigt sein
diversĭtas Verschiedenheit, Entfernung
diversorĭum = deversorĭum
diversus verschieden, entgegengesetzt
divertĕre sich trennen
diverticŭlum = deverticulum
dives reich
divĭdĕre teilen, verteilen
dividuĭtas Teilung
dividŭus geteilt

divīnāre erraten, weissagen
divinatĭo Weissagekunst
divinĭtas Gottheit, Majestät
divinĭtus von Gott, vom Kaiser
divīnus göttlich, kaiserlich, vortrefflich; höher
divisĭo Teilung, Scheidung
divīsus geteilt
divitĭae Reichtum
divortisse v. divertere
divortĭum Ehescheidung
divulgāre veröffentlichen
divulgatĭo Bekanntmachung
divus göttlich, hochselig [weisen
docēre lehren, bekanntmachen, be-
docĭlis gelehrig [gien
Docimēnus aus Docimīum in Phry-
doctor Lehrer [Kenntnisse
doctrīna Unterricht, Wissenschaft,
doctus gelehrt
documentum Beweismittel, Beweis
dodrans $^9/_{12}$ As
dogma Glaubenssatz
dolābra Beil
dolāre behauen
dolēre schmerzen
doliāris im Faß lagernd
doliarĭum Wein-, Faßkeller
dolĭum Faß
dolon Stockdegen
dolor Schmerz
dolōsus arglistig
dolus Arglist, Vorsatz
domāre zähmen
domesticātus Würde des domesticus
domestĭcus I. zum Hause gehörig — II. Assistent des Statthalters
domicilĭum Wohnung, Wohn-
domĭna Herrin [sitz
domĭnāri herrschen

dominatĭo Herrschaft
dominātus Eigentum
dominĭcus Eigentums=..., Vermögens=... [tum
dominĭum Herrschaft, Eigen=
dominŭlus junger Herr
domĭnus Herr, Eigentümer
Domitiānus Kaiser, 81—96 n. Chr.
domĭtus v. domare
domuncŭla Häuschen
domus Haus, Wohnung, Gebäude, Aufenthaltsort, Familie, kaiserliches Vermögen
donāre schenken, vergeben, überlassen
donarĭum Weihgeschenk
donatĭo Schenkung
Donatistae eine Sekte (im 4. Jahrh.)
donatĭvum Gnadengeschenk
donātor Schenker
donec bis, solange, als
donum Geschenk
dormīre schlafen
dormitorĭus Schlaf=...
dorsum Rücken
dos Mitgift, Zubehör
dotālis Mitgift betreffend
dotāre ausstatten
dotātus (reich) ausgestattet
Draco Gesetzgeber in Athen (7. Jahrh. v. Chr.)
draconarĭus Standartenträger
dromo Schnellsegler
dubiĕtas Ungewißheit, Zweifel
dubitanter zweifelnd, zögernd
dubĭtāre Bedenken tragen
dubitatĭo Zweifel, Bedenken
dubĭus zweifelhaft
ducātor Führer, Kapitän
ducātus Würde des dux
ducēna(rĭa) Würde eines ducenarius
ducenarĭus Hauptmann, Beamter
ducenti zweihundert
ducĕre führen, verleiten, wegleiten; berechnen, meinen
duciānus I. dux betreffend
— II. Begleiter des dux
ductĭo Führung, abführen
ductus v. ducere
dudum schon längst, vor geraumer
duĭtas Zweiheit [Zeit
duĭtor = dātor Geber
dulcēdo Süßigkeit
dulcĭa süße Speisen
dulcis süß
dulcitūdo = dulcēdo
dum während, wenn, wenn nur
dummŏdo wenn nur
dumdaxat genau, nur, mindestens
duo zwei [Jahren
duodecennĭum Zeitraum von zwölf
duodĕcim zwölf
duodecĭmus zwölfter
duodeviginti achtzehn
dupla doppelter Preis
duplāre verdoppeln
duplatĭo Verdoppelung
duplex doppelt
duplĭcāre s. duplare
duplicatĭo s. duplatio
duplicĭter doppelt
duplĭo das Doppelte
duplōma s. diploma
duplotĕnus bis zum Doppelten
duplus doppelt
dupondĭum Doppelas
dupondĭus { junger Fuchs / zwei Fuß }
durabilĭtas Dauer
duracĭnus hart [bleiben
durāre härten, kräftigen, ausharren,

durĭtĭa } Härte, Abhärtung
durĭtĭes }
Durrachĭum s. Dyrrachium
durus hart, streng [lich
duumvirālis auf duumviri bezüg-
duumviralĭtas } Würde der duum-
duumvirātus } viri
duumvĭri Bürgermeister
dux Führer, Feldherr
Dyrrachīnus aus Dyrrachium
Dyrrachĭum Stadt in Illyrien

E.

e = ex
eapropter deshalb
eatĕnus insoweit
ebĭbĕre austrinken
eborarĭus Elfenbeinkünstler
eborĕus elfenbeinern
ebrĭĕtas Trunkenheit
ebriōsus trunksüchtig
ebur Elfenbein
ecce siehe da
ecclesĭa Kirche, Gemeinde
ecclesiastĭcus kirchlich
echīnus Seeigel
eculĕus = equulĕus
edax gefräßig
edĕra s. hedera [zeigen
edĕre I. herausgeben, vorlegen, an-
— II. essen
Edessēnus aus Edessa in Meso-
potamien [laden, befehlen
edīcĕre veröffentlichen, nennen, vor-
edictālis auf Edikt beruhend
edictum Bekanntmachung, Rechtshilfe, Rechtsquelle
ediscĕre lernen
editĭo Vorlegung
edĭtor Vorleger
edĭtus v. edere I. [weisen
edŏcēre lehren, bekannt machen, be-
edŭcāre erziehen
educatĭo Erziehung
educātor Erzieher
edūcĕre vorführen, führen; erziehen
edūlis eßbar
edulĭtas = aedilitas
effectum } Wirkung, Erfolg
effectus }
effemĭnāre verweichlichen
efferre tragen, erheben, forttragen
effervescĕre aufbrausen
efficacĭa Wirksamkeit, Tätigkeit
efficacĭtas Wirksamkeit, Erfolg
effĭcax, ācis wirksam, geschäftsreich
effĭcĕre bewirken, vollführen, machen
effingĕre bilden [zu; betragen
efflagĭtāre heftig fordern
efforatus blühend
efflŭĕre auslaufen, ablaufen
effŏdĕre ausgraben
efformāre = formare
effosĭo Ausgrabung
effractor Einbrecher
effractūra Einbruch
effrenātus zügellos
effringĕre erbrechen, einbrechen
effŭgĕre entfliehen, entgehen
effugĭum Flucht, Ausweg
effundĕre ausgießen, verschwenden, ausstoßen
effusĭo Vergießen, Verschwendung
effūsus v. effundere
egens bedürftig
egentĭa Dürftigkeit, Mangel
egēnus = egens
egēre bedürfen, arm sein
egĕrĕre herausschaffen, wegtragen
egestas = egentia

ego ich
egrĕdi herausgehen, überschreiten
egregiātus Würde eines egregius
egregĭus „vortrefflich" (Titel)
egressus Ausgang
eĭcĕre herauswerfen, über Bord werfen, entfernen, stranden [lassen
ejusmŏdi derartig
elābi entfallen, entgehen, ablaufen
elaeemporĭa = elemporia
elatĭo } Begräbnis
elātus } Begräbnis
electĭo Auswahl
electrīnus aus electrum
electrum Bernstein, Metallmischung
electus v. eligere
elĕgans gewählt, geschmackvoll, fein
eleganter treffend, scharfsinnig
elementa Urstoffe
elemporĭa Öleinkauf
elenchus Geschmeide, Perle
elephantus } Elefant
elĕphas } Elefant
elĭcĕre hervorlocken, -bringen
elĭces, um Abzugsgräben
elīdĕre ausstoßen, abweisen
elĭgĕre auswählen, wählen
elīmāre ausglätten, ausfeilen, -lesen
elimātus ausgewählt
elimĭnāre entfernen
elŏcāre verpachten
elocutĭo Ausdruck
elogĭum Ausspruch, Nennung, Bericht, Testament
elŏquens beredt
eloquentĭa Beredsamkeit
elŏqui aussprechen
eloquĭum Beredsamkeit, s. a. elogium
elūcēre einleuchten, sich zeigen
elūdĕre abgewinnen, parieren, vereiteln
elŭĕre ausspülen, -tilgen
elūgēre betrauern
eluscāre einäugig machen
emānāre hervorgehen, ergehen, vergehen
emancĭpāre aus dem mancipium lassen
emancipatĭo Entlassung aus der väterlichen Gewalt
emănēre Ausbleiben
emansĭo Ausbleiben über Urlaub
emansor wer Urlaub überschreitet
embamma Tunke, Brühe
embateutĭcus = emphyteuticus
emblēmă(ta) eingelegte Arbeit
embŏla Einschiffung
emendāre verbessern, zurechtweisen
emendatĭo Besserung
emendicātus erbettelt, gestohlen
emensus v. emetiri
ementītus erlogen
emĕre kaufen
emĕrēre } verdienen, ausdienen
emĕrēri } verdienen, ausdienen
emergĕre auftauchen, sich zeigen, sich ergeben
Emeritensis aus Emerĭta in Lusitanien
emerĭtum Veteranensold
emerĭtus ausgedient
emētīri ermessen, ausmessen
emĭcāre hervorleuchten
emĭgrāre ausziehen, übergehen
emĭnens hervorragend [Titel
eminentĭa Erhöhung, Auszeichnung, per eminentiam ganz besonders
emĭnēre hervorragen
Emisēnus aus Emĭsa in Phönizien
emittĕre herauslassen, erlassen
emolimentum Gebäude
emolumentum Vorteil
emŏri erlöschen
emortŭus v. emori

emphanisticum Weihgebühr
emphyteusis Erbpacht
emphyteuta Erbpächter
emphyteuticarius } auf Erbpacht
emphyteuticus } bezüglich
emplastrum Pflaster
emponēmă(ta) Verbesserung(en)
em(p)tio Kauf
em(p)tionālis Kauf-...
em(p)tor Käufer
em(p)torius Käufer-...
emundāre reinigen
enarrāre erzählen, herzählen
enasci hervorwachsen
enavigāre aussegeln
encaustum (rote) Tinte
encautarium Steuerliste
enchiridium Handbuch
Encratistae } eine Sekte
Encratitae }
endo = in
enervāre entnerven
enim denn, nämlich
enimvēro allerdings, freilich
enitēre hervorleuchten, sich hervortun
eniti sich mühen, gebären
enixus v. eniti
enormis sehr groß
enormitas bedeutende Größe
enthēca Behältnis, Zubehör
Enthusiastae eine Sekte
enucleāre entkernen, reinigen, erläutern
enumerāre aufzählen, zahlen
enumeratio Aufzählung
enuntiāre erklären, aussprechen
enuntiatio Ausspruch, Ausdruck
enutrire ernähren
eo da, dahin, bis dahin, darum
  in eo esse ut in der Lage sein
  usque eo in der Absicht
eōdem ebenda, ebendahin
Ephesinus } aus Ephesus in Jonien
Ephesius }
epidemeticum Ausquartierungsgeld
epigramma Epigramm
epile(m)pticus epileptisch, fallsüchtig
epimētrum Übermaß
epiphania } Erscheinung Christi
epiphaniae }
Epirus Landschaft in Griechenland
episcopālis episcopus betreffend
episcopātus Würde des episcopus
episcŏpus Aufseher, Bischof
epistalma Befehl
epistŏla s. epistula
epistolāris s. epistularis
epistolarius s. epistularius
epistŭla Brief, Schein, Urkunde, Reskript, Gutachten
epistulāris Sekretär
epistularius Briefträger
epistomium = epitonium
epitomātus gekürzt
epitŏme Auszug
epitonium Hahn, Spund
epitrŏpus Aufseher, Steueraufseher
epŭlae Mahl
epulāri speisen, tafeln
epŭlum = epulae
equa Stute
eques Reiter, Ritter
equester Reiter, Ritter betreffend
equinus Pferde-...
equitāre reiten
equitium Gestüt
equulēus } Füllen, Folterwerkzeug
equŭlus }
equus Pferd
erādēre auskratzen
erciscēre s. herciscere

erectus v. erigere
eremodicĭum Abwesenheit (einer Partei)
ereptĭo = eruptio
erepticĭum } das zur Strafe Entzogene
ereptorĭum }
erga gegen, zuwider, betreffend
ergasiotāni = ergositani
ergasterĭum Werkstatt, Laden
ergastŭlum Arbeitshaus
ergo also, folglich
ergolăbus Unternehmer
ergositāni Handwerker in Alexandria
erĭgĕre aufrichten, errichten
erĭpĕre entreißen, entziehen
ero s. hero
erŏgāre ausgeben, aufwenden, preisgeben, verteilen
erogatĭo Aufwand, Verteilung
erogātor Austeiler, Ausgeber
errāre irren, umherirren
erro Landstreicher
error Irrtum
erubescĕre erröten
erŭdīre unterrichten, bebauen
eruditĭo Unterricht
erŭĕre herausholen, aufdecken
erumpĕre ausbrechen, hervorbrechen
eruptĭo Ausbruch
erus s. herus
esca Speise
escālis } Speise- . . .
escarĭus }
escit = erit
escunt = erunt
escŭlentus eßbar
esse I. = edere II.
— II. sein, sich befinden, dasein, gehören, zustehen, gelten
esŭrīre hungern

esus Essen
et und, auch, aber, als
etĕnim denn
etĭam sogar, auch
etiamnum } noch jetzt
etiamnunc }
etiamsi } auch wenn, obgleich
etsi }
Euchētae } eine Sekte
Euchītae }
Eunomiāni eine Sekte
eunuchus Verschnittener
Euphratensis am Euphrat gelegen
Eurestus ein Ketzer
Eurōpa Gegend in Thrazien
Eutyches Sektierer
eutychēum Lager des Statthalters zu Alexandria
Eutychianistae eine Sekte
evacŭāre ausleeren, entkräften
evādĕre entgehen, werden
evăgāri umherstreifen, sich ausbreiten
evalescĕre vorherrschend sein
evanescĕre ungültig werden, erlöschen
evangelĭcus evangelisch
evangelĭum Bericht von Jesus
evectĭo Staatspost, Fahrschein
evĕhĕre ausfahren, herausheben
evellĕre ausreißen, entkräften
evĕnīre sich ereignen
eventus Ereignis, Zufall; Erfolg
everricŭlum Schleppnetz
eversĭo Umwerfen, Umsturz
eversor Zerstörer, Verschwender
evertĕre umstürzen, zerstören
evestigĭo sofort
evictĭo Entwehrung
evĭdens sichtlich, offenbar, deutlich
evincĕre entwehren, entziehen

eviscĕrare Eingeweide ausnehmen,
evĭtāre vermeiden, meiden [vertun
evitatĭo Vermeiden [laden
evŏcāre herausrufen, berufen,
evocatorĭa Aufforderung zur Audienz
evŏlāre ausfliegen, hineilen
evolvĕre auswickeln, befreien
 evolvi ablaufen
ex aus, von, von — an, nach, zufolge, wegen
exacerbāre verschärfen
exactĭo Vertreibung, Eintreiben
exactor Eintreiber
exactus v. exigere
exacŭĕre scharfmachen, reizen
exaedifĭcāre erbauen
exaequāre ausgleichen
exaequatĭo Ausgleichung
exaestŭāre aufwallen
exaggĕrāre aufhäufen
exagĭtāre aufregen, umhertreiben
exagĭum Wage, Wägen
exāmen, ĭnis Schwarm
examĭnāre abwägen, prüfen
examinatĭo Prüfung
examussim genau, sorgfältig
exanĭmāre töten
exărāre auspflügen
exardescĕre entbrennen
exarescĕre ausdorren
exarmāre entwaffnen, abtakeln
exaspĕrāre verschärfen
exauctōrāre verabschieden
exauctorĭtas Entlassung, Abschied
exaudīre erhören, verstehen
excaecātus verblendet
excandescĕre auffahren
excantāre herauszaubern
excăvāre aushöhlen [steigen
excēdĕre fortgehen, vergehen, übersteigen
excellens hervorragend
excellentĭa „Excellenz" (Titel)
excellĕre hervorragen
excelsus erhaben
exceptĭo Ausnahme, Einrede
exceptor Nachschreiber, Sekretär
exceptorĭus zum Aufnehmen bestimmt
exceptus v. excipere
excerpĕre auswählen, ausziehen
excessus Untergang, Ablauf, Ausschweifung
excĭdĕre entfallen
excīdĕre ausschneiden
excidĭum Zerstörung, Verlust
excindĕre = excīdere
excĭpĕre heraus-, ausnehmen, aufnehmen, übernehmen, erhalten, verstehen, erfolgen
excĭtāre erregen
exclāmāre ausrufen
exclūdĕre ausschließen, entfernt halten, heraustreiben
exclusĭo Ausschluß
exclusorĭus ausschließend, ausschließlich
excoctĭo Auskochen, Backen
excogĭtāre ausdenken
excŏlĕre sorgfältig bebauen, ausputzen
excommunĭcāre ausschließen
excŏquĕre auskochen, ausbrennen
excrescĕre heranwachsen, wachsen
excŭbāre Wache halten
excubatĭo } Wache
excubĭae }
exculpĕre fordern
excŭrāre } = excusare
excurĭāre }
excurrĕre hinauseilen, auslaufen, übersteigen
excursĭo Ausflug
excursus Ausfall, Angriff, Ablauf
excusabĭlis zu entschuldigen

ᵉxcūsāre entschuldigen, verteidigen, freisprechen

excusatĭo Entschuldigung

excussare / excūtĕre — ausschütten, ausdreschen, wegnehmen, durchsuchen, ausklagen

execrabĭlis = exsecrabilis

executĭo = exsecutio [zimmer

exĕdra Disputiersaal, Konversations-

exemplār / exemplārĭum — Vorbild, Beispiel, Urschrift, Exemplar

exemplum Probe, Beispiel, abschreckendes Beispiel, Muster, Abschrift, Nachahmung, Exemplar

exem(p)tibĭlis herausnehmbar

exem(p)tĭo Herausnehmen, Zurückhalten

exĕqui = exsequi

exercēre in Bewegung bringen, treiben, sich beschäftigen, ausüben

exercĭtāre üben, verhandeln

exercitatĭo Übung, Führung, Erfahrung [Reederei

exercitĭo Ausübung, Verhandlung,

exercitĭum Ausübung, Arbeit

exercĭtor Lehrmeister, Gewerbtreibender, Reeder

exercitorĭus Geschäfts-, Reeder-...

exercĭtus Heer

exhaurīre erschöpfen

exhaustus v. exhaurire

exherēdāre enterben

exheredatĭo Enterbung

exhēres enterbt

exhĭbēre hinhalten, zeigen, vorlegen, herausgeben, verschaffen, unterhalten; vor Gericht stellen

exhibitĭo Herausgabe, Vorlegung, Unterhalt

exhibitorĭus Herausgabe-...

exhortāri ermuntern

exhortatĭo Ermunterung, Mahnung

exĭgĕre austreiben, hervorbringen, eintreiben, verlangen, ausführen

exiguĭtas Dürftigkeit

exigŭus wenig, gering

exiliāre verbannen

exilĭum Verbannung [halten

exĭmĕre aus-, wegnehmen, zurück-

eximĭus ausnehmend [vereiteln

exinānīre ausleeren, durchbringen,

exinde von da, dann [laufen

exīre herausgehen, verlassen, ver-

existĕre = exsistere [meinen

existĭmāre beurteilen, abwägen,

existimatĭo Urteil, Meinung,

exitĭum Verderben [Ruf

exĭtus Ausgang, Fortgang, Ende, Mündung

exolēre / exolescĕre — auswachsen, vergehen, Kraft verlieren

exonĕrāre entlasten, befreien

exōrāre bitten, erbitten

exorcĭzāre beschwören

exorcista Beschwörer

exordĭum Ausgangspunkt, Beginn

exŏrīri entstehen, sich wenden

exornāre verzieren

exōsus tödlich hassend, verhaßt

expavescĕre erschrecken, sich fürchten

expĕdīre losmachen, befreien, zustande bringen, nützen [Feldzug

expeditĭo Vollzug, Unternehmen,

expeditĭonālis zum Feldzug gehörig

expedītus frei, unbehindert

expellĕre vertreiben, ausstoßen, -schließen

expelleuta Steuereintreiber

expendĕre auszahlen, aufwenden

expensa(e) Aufwand, Kosten
expensāre auszahlen, bezahlen
expensĭo Ausgabe, Lieferung
expensus v. expendere [schreiben
expensum ferre sich beilegen, zu-
experĭens erfahren
experientĭa Versuch, Erfahrung
experimentum Versuch, Beweis
expĕrīre prüfen, versuchen, einklagen, erfahren
expers unteilhaftig, frei, unkundig
expĕtĕre verlangen
expĭāre sühnen
expiatĭo Sühne
expīlāre plündern
expilatĭo Plünderung
expilātor Plünderer
expirāre = exspirare
explānāre ausbreiten, erklären
explēre ausfüllen, vollenden; entleeren
explĭcāre entwickeln, befreien, vollführen, darlegen
explōdĕre hinauswerfen, verwerfen
explōrāre ausforschen, prüfen, ver-
exploratĭo Spionieren [langen
explorātor Kundschafter
expolitĭo Anstrich, Ausschmückung
expolītus durchgebildet
expōnĕre herausstellen, aufstellen, abladen, aussetzen, zur Verfügung stellen, preisgeben, darlegen
exportāre wegschaffen
exposcĕre verlangen
expositĭo Erteilung, Darlegung
expostŭlāre verlangen, sich beschwe-
expressim ausdrücklich [ren
expressĭo Ausdruck, Abdruck, Anordnung
expressus ausdrucksvoll, deutlich
exprĭmĕre ausdrücken, auspressen, aussprechen, abzwingen
exprŏbrāre vorwerfen [aussprechen
exprōmĕre hervorholen, vorbringen,
expromissor Schuldübernehmer
expromittĕre Zahlung versprechen, Schuld übernehmen
expugnāre erobern, anfechten.
expugnatĭo Eroberung, Sieg
expugnātor Eroberer
expulsĭo Vertreibung [ausstellen
expungĕre ausstreichen, entlassen,
expurgatĭo Rechtfertigung
exquīrĕre erforschen, suchen
exquisitĭo Untersuchung
exquisītus ausgesucht, gesucht
exscindĕre = excīdere
exsculpĕre = exculpere
exsĕcāre herausschneiden
exsecrabĭlis } verwünschenswert,
exsecrandus } verwünscht
exsecrāri verwünschen
exsecratĭo Verwünschung
exsecutĭo Vollzug, Verfolgung, Vollstreckung
exsecūtor Vollstrecker
exsĕqui verfolgen, ausführen vollstrecken
exsequĭae Leichenbegängnis, -zug
exsĕrĕre hervortun, zeigen
exsiccāre austrocknen
exsilĭāre = exiliare
exsilĭum = exilium
exsistĕre hervortreten, auftreten, eintreten, ausbrechen
exsolvĕre auslösen, einlösen, erfüllen
exsolutĭo Befreiung, Bezahlung
exsors frei [rücksichtigen
exspectāre erwarten, abwarten, be-
exspectatĭo Erwartung

exspīrāre Geist aushauchen, erlöschen
exspoliāre berauben
exspoliatĭo Beraubung
exspondĕre versprechen
exstāre da sein, sich zeigen, bestehen, feststehen; eintreten
exstinctĭo Aufhebung, Erlöschen
exstinctor Aufhebender [nichten
exstinguĕre auslöschen, tilgen, ver-
exstirpāre ausrotten
exstrinsĕcus = **extrinsecus**
exstructĭo Bau
exstrŭĕre erbauen
exsul = **exul**
exsulāre = **exulare**
exsultāre aufspringen, sich freuen
exsupĕrāre überragen, -steigen
exsurgĕre sich erheben
exta Eingeweide
extāre = **exstare**
extendĕre ausspannen, verbreiten, ausdehnen, erstrecken
extensīvus erweiternd, zu erweitern
extenŭāre verkleinern, vermindern
exter } außen, auswärtig, fremd
extĕrus }
extergĕre abwischen
extermīnāre vertreiben, beseitigen
externus äußerlich, fremd
extimescĕre sich fürchten
extinguĕre = **exstinguere**
extollĕre errichten, erhöhen, erweitern
extorquēre entwinden, abzwingen,
extorris vertrieben [erpressen
extra I. außen, außerhalb, außer — II. außer, außerhalb
extrāhĕre herausschleppen, hinausschleppen, entziehen [gehörig
extranĕus fremd, nicht zur familia
extraordinarĭus außerordentlich
extrarĭus äußerlich, fremd
extrēmo zuletzt
extrēmus äußerst, letzt
extricātus nicht aufgezogen, lose
extrinsĕcus von außen, außerhalb,
extructĭo = **exstructio** [außerdem
extrudĕre fort-, vertreiben
extrŭĕre = **exstruere** [-steigen
exubĕrāre überströmen, -wiegen,
exŭĕre ausziehen, abziehen, berauben
exul Flüchtling
exŭlāre in Verbannung leben
exundāre übertreten
exūrĕre verbrennen
exustĭo Verbrennung
exūtus v. **exuere**
exvĕhĕre = **evehere**

F.

faba Bohne
faber Handwerker, Künstler
Fabia lex s. Abschn. II.
Fabiāna = **Calvisiana**
fabrĭca Werkstatt, Bau, Handwerk
fabrĭcāre verfertigen, schmieden
fabricarĭus Zimmermann
fabricatĭo Anfertigung
fabricensis Waffenschmied
fabrīlis Künstler-..., Werk-...
fabŭla Erzählung, Märchen, Gerede
facĕre tun, betreiben, machen, abmachen, bewirken, begehen, erzeugen, bereiten, bezahlen, schätzen, darstellen
facessĕre verursachen
facĭes, ēi Gesicht, Figur, Aussehen, Anschein, Beschaffenheit
facĭlis leicht, willig [reitwilligkeit
facilĭtas Leichtigkeit, Leichtsinn, Be-
facinorōsus verbrecherisch, lasterhaft

facĭnus, ŏris Tat, Untat, Verbrechen
factĭo Errichtung, Fähigkeit; Gesellschaft, Partei, Abteilung
factionarĭus Vorsteher einer Abtei-
factiōsus Partei-... [lung
factĭtāre oft tun
factor Täter [Tat
factum Geschehnis, Tatsache,
facŭla Fackelspan [fugnis
facultas Fähigkeit, Gelegenheit, Be-
facundĭa Beredsamkeit
facundus beredt
faenarĭus Heu-...
faenĕbris zinsbar, Zins-...
faenĕrāre auf Zinsen ausleihen
faenĕrāri sich gegen Zinsen leihen
faeneratĭcĭus Zins-...
faenerātor Geldverleiher,
faenĕus Heu-... [Wucherer
faenum Heu
faenus Ertrag, Zins, Kapital
faex Hefe, Schmutz
Falcidia s. Abschn. II [Kampanien
Falernus aus dem Falernischen in
fallacĭa Trug, Betrügerei
fallax betrügerisch
fallĕre täuschen, betrügen, entgehen
falsāre fälschen
falsarĭus Fälscher
falsĭtas Fälschung, Falschheit
falso v. falsus
falsum Fälschung
falsus falsch
falx Sichel, Sense
fama Gerücht, Gerede, Ruf
fames Hunger, Verlangen
familĭa Hauswesen, Hausgesinde, Familie, Truppe

familiarĭcus Sklaven-..., Haus-...
familiāris Haus-..., vertraut
res familiaris Vermögen
familiarĭtas Vertrautheit, Freundschaft, Bedienung
famosĭtas übler Ruf
famōsus berüchtigt, Schmäh-...
famŭlāri dienen
famulatĭo Dienerschaft
famulātus Dienst
famŭlus Diener
fanatĭcus schwärmerisch
fanum Tempel
far Spelt, Dinkel
fari sprechen, sagen
farīna Mehl
farrĕum } Spelt-, Opferku-
farrĕus } chen [mäßig
fas Religionsgebot, Recht, recht-
fascĭa Binde, Gurt
fascis Bund, Bürde, Steuerrolle
fastidĭum Ekel
fastigĭum Giebel, Gipfel, hohe Würde
fastus Stolz, Verachtung
fatālis bestimmt, verhängnisvoll
fatalĭtas Verhängnis, Zufall
fatēri gestehen, zugeben, einräumen
fatīgāre ermüden, überanstrengen
fatigatĭo Ermüdung, Anstrengung
fatīscĕre klaffen, verfallen
fatuĭtas Albernheit
fatum Schicksal, Zufall
fatus v. fari
fatŭus albern
fauces Schlund, Kehle
Faustīna Gemahlin des Antonīnus
faustus glücklich [Pius
fautor Gönner
favēre begünstigen
Favia s. Abschn. II

Faviana actio Klage des erbberechtigten Patrons gegen das Testament des Libertus
favor Gunst, Begünstigung
favorābĭlis beliebt, günstig
favus Wabe, Honigscheibe
faux s. fauces
fax Fackel
febricĭtāre fiebern
febricŭla leichtes Fieber
febris Fieber
Februarĭus Februar-...
fecundĭtas Fruchtbarkeit, Nachkommen
fecundus fruchtbar
felicĭtas Glück
felix glücklich
femĭna Weib
feminĕus } weiblich
feminīnus }
fenarĭus s. faenarius
fenebris s. faenebris
fenĕrāre s. faenerare
feneraticius s. faeneraticius
fenestra Fenster
fenus s. faenus
fera wildes Tier
ferālis tödlich, verderblich
ferax ergiebig, fruchtbar
fere fast, etwa, größtenteils
Feretrĭus = Jupiter
ferĭa(e) Ferien
feriatĭcus Ferien-...
feriātus müßig
ferĭre stoßen, schlagen, strafen
feritas Wildheit, Rohheit
ferocĭa Wildheit
ferox wild
ferramentum Eisenwerkzeug
ferrarĭus eisern, Eisenschmied
ferre tragen, bringen; forttragen, erlangen, (her)beibringen, abgeben, [vorschlagen
ferrĕus eisern
ferrum Eisen, Waffe
ferrūmen Kitt, Bindemittel
ferrumĭnāre verbinden
ferruminatĭo Verbindung
fertĭlis fruchtbar
fertilĭtas Fruchtbarkeit
ferŭla Rute
ferus wild
fervēre sieden, toben
fervor Glut
fessus ermattet
festīnāre eilen
festinatĭo Eile
festīnus eilig
festivĭtas Feierlichkeit
festūca Rute
festus festlich
fetus s. foetus
fibŭla Spange, Schnalle
ficticĭus nachgebildet
fictĭlis irden, tönern
fictĭo Annahme
fictitĭus s. ficticius
ficus Feige
fidedĭcĕre bürgen, gutsagen
fideicommissarĭus I. Fideikommiß-...
— II. Fideikommißerbe
fideicommissum freies Vermächtnis
fideicommittĕre frei hinterlassen
fidejŭbēre bürgen
fidejussĭo Bürgschaft
fidejussor Bürge
fidejussorĭus Bürgschafts-...
fidēlis treu, zuverlässig
fidelĭtas Treue

fidepromissor Bürge
fidepromittĕre bürgen
fides Vertrauen, Kredit, Redlichkeit, Wort, Treu und Glauben, Glaube
fidicĭna Lautenspielerin
fidicŭla Folterseil
fiducĭa Vertrauen, Sicherheit, Sicherungsübereignung, Übereignung mit Abrede der Remanzipation
fiduciarĭus fiducia, fideicommissum betreffend
fiduciātus übereignet
fidus treu
fiĕri passivum v. facere
figĕre anheften, festsetzen
figlīna Töpferei
figlīnus Töpfer=...
figmentum Bildung, Erdichtung
figulīnus Töpfer=...
figŭlus Töpfer
figūra Gestalt, Natur, Form
figūrāre bilden, gestalten, ausdrücken, vorgeben
figuratĭo Gestaltung, Ausdruck
filĭa* Tochter
filiafamilĭas Haustochter
filĭus* Sohn
fimus Dünger, Schmutz
finālis Grenz=...
fingĕre bilden, darstellen, vorgeben, annehmen
fini bis zuletzt
finīre abgrenzen, begrenzen, angeben, beendigen, enden
finis Grenze, Höchstgrenze, Ende
finitĭmus angrenzend
finitīvus bestimmt
firmamentum Stütze, Geltung
firmāre befestigen, bestätigen
firmĭtas Geltung
firmĭter v. firmus
firmitūdo Geltung
firmus fest, gültig
fiscālis I. dem fiscus gehörig
— II. fiskalischer Beamter
fiscus Korb, kaiserliche Staatskasse
fistŭla Röhre, Fistelgeschwür
fixus fest
flagellare peitschen
flagellum Peitsche
flagĭtāre verlangen, schänden
flagitatĭo Forderung, Mahnung
flagitiōsus schändlich
flagitĭum Schandtat
flagrāre brennen
flagrum Peitsche
flamen Priester
Flaminĭa Gegend Italiens
flaminĭum Priesterwürde
flamma Flamme
flammĕus flammend
flare blasen, gießen
flator Gießer, Geldpräger
flaturarĭus Metallgießer
flatus Wind
Flaviālis eine Art Prätoren
Flavius s. Abschn. II.
flebĭlis beklagenswert
flectĕre beugen
flēre beklagen
florens blühend
Florentinus s. Abschn. II.
florēre } blühen
florescĕre } blühen
flos Blüte
fluctŭāre wogen, schwanken
fluctus Flut
fluentum Strömung, Abfluß
fluĕre fließen
flumen Fluß

fluviatīlis Fluß=..., Strom=...
fluvīus Fluß
fluxus Fließen, Strömung
focarĭa Haushälterin, Konkubine
focarĭus Küchenjunge
focus Herd
fodĕre graben
fodīna Grube
foedāre beschmutzen
foederātus verbunden
foedĭtas Scheußlichkeit
foedus I. scheußlich, häßlich
— II. Bündnis
foenarĭus s. faenarius
foenĕbris s. faenebris
foenĕrāre s. faenerare
foeneratic ĭus s. faeneraticius
foenerātor s. faenerator
foenĕus s. faeneus
foenum s. faenum
foenus s. faenus
foetus Leibesfrucht, Junges
folĭum Blatt
follis Schlauch, Sack, Beutel
fomentatĭo Blähung
fomentum Umschlag
fomes Zunder
fons Quelle
fontānus Quell=...
forāmen Loch
forensis aufs Forum gehörig
fores Tür
foricarĭus Rotunden=, Abtrittspäch=[ter
forinsĕcus von außen, außerhalb
forma Gestalt, Körper, Form, Umriß, Regel, Charakter, Würde; Rahmen, Umfang; Kanal
formālis förmlich, feststehend
formāre formen, prägen, fassen
formensis Kanal=...
Formiānus aus Formiä in Latium
formidabĭlis } furchtgebietend
formidandus }
formīdāre fürchten, scheuen
formīdo Furcht, Scheu
formidolōsus furchtsam
formĭo = phormio
formŭla Formular, Formel
fornacarĭus Ofen=...
fornacātor Ofenheizer
fornax, ācis Ofen
fornicarĭus = fornacarius
fornicātor = fornacator
forsan } vielleicht
forsĭtan }
fortasse }
fortassis }
forte }
fortis stark, tapfer
fortitūdo Tapferkeit
fortuīto v. fortuītus
fortuītus zufällig
fortūna Geschick, Glück, Umstände, Vermögen, Amt
forum Markt, Gerichtsplatz, [=stand
fossa Graben
fossātum Graben, Grube
fossor, ōris Grabenarbeiter
Fotiniāni eine Sekte
fovĕa Fanggrube
fovēre hegen pflegen
fractūra Bruch
fractus v. frangere
fragĭlis zerbrechlich unsicher
fragilĭtas Schwäche
fragmentum Bruchstück
framĕa Lanze
Franci Franken
Francīcus Justinian als Sieger der Franken

frangĕre zerbrechen, brechen, beugen
frater* Bruder, Vetter, [Freund
fraternĭtas Bruderschaft
fraternus brüderlich
fraudāre betrügen
fraudatĭo Betrug
fraudātor Betrüger
fraudatorĭus betrügerisch, Betrugs=..
fraudulenter betrügerisch, arglistig
fraudulentus } betrügerisch, arg=
fraudulōsus } listig
fraus Betrug, Hintergehung, Nachteil, Umgehung, Arglist
Frediāni eine Sekte
frenāre zügeln
frenum Zügel
frequens häufig, emsig
frequentāre besuchen, betreiben
frequentĭa Anzahl, Menge, Aus= [dauer
fretum Meerenge
fretus im Vertrauen auf
fribuscŭlum = frigusculum
frigĭdus kalt
frigus, ŏris Kälte [würfnis
friguscŭlum geringe Kälte, Zer=
frivŏlus geringfügig, armselig, schlecht
frivuscŭlum = frigusculum
frons Stirn, Vorderseite, Blick
fructĭfer fruchtbringend
fructuarĭus I. fruchtbringend, Nießbrauch=
— II. Nießbraucher
fructuōsus fruchtbar, nützlich
fructus Frucht, Ertrag, Nü= [tzung
frugalĭtas Sparsamkeit
frugalĭter mäßig
fruges s. frux
frugi maßvoll
frugĭfer fruchtbringend
frui genießen

frumentarĭus Getreide=...
frumentatĭo Getreideverteilung
frumentum Getreide, =spende
frustra vergebens
frustrāri verzögern
frustratĭo Verzug, Hinhalten
frustrātor Verzögerer
frustratorĭus verzögernd
frustum Bissen, Stück
frux Feld=, Erdfrucht, Erfolg, Wert, [Tüchtigkeit
fucāre färben
fucatĭo Färben
fucus Schminke
Fufia s. Abschn. II.
Fufidius s. Abschn. II.
fuga Flucht, Verbannung Meiden: [Flüchtling
fugāre verjagen
fugax flüchtig
fugĕre fliehen
fugĭens Beklagter
fugitivarĭus Sklavenfänger, =hehler
fugitīvus flüchtig, entlaufen
fulcimentum Stütze
Fulcinius s. Abschn. II.
fulcīre stützen, unter die Arme [greifen
fulcrum Stütze
fulgēre leuchten, glänzen
fulgor, ōris Blitz
fullo, ōnis Walker
fullonĭca Walkmühle
fulmen, ĭnis Blitz
fultūra Stütze
fultus v. fulcire
fumāre rauchen
fumĭgāre einräuchern
fumus Rauch, Dampf
functĭo Verrichtung, Beruf, Wert, Bezahlung
functus v. fungi
fundamentum Grundlage

fundānus genehmigt, anerkannt
fundāre begründen, befestigen
fundĕre ausgießen, zerstreuen, hervorbringen
fundĭtus von Grund aus
fundus Grund und Boden
funĕbris Trauer=...
funĕrāre bestatten
funerarĭus } Beerdigungs=...
funeraticĭus }
funestāre beflecken
funestus tödlich, verderblich, traurig
fungi besorgen, verwalten, erfüllen, entrichten, genießen, gelten, einnehmen
funis Seil, Tau
funus, ĕris Leichenbegängnis
fur Dieb, Entweder
furca Gabel, Kreuz, Galgen
furĕre wahnsinnig sein
Furia lex s. Abschn. II.
furiālis wahnsinnig
furiōsus I wahnsinnig
— II. Geisteskranker
furnarĭus Bäcker
furnus Backofen
furor, ōris Wut, Wahnsinn
furtim heimlich
furtīvus Entwendungs=, entwendet
furtum Diebstahl, Entwendung
furvus dunkel, schwarz
fuscāre verdunkeln, schwärzen
fuscīna Dreizack
Fusia s. Abschn. II.
fusĭo Guß, Abgabe
fusor, ōris Gießer, Formgießer
fustĭgāre prügeln
fustis Prügel
fustuarĭum Prügelstrafe
— supplicĭum Todprügeln

futūrum Zukunft
futūrus künftig

G.

Gabinĭus } aus Gabii in Latium
Gabīnus }
Gades Cadix in Spanien
Gaditānus aus Cadix
Gajus s. Abschn. II
Galăta Bewohner von Galatia
Galatĭa Landschaft in Kleinasien
galbănum Galban (syr. Harz)
galĕa (Leder=)Helm
Gallĭa Gallien, Frankreich
Gallicānus gallisch
Galliciānus Steuerbeamter in [Gallien
Gallĭcus aus Gallien
gallīna Henne
gallinacĕus Hühner=...
gallus Hahn
Gallus I. Gallier
— II. s. Abschn. II.
garum Fischbrühe
gaudēre sich freuen, genießen
gaudĭum Freude, Genuß
gemellus Zwilling
gemĭnāre verdoppeln
geminatĭo Verdoppelung
gemĭnus Zwilling
gemĭtus Seufzer
gemma Edelstein
gemmātus mit Edelsteinen geschmückt
gemmĕus aus Edelstein
gena Wange
genearchĭcus vom Stammvater
gener* Schwiegersohn
generālis allgemein
generalĭtas Allgemeinheit
genĕr(ār)e erzeugen
generātim klassenweise, allgemein

generosītas Güte, edle Art
geniālis ehelich
genitālis angeboren
genītor Erzeuger
genītus v. gignere
genīus Schutzgeist
geno = gigno, gignere
gens Geschlecht, Stamm
gentilicīus Geschlechts- . . .
gentīlis Geschlechtsverwandter; Ausländer, Heide
gentilitīus s. gentilicius
genuīnus angeboren
genus, ĕris Geschlecht, Stamm, Art, Gattung
geomĕtra Feldmesser
geometrīa Feldmeßkunst
gerĕre herumtragen, zeigen, verrichten, ausüben, ausführen, tun, verwalten
geritīo = gestio
Germanīa Deutschland
Germanīcus Justinian als Besieger der Germanen
Germānus Germane
germānus leiblich
gerontocomīum Alteleuthospital
gerŭlus Träger
gesta Akten
gestāre tragen, verwalten
gestāri sich tragen lassen
gestatīo Spazierfahrt, Allee
gesticŭlāri Gebärden machen
gestīo Besorgen, Sichbenehmen
gestīre verlangen nach
gestor Geschäftsführer
gestum Tat, Akten
gestus Geschäftsführung
gibberōsus buckelig
gignĕre erzeugen, gebären
gladiātor Fechter, Schwertfeger
gladiatorīus Fechter- . . .
gladīus Schwert, Gewalt über Leben und Tod
glans Eichel
glarĕa Kies
glaucīnum Schöllkrautsalbe
gleba Scholle, Feld, Grundsteuer
glebālis Grund- . . .
glebatīo Grundsteuer
Glicia s. Abschn. II.
glomĕrāre ballen, ansammeln
glorīa Ruhm
glorīāri sich rühmen
glorifĭcus, gloriōsus ruhmreich
glos* Schwägerin (der Frau)
gnarus kundig
gnavīter = naviter
Gothīcus Justinian als Besieger der Gothen
grabātus = crabattus
Gracchi Volkstribunen, Reformer, 133—123 v. Chr.
gracŭlus Dohle
gradātim schrittweise, stufenweise
gradīlis von den Stufen verteilt
gradus Schritt, Stellung, Stelle, Stufe, Reihenfolge, Rang
Graecīa Griechenland
graecītas griechische Sprache
Graecus Grieche
gramen, ĭnis Gras, Kraut
grammatīca Sprachlehre
grammatīcus Sprachkundiger
grammatophylacīum Archiv
granarīum Kornboden, Silo
grandaevus hochbejahrt
grandis groß
grando, ĭnis Hagel
Granius s. Abschn. II.
granum Korn, Getreide

grassāri sich umhertreiben, wegelagern, wüsten, wüten gegen
grassātor Wegelagerer, Verächter
grassatūra Wegelagern
gratanter gern
gratĭa Gunst, Wohlwollen, Freundschaft, Kredit, Gefälligkeit, Begnadigung, Dankbarkeit
gratificanter zur Begünstigung
gratifĭcāri willfahren, begünstigen
gratificatĭo Begünstigung
gratiōsus begünstigt, parteiisch
gratis umsonst
gratuĭto v. gratuitus
gratuĭtus unentgeltlich
gratŭlāri beglückwünschen, danken
gratulatĭo Huldigung, Dank
gratus lieb, dankbar
gravāmen, ĭnis Beschwerde
gravāre beschweren
gravāte ungern
gravĭdus schwanger
gravis schwer, gewichtig, stark, schwanger, schwierig, hart
Graviscanus aus Graviscā in Etrurien
gravĭtas Stärke, Würde
gregālis, **gregarĭus** zur Herde oder Schar gehörig
gregatim herdenweise
Gregorianus s. Abschn. II.
gremiālis s. cremialis
gremĭum I. Schoß, Inneres
— II. s. cremium
grex Herde, Schar
gubernacŭlum Steuerruder
gubernāre steuern, lenken
gubernatĭo Leitung
gubernātor Steuermann, Verwalter
gula Schlund, Kehle
gulōsus leckerhaft
gustus Geschmack, Kosten
gutturōsus kropfhalsig
gymnĭcus Ring=...
gymnaecēum Frauenhaus, Weberei
gymnaeciarĭus, **gymnaecĭus** Haremswächter, Weber

H.

habēna Zügel, Riemen
habēre haben, besitzen, halten, vermögen, benutzen, anwenden, enthalten
habĭlis geschickt, geeignet
habitacŭlum Wohnung
habĭtāre wohnen
habitatĭo Wohnung, Wohnsitz, Wohnungsrecht, Miete
habitātor, ōris Bewohner, Mieter
habitūdo, ĭnis Beschaffenheit, Gestalt
habĭtus Aussehen, Natur, Lage, Kleidung
hactēnus soweit, so
Hadriānus Kaiser, 117—138 n. Chr.
Hadrumētum Stadt in Afrika
haedus Böckchen
Haemĭmons, **Haemimontus** Landschaft in Thrazien
haerēre hangen, verbunden sein, umgeben, an=, innewohnen
haerēsis Sektiererei; Beruf
haeretĭcus Ketzer
haesĭtāre zögern
haesitatĭo Zögern, Bedenken
hama Eimer
Haman s. Aman
hamus Angelhaken
harēna = arēna
harenarĭus = arenarius
harenifodĭna = arenifodĭna
harenōsus = arenosus
hariŏlus Wahrsager
harpăgo (Enter=)Haken

harundinētum = arundinetum
harundo = arundo
haruspex Opferdeuter [schau
haruspicīna Opferdeutekunst, Opfer-
hasta Lanze, Stange
sub hasta zwangsweise
hastīle Lanzenschaft
haud nicht
haurīre schöpfen
haustus Schöpfgerechtigkeit
have! sei gegrüßt!
hebētāre schwächen, entkräften
hedĕra Efeu
Helēna Tochter Konstantins
Helenopontus Provinz im Pontus
heliocamīnus Sonnenbad
Heliopolitānus aus Heliopolis in Ägypten
Hellenopontus s. Helenopontus
Hellespontus Landschaft am Hellespont [thynien
Heracleānus aus Heraclēa in Bi-
herba Gras, Kraut, Halm
herbŭla Kräutchen
herciscĕre (Erbschaft) teilen
hereditarĭus Erbschafts-.
heredĭtas Erbschaft
heres Erbe (nach Zivilrecht)
heri gestern
herīlis dem Herrn gehörend
hermaphrodītus Zwitter
Hermodōrus vornehmer Ephesier, z. B. der zwölf Tafeln [Chr.)
Hermogeniāni eine Sekte (200 n.
Hermogeniānus I. nach Hermogenes benannt, der ein großes Gestüt — s. Abschn. II. [hatte
hero Sack, Schlauch aus Grasart
herus Herr
heurematĭca Ratschläge

hibernacŭla Winterquartiere
hibernus winterlich
hic, haec, hoc dieser, diese, dieses
hīc hier, jetzt
hiemālis = hibernus
hiemāre überwintern
hiem(p)s, ĕmis Winter, Regenwetter
Hierapŏlis Hafen in Phrygien
Hierapolitānus Bewohner von Hiera-
hiereus jüdischer Priester [polis
hierophanta Oberpriester
hierophylăcus, hierophylax } Tempelhüter
Hierosolymitānus Jerusalemer
hilăris heiter, froh, rein
hinc von hier, hieraus
hippĭce ein Spiel
Hippo Stadt in Numidien
hippocentaurus Pferdmensch
hippocŏmus Pferdknecht
Hippocrătes griechischer Arzt (5. Jh.
hippodrŏmus Rennbahn [v. Chr.
hircōsus stinkend
hispadōnes Beiname der Eunomiani
Hispanĭa Spanien
Hispānus spanisch
histapŏdes = hispadones
historĭa Geschichte
histrĭo Schauspieler
histrionĭcus Schauspiel-...
hoc s. hic
hodie heute, jetzt, von jetzt an
hodiernus heutig
hoedus = haedus [(geschrieben)
holográphus eigenhändig
holoserĭcus ganz seiden
holovērus ganz echt, ganz purpurn
holus = olus
Homerĭcum Homervers
Homērus griechischer Dichter

Homerītae arabischer Volksstamm
homicīda Mörder, Totschläger
homicidĭum Mord, Totschlag
homo Mensch, Mann, Sklave,
homolŏgus Grundhöriger [Beamter
honestamentum Schmuck, Titel
honestāre ehren
honestas Ehrenhaftigkeit
honestus ehrenhaft, ehrenvoll
honor, ōris Ehre, Ehrenbezeugung, Ehrenamt, Ehrengeschenk
honorabĭlis ehrenvoll, ehrwürdig
honōrāre ehren, bedenken
honorarĭum Ehrengeschenk, Honorar
honorarĭus ehrenhalber, Amts=..
honorātus ehrenvoll, beamtet
Honoriānus nach Honorius benannt
Honorĭas Gegend an Paphlagoniens Grenze
honorificentĭa Ehrbezeugung
honos = honor
hora Stunde, Uhr
hordearĭus Gersten=...
hordĕum Gerste
hordiarĭus = hordearius
horologĭum Uhr
horrearĭus Speicherpächter
horreatĭcus im Speicher lagernd
horrens = horridus
horrēre schaudern
horrescĕre fürchten
horrĕum Speicher
horrĭdus schauerlich, wild
horror, ōris Schauer, Entsetzen
hortamentum Ermunterung
hortāri ermuntern
hortātor, ōris Ermahner
hortātus Mahnung
Hortensia s. Abschn. II.
hortulānus Gärtner
hortŭlus Gärtchen
hortus Garten
hospes, ĭtis Fremder, Gast, Wirt
hospitacŭlum Herberge
hospitāle Gastzimmer
hospitālis gastlich
hospitalĭtas Gastfreundschaft
hospĭtāri (gastlich) einkehren
hospitiŏlum kleine Herberge
hospitĭum Gastfreundschaft, Herberge
hostĭa Schlachtopfer
hosticŏlum, hostĭcum } feindliches Gebiet
Hostilia s. Abschn. II.
hostīlis feindlich
hostilĭtas feindliche Herrschaft
hostis Feind, Landesverräter
huc hierher, dahin
hucusque bis hierher
hujusce(mŏdi), hujusmŏdi } derart
humanĭtas Menschlichkeit, Gnade
humanĭter v. humanus
humanĭtus v. humanus
humānus menschlich, mild
humāre beerdigen
humatĭo Beerdigung
humerāle Schulterkleid
humĕrus Schulter
humĭdus feucht
humĭlis niedrig, gering
humilĭtas Niedrigkeit
humor, ōris Feuchtigkeit
humus Erde
Hunni Hunnen
hȳacinthĭnus = ianthinus
hyacinthus blauer Edelstein
hydraula Wasserorgelspieler
hydromĕli Honigwasser
Hydroparastătae eine Sekte

hydrophўlax Wasserleitungsaufseher
hypaethrum Söller [schuß
hyperŏcha Überrest, Über=
hypocaustum Dampfbad
hypodiacŏnus Unterdiakon
hypodĭum = **hypopodium**
hypomnetogrăphus Sekretär
hypopodĭum Fußbank, =schemel
hypothēca Pfandabrede, (besitzloses) Pfand
hypothecarĭus Pfand= . . .
hysgĭnum dunkelroter Farbstoff

J, I.

jacēre liegen
jacĕre werfen, legen, wegwerfen
jactantĭa Prahlerei
jactāre werfen, hin= und herbewegen, wegwerfen, ausstoßen, aussprechen
jactatĭo Prahlerei [Aufwand
jactūra Verlust, Wegwerfen,
jactus v. jacĕre
jacŭlāri schleudern
jaculatorĭus Wurf . . ., Schieß= . . .
jacŭlum Wurfspieß
jam schon, nun [Brüder
janitrīces* Frauen zweier
ĭanthĭnus violett
janŭa Tür, Eingang, Zugang
Januarĭus Januar betreffend
Janus altitalischer (Sonnen=)Gott
Javolēnus s. Abschn. II.
ibi da, dort, dann
ibĭdem daselbst
icĕre schlagen, stoßen [nien
Iconiensis aus Iconium in Lykao=
icosaprōti zwanzig Obmänner
icosaprotĭa Amt der **icosaproti**
ictus I. v. icere
— II. Schlag, Stoß

id s. is
idcirco deshalb
idem derselbe
identĭdem mehrmals
idĕo deshalb
idiocheirum } eigenhändige
idiochīrum } Urkunde
idōlum Götzenbild
idonĕus geeignet, tüchtig
Idus der Dreizehnte, bzhgsw. Fünfzehnte im Monat (milmo)
jecur, ŏris Leber
jejunĭtas Nüchternheit
jejunĭum Fasten
jejūnus nüchtern, mager, trocken
igĭtur daher
ignārus unkundig
ignavĭa Trägheit, Feigheit
ignāvus träge, feige
ignis Feuer
ignobĭlis unedel
ignominĭa Schmach, Schande
ignominiōsus schimpflich
ignōrans = **ignarus**
ignorantĭa Unwissenheit
ignōrāre nicht wissen
ignoratĭo = ignorantia
ignoscĕre verzeihen, nicht anrechnen
ignōtus unbekannt
ilĭco = **illico**
Iliensis aus Troja
illacrĭmāri weinen, beweinen
illaesus unverletzt
illatĭo Beisetzung, Begehung, Abgabe, Zuschiebung
illātus v. inferre
ille jener, derjenige
illecĕbra Lockung
illectus nicht gesammelt
illegitĭmus ungesetzlich, illegitim

illibātus unverkürzt, unversehrt
illic dort
illĭcĕre anlocken, verleiten
illicĭtus unerlaubt
illĭco auf der Stelle, sogleich
illīdĕre anstoßen, werfen
illĭgāre anfügen, verbinden, ver=
illo = illuc [pflichten
illōtus ungewaschen, unrein
illuc dorthin, dahin
illūcēre beleuchten, sich zeigen
illucescĕre erhellen, anbrechen
illūdĕre Scherz treiben, betrügen
illŭĕre = allŭere
illumĭnāre erleuchten, aufklären
illūsor Verspotten, Spötter [zeichnen
illustrāre aufhellen, verklären, aus=
illustrātus Würde eines illustris
illustris berühmt, erlaucht
illuvĭes Schmutz, Schande
Illyric(ĭ)ānus aus Illyricum
Illyrĭcum Gegend am adriatischen
Illyrĭcus aus Illyrien [Meere
imaginarĭus Schein= . . .
imāgo, ĭnis Bild, Schein, Analogie
imbecillis = imbecillus
imbecillĭtas Schwäche
imbecillus schwach, haltlos
imber Regenguß
imbĭbĕre einsaugen
imbŭĕre einweihen, unterweisen
imĭtāri nachahmen, analog anwenden
imitatĭo Nachahmung, Analogie
imitātor Nachahmer, Fälscher
immānis ungeheuer, übermäßig
immanĭtas ungeheuere Größe
immatūrus unreif
immĕmor uneingedenk
immemorĭa Vergessenheit
immensĭtas Übermaß
immensus unbegrenzt, übermäßig
immĕrens unverdient, unschuldig
immergĕre einsinken, sich verstricken
immerĭto v. immeritus
immerĭtus unverdient
immĭnēre angrenzen, (be)drohen, bedrängen, schweben
imminŭĕre vermindern
imminutĭo Verkürzung
imminūtus unverkürzt
immiscēre einmischen, mischen
immissĭo Einlassen, Zuführen
immissor wer einläßt, zuführt
immĭtis streng, grausam
immittĕre hineinwerfen, hineintreiben, (hin)einlassen, einsetzen
immo im Gegenteil, sogar
immobĭlis unbeweglich, unveränder=
immoderatĭo Anmaßung [lich
immoderātus unmäßig
immodestus unbescheiden
immodĭcus maßlos, übermäßig
immŏlāre opfern
immolatĭo Opferung
immolītus aufgebaut [harren
immŏrāri sich aufhalten, beharren,
immŏri darin versterben
immortālis unsterblich, ewig
immortalĭtas Unsterblichkeit
immunditĭa(e) Schmutz
immundus schmutzig
immūnis frei (von Lasten)
immunĭtas Lastenfreiheit
immurmŭrāre (hin)murmeln
immutabĭlis unveränderlich
immūtāre verändern
immutatĭo Änderung
immutilātus unverstümmelt, unver=
imo = immo [kürzt
impactus v. impingere

impar, ăris ungleich, zu schwach
impatĭens ungeduldig
impatienter voreilig
impatientĭa Ungeduld
impedimentum Hindernis, Troß
impĕdīre hindern, verhindern
impelĭa = impilia
impellĕre treiben, antreiben
impendēre schweben, überhangen,
drohen [wenden
impendĕre wägen, schätzen, auf-
impendĭum } Aufwand, Kosten
impensa }
impensus reichlich, bedeutend, groß
impĕrāre befehlen
imperatīvus befehlend
imperātor Befehlshaber, Kaiser
imperatorĭus kaiserlich [men
imperfectus unvollendet, unvollkom-
imperiālis kaiserlich, Imperi-
um-... [nis
imperitĭa Unerfahrenheit, Unkennt-
imperītus unerfahren, unkundig
imperĭum Befehl, Befehlsge-
walt, Herrschaftsbereich,
impersonalĭter unpersönlich [Reich
impertīre } zukommen lassen, zu-
impertīri } teilen
impertitĭo Erteilung
impetiginōsus räudig, flechtenkrank
impetīgo, ĭnis Räude, Flechte
impetrabĭlis erreichbar
impĕtrāre erlangen
impetratĭo Erlangung
impetrātor Erlangender
impĕtus Andrang, Angriff, Heftigkeit
impiĕtas Lieb-, Gottlosigkeit
impĭger, ĕra unverdrossen
impilĭa Filzschuhe
impingĕre wohinwerfen

impĭus lieblos, gottlos
implacabĭlis unversöhnlich
implēre anfüllen, befriedigen, voll-
enden, vollführen
implĭcāre verwickeln, verbinden
implicĭtus v. implicare
implōrāre anflehen, erbitten
impōnĕre hineinstellen, -setzen, bei-
legen, auferlegen, voranstellen
machen
importāre einführen, verursachen
importunĭtas Ungelegenheit
importunus unbequem, ungelegen
impositicĭus angehängt, zugeschrie-
impositĭo Blei-, Auflegung [ben
imposĭtus v. imponere
impossibĭlis unmöglich
impossibilĭtas Unmöglichkeit
impostor Betrüger
impostūra Betrügerei
impotenter schwach; zügellos
impotentĭa Schwäche, Zügellosigkeit
impraesentiārum gegenwärtig
impraestatĭo = praestatio [schen
imprĕcāri anwünschen, Böses wün-
impressĭo Eindrücken, Bedrückung
impressus v. imprimere
imprĭmĕre eindrücken
improbabĭlis tadelnswert, verwerflich
imprŏbāre tadeln, verwerfen
improbatĭo Tadel, Beweis
improbĭtas Schlechtigkeit
imprŏbus schlecht, unredlich
improfessus nicht angegeben, hinter-
improprĭe uneigentlich [zogen
improvidentĭa Unvorsichtigkeit
improvĭdus unvorsichtig
improvīsūs unvorhergesehen
imprūdens unvorsichtig, unklug, un-
kundig

imprudentĭa Unwissenheit
impūbes unmündig, nicht [mannbar
impŭdens unverschämt
impudentĭa Unverschämtheit
impudicitĭa Unkeuschheit, Unzucht
impudīcus unkeusch, unzüchtig
impugnāre anfechten, verstoßen
impugnatĭo Bekämpfung
impulsĭo Antrieb, Andrang
impulsus v. impellere
impūne ungestraft
impunĭtas Straflosigkeit
impunītus straflos
impūrus befleckt, schändlich
impŭtāre anrechnen, berechnen, zu-[rechnen
imputatĭo Berechnung
imus unterster
in in, auf, an, unter, zu, nach, in
— hinein, gegen
inaedifĭcāre erbauen, anbauen
inaequālis } ungleich
inaequus }
inaestimabĭlis unschätzbar, untaxier-[bar
inaestimātus unabgeschätzt
inānis leer
inaptus = ineptus
inărāre einpflügen, beackern
inardescĕre entbrennen
inargentāre versilbern, mit Silber [einfassen
inargūtus geistlos
inaudītus unerhört, ungehört
inaugĕre weiter verhandeln
inaugŭrāre Götter befragen, weihen
inaurāre vergolden, mit Gold mi-[schen
inaures Ohrgehänge
inb . . . s. imb . . .
incalescĕre erglühen
incantāre bezaubern
incantātor Zauberer
incassum vergeblich

incautus unvorsichtig
incēdĕre einherschreiten, kommen
incendĕre anzünden
incendiarĭus Brandstifter, Feuer- . . .
incendĭum Feuersbrunst, Brand
incensītus nicht eingeschätzt
incensor Brandstifter
incensus v. incendere
incertus ungewiß
incessanter unablässig
incessĕre angreifen, verfolgen
incestāre schänden
incestum } Blutschande
incestus I. }
— II. blutschänderisch
inchŏāre beginnen
incĭdĕre hineinfallen, -geraten, fallen unter, begegnen, eintreten
incīdĕre einschneiden, verschneiden
incīle Abzugsgraben
incĭpĕre anfangen
incisĭo Einschnitt, Schnitt
incĭtāre anregen
incivīlis ungebührlich, billig
inclāmāre anrufen, aufrufen
inclamatĭo Ruf, Aufruf
inclĕmens schonungslos, grob
inclīnāre wohin neigen, -beugen
inclĭtus = inclutus
inclūdĕre einschließen, verschließen, einsetzen, einbringen
inclŭtus } berühmt, bekannt
inclўtus }
incogitabĭlis undenkbar
incognĭtas Unkenntnis
incognĭtus anerkannt, unbekannt
incŏla Einwohner
incolātus Wohnsitz
incŏlĕre wohnen

incolonātus = incolatus
incolorāte unbeschönigt, ohne An-
gabe des Grundes
incolŭmis unversehrt [heit
incolumĭtas Unversehrtheit, Sicher-
incommŏdāre lästig sein, hindern
incommodĭtas Unannehmlichkeit,
incommŏdum Schaden [Schaden
incommŏdus beschwerlich, ungünstig,
unpassend
incompetenter unpassend, ungerecht
incomposĭtus unordentlich, ungere-
inconcussus unerschüttert, fest [gelt
inconditus ungehörig
incongrŭens unangemessen
incongrŭus ungereimt, ungehörig,
unzuständig [Ungenauigkeit
inconsequentĭa ungenaue Folge,
inconsideranter unüberlegt
inconsiderātus unbedacht
inconstans unbeständig
inconstantĭa Wankelmut
inconsulto unüberlegt
inconsultus nicht befragt, unbedacht
incontinenti, in continenti sofort
inconvenĭens unpassend
incoñventus unverklagt
inconvulsus unerschüttert, -zerstört
incorporālis unkörperlich
incorpŏrāre einverleiben
incorporatĭo Einverleibung
incorruptus unverletzt, unverfälscht
increbescĕre sich verbreiten
incredibĭlis unglaublich
incredibilĭtas Unwahrscheinlichkeit
incredulĭtas Unglaube
incrementum Wachstum, Zuwachs,
Zunahme, Zusatz, Ertrag
increpāre schelten
increscĕre wachsen, zunehmen

incrustāre überziehen
incrustatĭo Überzug [ergreifen
incŭbāre liegen auf, streben nach,
incubatĭo fehlerhafter Be-
sitz [Besitzer
incubātor unrechtmäßiger
inculpanter } tadellos
inculpātim }
inculpātus untadelig
incultus unbebaut
incumbĕre liegen auf, obliegen, sich
stützen auf, beaufsichtigen
incunctabĭlis unverzüglich
incunctanter ungesäumt [gung
incurĭa Sorglosigkeit, Vernachlässi-
incuriōsus unbekümmert, nachlässig
incurrĕre laufen in, fallen in, ein-
fallen, vorfallen, eintreten, verfal-
incursĭo Angriff, Überfall [len
incursus = incursio
incus Ambos
incusabĭlis beschuldigenswürdig
incūsāre beschuldigen
incusātor Ankläger
incustodĭtus unbewacht, unverwahrt
indāgāre nachspüren, aufspüren
indagatĭo Erforschung, Untersuchung
indāgo Umstellen, Nachforschung
inde von da, darauf
indebĭto v. indebitus
indebĭtus nicht schuldig, ungehörig
indĕcens unschicklich
indecōrus unanständig
indefense unverteidigt
indefensus unbeschützt
indefessus unermüdet
indemnātus nicht verurteilt
indemnis schadlos
indemnĭtas Schadloshaltung
indeptĭo Erwerb

indeptus v. indipisci erlangen
indĕre hineinlegen, einverleiben, geben
indevotĭo Gewissenlosigkeit, Untreue
indevōtus untreu, gewissenlos
index Angeber, Titel, Inhaltsangabe
indĭcāre anzeigen, anführen, darlegen
indicatĭo Anzeige, Behauptung
indīcĕre ansagen, auferlegen
indicium Anzeige, Angeberlohn, Kennzeichen, Beweismittel
indictĭo Ansage, Auflage, Steuer= [anschlag
indictum Vorschrift
Idĭcus indisch
indifferenter unterschiedslos
indigĕna Eingeborner
indĭgĕre bedürfen
indignāri entrüstet sein, verschmähen
indignatĭo Entrüstung [verdient
indignus unwürdig, unschicklich, un=
indiligentĭa Nachlässigkeit
indipisci erlangen
indiscrēte } unterschiedslos
indiscrētim }
indiscrētus ungeschieden, gleich
indisscussus unerörtert, unbedacht
indistincte ohne Unterschied, ohne klare Bestimmung
indītus beigefügt
individŭus unteilbar, ungeteilt
indivīsus ungeteilt, unteilbar
indoctus unkundig, ungeschickt
indotātus mitgiftlos
indubitabĭlis unzweifelhaft
indubitanter zweifelsohne
indubitātus unbezweifelt
indubĭus unzweifelhaft
indūcĕre hineinführen, ein=, an= führen, anleiten, zuführen, zu= lassen, überziehen, aufheben

inducĭae = indutiae
inductĭo Einführung, Ausstreichen
indŭĕre anlegen, annehmen
indulgens nachsichtig, gütig
indulgentĭa Nachsicht, Erlaß
indulgēre nachsehen, erlauben, ge= währen
indultum Erlaubnis, Nachsicht
indumentum Kleidung
industrĭa Fleiß, Tätigkeit
industrĭus fleißig [Augenblicke
indutĭae Waffenstillstand, lichte
indutorĭus zur Kleidung gehörig
indūtus Kleidung
inedĭa Fasten, Hungern
ineffectus } unwirksam
ineffĭcax }
ineffrenātus zügellos
inelēgans geschmacklos, unzutreffend
inelegantĭa Unebenheit
ineluctabĭlis unvermeidlich
inem(p)tus ungetauft
ineptĭa Albernheit, Possen
ineptus ungeeignet, unpassend, albern
inermis unbewaffnet, wehrlos
iners untätig, unwirksam
inertĭa Trägheit, Untätigkeit
inesse innewohnen, stecken
inexcusabĭlis unabwendbar, unab=
inexhaustus unerschöpflich [lehnbar
inexorabĭlis unerbittlich, unvermeid=
inexpiabĭlis unsühnbar [lich
inexplētus unersättlich
inexplicabĭlis } unentwirrbar
inextricabĭlis }
infactus = infectus [verleumden
infāmāre in üblen Ruf bringen,
infamĭa Schimpf, Schande, Ehr= losigkeit [schimpflich
infāmis berüchtigt, ehrlos,

infandus unsäglich, unerhört
infans Kind unter sieben Jahren
infantĭa Kindheit
infantīlis Kinder=...
infaustus unglückselig, unglückbedeutend
infavorabĭlis ungünstig
infectĭo Färbung
infectus ungeschehen, unbearbeitet, unvollendet
infecundus unfruchtbar
infelicĭtas Unglück
infēlix unglücklich
inferĭor unterer, niederer, späterer
inferre wohinbringen, bestatten, beitragen, eintragen, anbringen, antun, veranlassen, beantragen
infestāre angreifen, beunruhigen
infestus feindlich, feindselig
infĭcĕre hineinstecken, benetzen, färben, mischen, verderben
inficĭāri, inficĭas ire } s. infitiari
inficiatĭo s. infitiatio
infictus v. infingi
infidēlis, infĭdus } untreu, unzuverlässig
infīgĕre (ein)schlagen, einprägen
infĭmus der unterste, niederste, fernste
infindĕre zerschneiden, schneiden
infingi = infigi (v. infigere)
infinĭtas Unbestimmtheit
infinītus unbegrenzt, unbestimmt
infirmāre entkräften, ungültig machen
infirmĭtas Schwäche
infirmus schwach
infitĭari, infitĭas ire } leugnen, ableugnen
infitiatĭo Leugnen
infixus v. infigere

inflammāre entzünden
inflāre aufblasen, steigern
inflexus krumm, von hinten her
inflictĭo Auferlegen
inflictus v. infligere
inflīgĕre zufügen, auferlegen
influĕre hineinströmen
infŏdĕre eingraben, vergraben
infoecundus = infecundus
informāre darstellen, anlegen, bilden
infortunĭum Unglück
infra unten, unterhalb
infractus v. infringere
infrenātus zügellos
infrĕquens selten angewandt
infringĕre brechen, entkräften
infructuōsus unfruchtbar
infŭla Binde, Priesterbinde
infundĕre hineingießen, =schütten
ingenĭtus angeboren
ingenĭum Beschaffenheit, Sinnesweise, Fähigkeit, Talent
ingens außerordentlich groß
ingenuĭtas Stand des Freigeborenen
ingenŭus freigeboren
ingĕrĕre darbringen, anlegen, auflegen; eingeben, einreichen
ingestĭo Einguß
ingestus ungeschehen
inglorĭus unberühmt
ingratitūdo Undankbarkeit
ingrātus undankbar, unangenehm
ingrăvāre beschweren
ingravatĭo Beschwerung
ingrăvis = gravis
ingrĕdi hineingehen, be=, antreten
ingressus Eintritt, Eingang, Anfang
ingruĕre hereinbrechen, anbrechen
inhabĭlis unbrauchbar, unfähig
inhabĭtāre bewohnen

inhabitātor Bewohner
inhaerēre anhalten, zusammenhängen, enthalten sein, obliegen
inhĭāre gierig sein, begehren
inhiatĭo Begehren
inhĭbēre zurück-, aufhalten, hindern
inhibitĭo } Verbot
inhibĭtum }
inhonestus unehrenhaft
inhumanĭtas Unmenschlichkeit
inhumānus unmenschlich, unbillig
inĭcĕre hineinwerfen, überwerfen, Hand anlegen, einfügen, beifügen
injectĭo Anlegen, Einwendung
inimicitĭa Feindschaft
inimīcus Feind
iniquĭtas Ungleichheit, Unbilligkeit
inīquus ungleich, unrichtig, ungünstig, ungerecht
inīre eingehen, betreten, antreten, übernehmen
initĭāre anfangen, einweihen
initĭum Anfang
injunctĭo Auferlegung, Amt
injungĕre hinzufügen, auferlegen
injurĭa Unrecht, Ungerechtigkeit Verschulden, Nachteil, Beleidigung [schädlich
injuriōsus widerrechtlich,
injussu ohne Geheiß, ungeheißen
injustitĭa Ungerechtigkeit
injustus ungerecht, unrechtmäßig
inl... = ill...
inm... = imm...
innasci entstehen
innātus ein-, angeboren, eigenerzeugt
innectĕre verwickeln, verbinden
innīti sich stützen [schuldig
innŏcens unschädlich, unsträflich, un-
innocentĭa Unbescholtenheit

innocŭus unschädlich, unschuldig
innōdāre verknüpfen
innotescĕre bekannt werden
innŏvāre erneuern, ändern
innovatĭo Änderung
innovātus unverändert
innoxĭus unschädlich, unschuldig
innūbĕre heiraten
innumerabĭlis } unzählig
innumĕrus }
innupta v. innubere
innutrītus wo ernährt, erzogen
inoffensus ununterbrochen
inofficiōsus pflichtvergessen
inolescĕre anwachsen, entstehen
inolĭtus v. inolescere
inopĭa Mangel, Not
inopīnans unvermutet
inopināto v. inopinatus
inopinātus unvermutet
inopīnus = inopinatus
inopportūnus ungelegen
inops, ŏpis bedürftig, arm
inordinatĭo Unordnung
inp... = imp...
inquam ich sage
inquiētāre beunruhigen
inquietātor Störenfried
inquietūdo Belästigung
inquilinātus Stand des inquilinus [höriger
inquilīnus Mieter, Grund-
inquĭnāre beflecken, beschmutzen
inquīrĕre aufsuchen, untersuchen
inquisitĭo Erforschung, Nachsuchung, Untersuchung
inquisītor Untersucher, Einnehmer
inquit v. inquam
inr... = irr...
insanĭa Wahnsinn

insānus wahnsinnig
insatiabīlis unersättlich
inscīens unwissend
inscientīa Unkenntnis
inscīus = insciens
inscrībĕre auf-, ein-, über-, unterschreiben
inscriptīo Inschrift, Titel, Brandmarkung, Eintragung
insculpĕre einmeißeln, -graben
insectāri verfolgen
insectatīo Verfolgung
insĕmel = semel
insepultus unbegraben
insĕqui folgen, verfolgen, eintreten
insĕrĕre I. einpflanzen, -fügen — II. einfügen, hinzufügen
inservīre dienen, verrichten
insīdēre sitzen in, -auf
insidīae Hinterhalt, Hinterlist
insidīāri nachstellen
insidiātor Auflaurer
insidiōsus hinterlistig, gefährlich
insigne Kennzeichen, Ehren-, Abzeichen
insignīre aus-, bezeichnen
insignis ausgezeichnet
insimŭlāre beschuldigen
insimulatīo Anklage
insinŭāre bekannt geben, kund tun, einreichen
insinuatīo Erklärung zu Protokoll
insinuātor Überbringer
insistĕre bestehen, drängen
insitīo = emphyteusis
insītus v. inserere
insŏlens ungewöhnlich, unverschämt
insolentīa Unverschämtheit
insolescĕre übermütig werden
insolītus ungewohnt
insons unschuldig

inspectāre berücksichtigen
inspectatīo Rücksichtnahme
inspectīo Ansicht, Untersuchung
inspector Besitzer, Aufseher
insperātus unverhofft
inspīcĕre ansehen, betrachten, berücksichtigen, erwägen
instabīlis nicht rechtsgültig
instanter eindringlich
instantīa Ausdauer, Kraft
instar Vorbild, Bild, Schein
instāre betreten, bevorstehen, betreiben
instaurāre erneuern
instauratīo Wiederherstellung
insternĕre bedecken, überdecken
instīgāre anregen, aufhetzen
instigatīo Anreizung
instigātor Anreizer, Aufwiegler
instigātus = instigatio
instimŭlāre = instigare
instinctus Antrieb
instītor Geschäftsführer, -leiter
institorīus Geschäftsführungs- ...
instituĕre einsetzen, errichten, unternehmen, übernehmen, anfangen, stützen, unterrichten
institutīo Einsetzung, Unterricht, Einführung
institūtum Einrichtung, Vorschrift, Gewohnheit, Einführung
instringĕre zücken
instructīo Errichtung, Stützen, Ordnung, Unterweisung
instructum } Einrichtung, Ausrüstung, Vorrat
instructus } Einrichtung, Ausrüstung, Vorrat
instrūĕre errichten, ausrüsten, ausbilden, ordnen, verschaffen, zufügen
instrumentum Gerät, Zubehör
insubtīlis = insuptilis
insūdāre schwitzen

insūĕre ein=, aufnähen
insuētus ungewohnt
insufficīens ungenügend, unzulänglich
insŭla Insel, Haus, Mietshaus
insularĭus Mieter, Hausmann
insultāre verspotten, verhöhnen
insūmĕre verwenden zu, aufwenden
insum(p)tio Aufwand
insŭper oben, obendrein
— habēre geringschätzen, verachten
insuptīlis unfein, grobsinnig
insurgĕre sich erheben
intactus unberührt, unversehrt
intĕger unverletzt, vollständig, ungeschwächt, unverändert
ex intĕgro von neuem
intĕgrare erneuern, vervollständigen
integratĭo Erneuerung
integrĭtas Unverletztheit, Unbescholtenheit
integritūdo Unbescholtenheit
intellectus Wahrnehmung, Begriff, Verständnis, Einsicht
intelligentĭa Einsicht, Kenntnis
intellĕgĕre einsehen, wahrnehmen, verstehen, annehmen
intemerātus unbefleckt, unverletzt
intemperanter maßlos
intemperantĭa Maßlosigkeit
intemperātus unmäßig, übermäßig
intempestīvus unzeitig
intendĕre anspannen, anstrengen, zielen, aufstellen, beanspruchen
intentāre aufstellen, erheben, anklagen, drohen
intentĭo Anstrengung, Absicht, Angriff, Anklage, Klageformel, =satz, Einwand
intentus aufmerksam, angestrengt
inter unter, zwischen, innerhalb
inter sicarĭos wegen Mordes anklagen
interaddūcĕre einführen
interaestimatĭo einstweilige Schätzung
intercălāre einschalten
intercalāris Schalt=...
intercapēdo Unterbrechung, Zwischenraum
intercēdĕre dazwischen kommen, =liegen, =verlaufen, =treten, sich verbürgen, einschreiten
intercessĭo Eintritt, Schuldübernahme, Vollziehung
intercessor Schuldübernehmer, Vollzieher
intercessus = intercessio
intercĭdĕre verloren gehen, erlöschen
intercīdĕre zerschneiten, zerstören, abbrechen
intercĭpĕre auffangen, wegnehmen, entziehen, verhindern
interclūdĕre absperren, hindern
intercolumnĭum Säulenweite
intercurrĕre = intervenire
interdīcĕre widersprechen, verbieten, Verbot beantragen
aqua et igni interdicere verbannen
interdictĭo, interdictum: Verbot des Prätors, einstweilige Verfügung
interdĭu tagsüber
interdum zuweilen, unterdessen
interĕa unterdessen
interem(p)tĭo Beseitigung, Untergang
intĕresse dabei sein, dran gelegen sein, angehen, zukommen, verschieden sein
intĕrest es ist von Interesse, es ist ein Unterschied
interfĭcĕre töten, auflösen
interfrigescĕre erkalten, einschlafen

interjăcens dazwischenstehend
interjectus dazwischenliegend
intĕrim unterdessen, einstweilen, zu-
weilen
interĭmĕre wegnehmen, töten
interĭor innerer, geheimer
interīre untergehen
interĭtus Untergang
interlĭnĕre korrigieren, ausstreichen
interlocutĭo Zwischenurteil
interlŏqui Zwischenurteil erlassen
intermĭnāri androhen
interminatĭo Androhung
intermĭnus unbegrenzt, unbestimmt
intermiscĕre bei-, einmischen
intermissio Unterbrechung, Nach-
lassen [schen, aufhören
intermittĕre unterlassen, unterbre-
intermŏri absterben, aufhören
intermutatĭo Veränderung
interna v. internus
internecīvus Mord-...
internoscĕre unterscheiden
internuntĭus Unterhändler, Bote
internus innerlich, innerer
interpellāre ansprechen, an-
gehen, mahnen, vorladen,
beantragen, unterbrechen, hin-
dern
interpellatĭo Störung, Klage, Gesuch
interpellātor Störer
interpŏlāre zurichten, zustutzen
interpŏlus aufgeputzt
interpōnĕre dazwischensetzen, -liegen,
eintreten, eingehen, begehen, er-
teilen [stellen
interposĭtĭo Erteilung, Dazwischen-
interposĭtus Zwischen-.., Mittel-..
interpres Vermittler, Dolmetsch,
interprĕtāri auslegen [Erklärer

interpretatĭo Auslegung,
Einschränkung
interpretātor Erklärer
interpretĭum Mäklerlohn
interrŏgāre befragen, verhören
interrogatĭo Frage, Stipula-
tionsfrage, Verhör, Untersu-
chung
interrogātor Frager in jure
interrogatorĭus mit Fragen
in jure verbunden
interrogātus = interrogatio
interrumpĕre unter-, abbrechen
interruptĭo Unterbrechung
intertrimentum } Verlust, Schaden
intertritūra } Verlust, Schaden
interusurĭum Zwischenzin-
sen
intervallum Zwischenraum, -zeit
intervĕnīre dazwischenkommen, -tre-
ten, eintreten, da sein, zustoßen,
verhindern [nahme
interventĭo Schuldüber-
interventor Schuldübernehmer
interventus Dazwischenkunft, Ein-
tritt, Übernahme, Vermittlung
interversĭo Entwendung, Unter-
schlagung
interversor Unterschlager
intervertĕre wegleiten, entziehen,
unterschlagen, übervorteilen
intestabĭlis zeugnis-, testa-
mentsunfähig
intestāto (ab-) v. intestatus
intestātus testamentslos
intestinarĭus Tischler, Drechsler
intestīnus inwendig, innerlich
intexĕre hineinweben, -fügen
intĭmāre vortragen, bekanntgeben
intimatĭo Verkündung, Anzeige

intĭmus innerst, vertraulichst
intingĕre eintauchen, benetzen
intolerabĭlis } unerträglich
intolerandus }
intŏnāre widersprechen
intra innerhalb
intrāre eintreten, -dringen
intrepĭdus unerschrocken
intribuĕre beisteuern
intributĭo Abgabe
intrĭcāre verwirren
intrinsĕcus innerlich, im Innern
introdūcĕre einführen, anführen, herbeiführen
introductĭo litis = contestatio litis
introĭre eintreten, betreten
introĭtum Heeresabgabe
introĭtus Eingang, Eintrittsgebühr
intromittĕre hineinbringen, anbrin-
introvŏcāre = advocare [gen
intuĕri betrachten, berücksichtigen
intuĭtus Betracht, Rücksicht
intus inwendig, drinnen
inultus ungerächt, ungestraft
inumbrāre beschatten, verstecken
inundāre überschwemmen
inundatĭo Überschwemmung
inurĕre einbrennen, eindrücken
inusitātus ungewöhnlich, ungebräuchlich
inustus gekennzeichnet, behaftet
inutĭlis unnütz, untauglich, ungültig; schädlich
inutilĭtas Unverwendbarkeit
invādĕre eindringen, aufkommen, er-
invalescĕre erstarken [greifen
invalĭdus schwach
invasĭo Besitzstörung
invāsor Besitzstörer
invāsus v. invadere

invectus v. invehere
invĕhĕre einbringen, -führen
invendĭtus unverkauft
invĕnĭre finden, erfinden, erlangen
inventarĭum Bestandver-
inventor Finder [zeichnis
inventum Erfindung
inverecundus unverschämt
investĭgāre aus-, aufspüren, finden
investigatĭo Untersuchung
investigātor Erforscher
inveterātus alt, eingewurzelt
invĭcem wechselweise, einander, da-
invictus unbesiegt [gegen
invĭdĕre beneiden, mißgönnen
invidĭa Neid, Haß, Schimpf, Verbot
invidiōsus } gehässig, verhaßt
invĭdus }
invigĭlāre wachen, wachsam sein
invinctus = vinctus
inviolabĭlis unverletzlich
inviolātus unverletzt [rufen
invītāre einladen, auffordern, be-
invitātor Kammerdiener
invītus ungern, wider Willen
invĭus unwegsam
invŏcāre anrufen
invocātor Bittsteller, Anrufender
invŏlāre losstürzen auf, wegnehmen
involūcrum Hülle, Decke, Behältnis
involvĕre einwickeln, bedecken
jocus Scherz
ipse } selbst, unmittelbar, eben
ipsus }
ira(cundĭa) Zorn, Jähzorn
iracundus jähzornig
irātus zornig [gehen
ire gehen, herangehen, antreten, ein-
irenarcha Provinzialpolizeimagi-
irrationabĭlis unvernünftig [strat

irrecusabĭlis unweigerlich
irreligiōsus gottlos
irrēpĕre einschleichen
irreprehensus untadelig
irreptor Erschleicher
irrētīre verstricken
irrevĕrens unehrerbietig
irreverentĭa Unehrerbietigkeit
irrevocabĭlis unwiderruflich
irrīdēre verlachen, verspotten
irrĭgāre bewässern, berieseln
irrigatĭo Bewässerung
irrigŭus bewässert, bewässernd
irrisĭo Hohn, Spott
irrītāre reizen, erbittern
irrĭtāre ungültig machen
irrītātus Aufreizung, Reizung
irrĭtus ungültig, wertlos
irrŏgāre beschließen, verhängen, auferlegen, zufügen
irrŭĕre einbrechen, -dringen
irrumpĕre einbrechen
irruptĭo Eindringen
is, ea, id der, die, das; er, sie, es; dieser, diese, dieses; derjenige usw.
eo quod deshalb weil
it est das heißt (d. h.)
Isauri Bewohner von Isauria
Isaurĭa Landschaft in Kleinasien
isgĭnum = hysgĭnum
iste dieser, jener
istic da, dort, hier
ita so, dann
Italĭa Italien
Italicensis aus Italica in Hispania [Baetica
Italiciānus Italien betreffend
Italĭcus, Italĭus } italisch
Itălus Italiener, Italer
ităque und so, daher

item ebenso
iter Weg, Reise, Gehen, Wegerecht, Wasserleitung
itĕrāre wiederholen
iterāto wiederum
itĕrum wiederholt, wiederum, dagegen
itĭdem gleichfalls
jubēre befehlen, verordnen, ermächtigen
jucundus angenehm
Judaeus Jude
Judaĭcus jüdisch
judex Richter, Laienrichter, Unter-, Schiedsrichter
judĭcans Beurteiler
judĭcāre richten, entscheiden, verfügen, annehmen
judicatĭo Urteil, Gerichtsbarkeit
judicātus rechtskräftig entschieden
judiciālis gerichtlich, richterlich
judicarĭus Gerichts-..., richterlich
judicĭum Prozeßbeginn, Prozeß, Urteil, Entschluß, Satz, Klage, Gericht, Gerichtsbarkeit, Gerichtsstätte
jugālis Gattin
jugatĭo, jugeratĭo } ein Morgen Land, Grundsteuer
jugĕrum ein Morgen Land
jugis beständig, ununterbrochen
jugĭtas Dauer
jugŭlāre erstechen
jŭgum Joch, Gespann, Morgen
Julia s. Abschn. II.
Juliānus I. Kaiser, 360—363 n. Chr. — II. s. Abschn. II.
Julĭus Juli betreffend, nach Cäsar oder Augustus benannt
jumentarĭus vom Zugvieh getrieben
jumentum Zugvieh, Lasttier
Juncianum s. Abschn. II.
junctor Anspanner

junctūra Verbindung, Zusammensetzung, Schmuck, Gespann
junctus v. jungere
jungĕre verbinden
Junia lex s. Abschn. II.
Juniānus auf lex Junia bezüglich
junĭor jünger, Rekrut
Junĭus I. Juni betreffend
— II. s. Abschn. II.
Juno Gemahlin Jupiters
Jupĭter oberster Gott
juramentum Eid
jurāre schwören, beschwören
jurāto unterm Eide
juratorĭus eidlich
jurātus verteidigt
jurgāre zanken, streiten
jurgĭum Zank, Streit, Prozeß
juridĭcus I. Gerichts=...
— II. Bezirksrichter
jurisconsultor } Rechtsgelehrter
jurisconsultus } Rechtsgelehrter
jurisdictĭo Rechtsprechung, Gerichtsbarkeit, Ediktsrecht
jurisperītus } Rechtsgelehrter
jurisprūdens } Rechtsgelehrter
jurisprudentĭa Rechtswissenschaft
jus Recht, Gesetz, Rechtssatz, Rechtswissenschaft, Gericht, Rechtsverhältnis, Anspruch
jusjurandum Eid
jussĭo } Befehl, Ermächtigung
jussum } Befehl, Ermächtigung
jussus v. jubere
Justiniānus Kaiser, 527—565 n. Chr.
Justiniānus novus Rechtsstudent im ersten Jahr (dupondius)
justitĭa Gerechtigkeit
justus gerecht, rechtmäßig, rechtlich recht, richtig
juvāmen Hilfe, Unterstützung
juvāre helfen
juvencus junger Stier
juvenīlis } jugendlich
juvĕnis I. } jugendlich
— II. Jüngling
Juventianum s. Abschn. II.
juventus Jugend
juxta daneben, neben, nach

K.

Kalendae der Monatserste
kalendarium = calendarium

L.

labāre wanken, Einsturz drohen
labărum Reichskriegsfahne
labefactāre erschüttern, schwächen
labefactatĭo Gefährdung
Labeo s. Abschn. II.
labes Einsturz, Verderben, Seuche, Flecken, Schmach
lābi fallen, herabfallen, verfallen, enteilen, gleiten, fehlen
labĭum Lippe
lăbor, ōris, Arbeit, Mühe, Schwierigkeit
labōrāre arbeiten, sich mühen, leiden, in Not sein
laboriōsus mühevoll, arbeitsam
labōrum = labărum
labrum Becken, Wanne
lac Milch
laccarĭus = laquearius
laccus = lacus
Lacedaemon Sparta im Peloponnes
Lacedaemonĭus Spartaner
lacĕrāre zerreißen, verlästern, verderben
laceratĭo Zerfleischen

lacerta Eidechse; Art Seefisch
lacessĕre reizen, auffordern, angreifen
lacrimōsus tränenvoll
lacūna Lücke, Verlust, Schaden
lacūnar, āris getäfelte Decke
lacus Kufe, Tonne; See, Teich
laedĕre verletzen, beschädigen, kränken, beeinträchtigen
Laelius s. Abschn. II.
laesĭo Verletzung, Schaden
laetāri sich freuen
laeti Hörige (auf Staatsland)
laetĭcus auf die laeti bezüglich
laetitĭa Freude, Genuß
Laetoria lex s. Abschn. II.
laevus links
lagēna Flasche
laĭcus Nichtpriester, Laie
lamĭna } Blech, Münze, Barre
lamna }
lampadarĭus Fackelträger
lana Wolle
lanātus wollig
lancĕa Lanze
lanĕus wollen
languĕre krank sein
languescĕre ermatten, erkranken
languor Schwäche, Krankheit
lanĭāre zerreißen, zerschneiden, zerstören
lanificĭum Wollspinnerei
lanifĭcus Wollspinner
lanĭger wolletragend
lanĭo Metzger, Fleischer
lanipendĭa Wollezuwägerin
lanista Gladiatorenfechtmeister
lanistatūra Stand des lanista
lanĭus = lanio
lanx Schüssel, Schale
Laodicēa Stadt in Syrien
Laodicensis } aus Laodicea
Laodicēnus }
lapicidīna = lapidicina
lapidarĭus Steinmetz
lapidatĭo Steinregen, Hagelwetter
lapidĕus steinern
lapidicīna Steinbruch
lapillus Steinchen, Edelstein
lapis, ĭdis Stein, Edelstein, Baustein, Steinbau, Grenz-, Meilenstein
lapsus Ablauf, Unklugheit, Versehen
laquearĭus Deckentäfeler
laquĕus Strick, Schlinge, Band
lār Hausgott, Herd
lardum = laridum
Largianum s. Abschn. II.
largīri beschenken, verleihen, zustehen, reichen
largĭtas Freigebigkeit, Gnade
largĭter reichlich
largitĭo = largitas
largitiōnes kaiserliche Kasse
largitionālis I. Staatsschatz betreffend — II. Kassenrendant
largus reichlich, groß
larĭdum Speck, Schweinefleisch
lascivĭa Ausgelassenheit, Scherz
laser, ĕris Saft von silphium (Gewürz)
lassāre ermüden
lassitūdo Müdigkeit
latĕbra Schlupfwinkel
latens verborgen
later Ziegel, Ziegelstein
lateralĭa } Satteltasche, Reisesack
laterarĭa }
laterculensis Vorsteher des laterculum
latercŭlum Ämter- und Würdenrolle
latēre verborgen, unbekannt sein
latibŭlum = latebra

laticlavius mit breitem Purpurstreif
laticlāvus breiter Purpurstreif
latinitas Stand der Latini [treffend
Latinus I. Latium=, Latein be=
— II. Freier, nur mit commercium
latio = promulgatio
latitāre verborgen sein, sich versteckt
latitatio Verstecken [halten
latitūdo Breite, Umfang
Latium I. Gegend in Italien
— II. Rechtsstellung der Latini
latomiae = lautumiae
lator = legislator
latrina Abort
latro Straßenräuber
latrocināri Straßenraub treiben
latrocinium Straßenraub
latrunculātor Kriminalrichter für Straßenraub
latrunculus = latro
lătus Seite, Teil, Seitenlinie
lātus breit, groß, weit
laudabilis lobenswert, löblich
laudabilitas Wohllöblichkeit (als
laudāre loben [Ehrentitel)
laudātor Lobpreiser
laureātus lorbeergekrönt
laurentes eine Genossenschaft
laus Lob
laute freigebig
lautumiae Steinbrüche
lautus rein, glänzend
lavācrum Bad
lavāre waschen, baden
lavatio Bad, Badezeug
laxamentum Erleichterung, Nachlassen, Aufschub, Nachsicht
laxāre lösen, erleichtern, gewähren,
laxitas Erleichterung, Freiheit
laxus locker, weit, frei
lectarius = laquearius
lectica Sänfte
lecticarius Sänftenträger
lectio Lesen, Stelle, Satz
lector Vorleser
lectulus = lectus
lectum } Bett
lectus }
lectus v. legere
legālis gesetzmäßig, volljährig
legaliter den Gesetzen gemäß
lēgāre letztwillig verfügen, letztwillig zuwenden
legatarius Vermächtnisnehmer
legatio Gesandtschaft
legativum Reisegeld der Gesandten
legatum Vermächtnis, letztwillige Verfügung
legatus Gesandter, Statthalter, Vertreter des Statthalters, Legionskommandeur
legĕre lesen, zusammenlesen, sammeln, ausheben
legibilis lesbar
legio Legion (10 Kohorten)
legionarius Legions=...
legis actio s. actio [gelehrter
legislātor Gesetzgeber, Rechts=
legitimus gesetzmäßig, rechtmäßig, gesetzlich, Gesetzes=...
legulus Einleser
legūmen Hülsenfrucht, Bohne
lena Kupplerin
lenire mildern
lenis I. mild, sanft
— II. eine Art Geschirr
lenitas } Milde
lenitūdo }
leno Kuppler

lenocinĭum Kuppelei
lentāre biegen, hinzögern
lentus langsam, spät
leo Löwe
Leo Kaiser 457—474 n. Chr.
Leoniānus nach Leo benannt
leonīnus Löwen=...
leporīnus Hasen=... [Leptis
Leptimagnensis aus dem größern
Leptis zwei Städte in Tripolis
Leptitānus aus Leptis
lessus Geheul, Totenklage
letālis tödlich
lethĭfer } todbringend
letĭfer }
letum Tod
levāmen Erleichterung [kahnes
levamentarĭus Führer eines Leichter=
levamentum = levamen
lĕvāre erheben, erleichtern, befreien, eintreiben
levir* Mannesbruder, Schwager
lĕvis leicht, geringfügig, leichtsinnig
levĭtas Leichtsinn
lex Gesetz, Rechtssatz, Bestimmung, Wesen, Satz
Libanensis (Provinz) am Libanon
libāre spenden, ausgießen
libella kleine Silbermünze
libellensis Registrator der Eingaben
libellus Buch, Schrift, Denk=, Bittschrift, Gesuch, Klage,
libens gern [Brief
lĭber Buch, Band, Schrift
lĭber I, frei, unbelastet
— II. Sohn [würdig
liberālis Freiheits=..., eines Freien
liberalĭtas Freigebigkeit, Gnade
libĕrāre befreien, freigeben, entlassen, befriedigen
liberatĭo Befreiung
libĕre frei [Gewaltunterworfene
libĕri Kinder, Abkömmlinge,
libertas Freiheit, Freilassung
libertinĭtas Rechtsstellung des libertinus
libertīnus Freigelassener, ihn betreffend
libertus Freigelassener (im Verhältnis zum Herrn)
libet es gefällt, beliebt
libidinōsus wollüstig, frech
libīdo Begehren, Begier, Wollust
libitīna Beruf des libitinarius
libitinarĭus Totengräber
libĭtus Belieben
Libonianum s. Abschn. II
libra Pfund, Wage
librālis ein Pfund schwer [Ebene
libramentum, Gewicht, Gleichheit
librāre wägen, erwägen
librarĭus Buchführer, =abschreiber,
libratĭo Abwägen [Schreiblehrer
librātor Abwäger
librĭpens Wagehalter
Libўa Teil Afrikas
Libўcus aus Libyen
licenter beliebig
licentĭa Willkür, Macht, Fähigkeit, Erlaubnis, Frechheit
licēre gestattet, möglich sein
licēri bieten, taxieren
licet I. v. licēre
— II. obgleich, immerhin
Licinia lex s. Abschn. II
Licitāni = Lucentini
licĭtāri = licēri
licitatĭo Gebot
licĭto v. licitus
licĭtus erlaubt, rechtmäßig

licīum Gurt, Schürze
lictor Amtsdiener
lictorīus aus Liktoren bestehend
ligāmen Band, Bewachung
ligāre binden
lignarīus Tischler
lignĕus hölzern
lignum Holz, Stock
ligo Hacke
ligustīcum Liebstöckel [Sizilien
Lilybaetanus aus Lilybaeum auf
limāre feilen, ausspinnen
limātus fein
limen Schwelle, Grenze, Anfang
limenarcha Hafenmeister
limes Grenzsteig, Grenze, Linie,
limitanĕus Grenz- . . . [Weg
limītāre begrenzen, bestimmen
limitatensis = limitaneus
limitotrŏphus, limitrŏphus } zur Verproviantierung der Grenzwachen bestimmt
imus Schlamm
linarīus Leineweber
linĕa Faden, Richtschnur, Linie
lines = linis II.
linĕus leinen
lingua Zunge, Rede, Sprache
linifarīus = linyfarius
linquĕre verlassen
linteāmen = linteum
lintearīus I. Leinwand- . . ., leinen
— II., lintĕo } Leinweber
lintĕum Leintuch, Decke, Plane
lintĕus leinen
lintrarīus Kahnführer
linum Lein, Leinfaden, Leinwand
linyfarīus, linȳfus } Leinweber
lippitūdo Triefäugigkeit
liquāmen Brühe
liquefactus, liquens } geschmolzen, flüssig
Liquentīa Fluß im Gebiet der Veneter
liquĕre klar sein
liquescĕre schmelzen, flüssig werden
liquīdo offenbar
liquīdum Gewißheit
liquīdus flüssig, klar, offenbar
līs Rechtsstreit, Streitgegenstand
litanīa öffentliches Gebet
litāre opfern, sühnen
litīgāre vor Gericht streiten
litigātor Prozeßpartei
litigiōsus streitig, prozessua- [lisch
litigīum = lis
littera; litterae Buchstabe; Schrift, Brief, Reskript, Wissenschaften [gehörig
litterarīus zum Lesen und Schreiben
litteratūra wissenschaftliche Arbeit
litterātus schreibenskundig, schriftkundig, gebildet, gelehrt
litūra Ausstreichen einer Schrift
liturgus Staatsdiener, Subaltern- [beamter
litus Meeresküste
litŭus Krummhorn, Zinke
livor Mißgunst, Neid
lixa Marketender
loca v. locus
locālis örtlich, Orts- . . . [dingen
locāre vermieten, verpachten, ver-
locatīo conductio Miet-, Pacht-, Dienstvertrag
locātor Vermieter, Verpächter, Besteller
locātum = locatio
locŭlus Schränkchen, Kästchen
locŭples besitzend, reich

locuplētāre bereichern
locus Ort, Stelle, Gegend, Ortschaft, Stück, Land, Anstalt, Stellung, Lage
locusta = lucusta
locutĭo = elocutio
locarĭum kleine Rechnung
logista Stadtkämmerer
logogrăphus Rechnungsführer
logothēta Rechnungsrevisor
lolĭum Lolch, Trespe
longaevus hochbejahrt, langjährig, langwierig
longinquĭtas Länge, Weite
longinquo v. longinquus
longinquus weit, weitentfernt, lang
longitūdo Länge
longus lang, weit, weitläufig, groß
loqui reden, bestimmen
lorīca Panzer
loricatĭo Über-, Verkleidung
lorum Riemen, Peitsche, Zügel
lotus v. lavare
lubrĭcum schlüpfrige Stelle, Unsicherheit, Oberflächlichkeit
Lucanĭa Landschaft in Unteritalien
lucellum geringer Gewinn
Lucentīnus aus Lucentum in Hispania citerior
lucerna Lampe
lucĭa = lycium
lucĭdus hell, klar [Chr.
Lucĭus Kaiser Verus, 161—169 n.
lucrāri Gewinn suchen, gewinnen
lucratīvus gewinnreich
lucrifăcĕre gewinnen
lucrōsus gewinnbringend
lucrum Gewinn
luctāmen Ringkampf, Kampf
luctāri ringen
luctuōsus traurig, betrübt
luctus Trauer
lucubratĭo Nachtarbeit
luculentus lichtvoll, hell
lucus Hain
lucusta Heuschrecke
lūdĕre spielen, spotten
ludibriōsus spöttisch, zum Gespött
ludibrĭum Spiel, Spott, Schande
ludĭcrus zur Kurzweil dienend
ludifĭcāre verspotten, foppen
ludificatĭo Aufziehen, Foppen
ludificatorĭus zum Spott dienend
ludus Spiel, Schauspiel, Schule
lŭĕre büßen, bezahlen, einlösen
lues Seuche, Verderben
Lugdunensis aus Lugdūnum in Gallien
lugēre trauern, beklagen
lugŭbris traurig, Trauer-...
luitĭo Bezahlung, Einlösung
lumen Licht, Leuchte, Fenster, Auge, Glanz
lumīnār(e) Kerze, Lampe
lunatĭcus mondsüchtig
lupānar, lupanarĭum Bordell
lupīnus Wolfsbohne, Lupine
lupus Wolf
luscitĭo Tagblindheit
luscus einäugig
Lusitanĭa Portugal
Lusitānus Bewohner von Lusitania
lusor Spieler, Spötter
lusorĭae Kreuzer, Schnellfahrer
lusorĭe zum Schein, hinterlistig
lusorĭus spielend, scherzhaft
lustrālis jedes lustrum stattfindend
lustramentum Reinigungs-, Reizmittel
lustrāre reinigen, schmücken

lustrum Zeitraum von fünf Jahren, Sühneopfer
lusus Spiel, Scherz, Spott
lutulentus schmutzig
lutum Kot
lux Licht, Tag, Leben
luxurĭa } Fülle, Verschwendung,
luxurĭes } Ausschweifung
luxuriōsus verschwenderisch
luxus = luxuria
Lybĭa = Libya
Lycaonĭa Landschaft in Kleinasien
lychnus Lampe
Lycĭa Landschaft in Kleinasien
lycĭum Arzneisaft lycischer Sträucher
Lycĭus lycisch, Lycier
Lydĭa Landschaft in Kleinasien
lympharĭus = linteo
lytae Rechtsstudenten im vierten Studienjahr

M.

Macedonĭa Landschaft in Griechenland
Macedonianum s. Abschn. II.
Macedoniānus I. das SC Macedonianum betreffend
— II. Sektierer
Macedonĭcus aus Mazedonien
macĕrāre entkräften, schwächen
maceratūra Einweichen, Wässern
macerĭa Umgehung, Mauer
machĭna Maschine, List
machinamentum Werkzeug, Ränke, List
machĭnāri im Schilde führen gegen
machinarĭus Maschinen-...
machinatĭo Kunstgriff, List
machinātor Urheber, Anstifter
macĭes Magerkeit, Dürftigkeit
mactāre schlachten, opfern, hinrichten
macŭla Flecken, Schandfleck
macŭlāre beflecken, entehren
maculōsus befleckt, schmachvoll
madefactus durchnäßt
madēfiĕri naß werden
madēre naß sein
madescĕre = madefieri
Maenaenum = Moenoenum
maeniānum Vorbau, Erker, Altan
maeror Trauer
maestus traurig
magĭca Zauberkunst
magĭcus zauberisch
magis I. mehr, desto mehr, vielmehr
— II. Schüssel
magister Vorsteher, Führer, Aufseher, Lehrer, Lehrmeister
magisterĭa Würde eines magister
magisteriānus Diener des magister officiorum
magisterĭum Amt des magister
magisterĭus den magister betreffend
magistra v. magister
magistratĭo Unterricht, Schule
magistrātus Amt, Behörde, Beamter
magistriānus = magisterianus
magnanimĭtas Großmütigkeit
magnifăcĕre hochschätzen
magnificentĭa Hochherzigkeit, Pracht, Titel
magnifĭcus glänzend, prächtig
magnitūdo Größe, Hoheit
magnopĕre sehr
magnus groß, hoch, weit, voll, bedeutend, alt, Groß-...
magus Zauberer
majestas Hoheit, Majestät
major v. magnus
majorīnus größer gestaltet
majūma Fischerstechen
Majus Mai betreffend
mala Kinnlade, Wange

malabăthrum Baum, der Salböl [liefert
male übel, schlimm
maledīcĕre schelten, schmähen
maledictum Schmähwort [der
maleficĭum Übeltat, Vergehen, Zau-
malefĭcus unrecht tun, gottlos
malevŏlus übelwollend, gehässig
malignĭtas Bosheit
malignus boshaft, böse, neidisch
malĭtas Übel
malitĭa Bosheit, Schlechtigkeit
malitiōsus boshaft, schlecht
malle lieber wollen, wollen
malleātus geklopft, geschlagen
mallĕus Hammer, Schlägel
malum Übel, Untat
mălus schlecht, verderblich, unglücklich
mālus Mastbaum
mam(m)illa Brust
mam(m)illāre Busen-, Brusttuch
mānāre fließen, entstehen
manceps Käufer, Pächter, Staatspost-, Staatsbäckereiaufseher
mancĭpāre übereignen, fassen, übergeben, ausstatten, widmen
mancipatĭo Übereignung durch Scheinkauf
mancipātus Pacht, Amt des manceps [eignet
mancĭpi zur mancipatio ge-
mancipĭum förmliche Übereignung, Stellung des Übereigneten, Sklave
mancus verstümmelt
mandāre auftragen, befehlen, anvertrauen, bevollmächtigen
mandatēla Auftrag, Treuhand
mandatĭo Auftrag
mandātor Auftraggeber, Anstifter

mandatorĭus den Auftraggeber be-
mandātu v. mandatum [treffend
mandātum Auftrag
mandragŏras Alraun
mandūcāre kauen, essen
māne frühmorgens
mănēre bleiben, verbleiben, fortdauern, bevorstehen
mānes Seelen der Verstorbenen
mango Sklavenhändler
manĭca Ärmel, Handschelle
Manichaei eine Sekte (3. Jhd. n. Chr.)
Manichaĭcus auf die Manichäer bezüglich [klären
manifestāre offenbaren,
manifestarĭus offenbar
manifestatĭo Kundgebung, Darstellung
manifesto v. manifestus
manifestus offenbar, ertappt
Manilius s. Abschn. II.
manipularĭus gemeiner Soldat
mansĭo Aufenthalt, Rastort, Nachtlager, Beilager
— mala Folterbank
mansĭtāre sich aufhalten
mansuefactus gezähmt
mansuetūdo Milde, Gnade, Titel
mansuētus gezähmt, sanft, mild
manuāle Handbuch
manuarĭus Hand- . . .
manubĭae Beutegeld, Beute, Raub
manucaptus = manu captus
manucoeptus = manu coeptus
manufactus = manu factus
manumissio Freilassung
manumissor Freilasser
manumittĕre freilassen, aus der väterlichen Gewalt u. a. entlassen
manupretĭum Arbeits-, Macherlohn

manus Hand, Handarbeit, Handschrift, Tätlichkeit, Macht, Eigenmacht, Schar, Gewalt
mappa Tuch, Mundtuch
Marcelliāni eine Sekte
Marcellus s. Abschn. II.
marcēre matt, welk sein
Marcia lex s. Abschn. II.
Marcianistae, Marcionistae } eine Sekte
Marcianus s. Abschn. II.
Marcus (Aurelius) Kaiser, 161 bis 180 n. Chr.
mare Meer
margarīta, margarītum } Perle
margo Rand
marīnus Meeres- ...
maritālis ehelich
marītāre verheiraten
maritīmus Meeres- ..., See- ...
marītus Gatte
marmor Marmor, -werk
marmorarīus Bildhauer
marmorēus marmorn
Marōci Volk in Afrika
Mars Kriegsgott, Entscheidung, Ausgang
Martiālis dem Mars geweiht
Martīus dem Mars heilig, März betreffend
martyr Blutzeuge
martȳres Reliquien
martyrīum Martyrergrab
Martyropŏlis Stadt in Armenien
Martyropolitānus aus Martyropolis
mas Mann, Männchen
masculīnus männlich
mascŭlus = mas
massa Masse, Klumpen, Haufe
mastigophŏrus Büttel
māter* Mutter
materfamilīas Hausmutter, Hausfrau
materīa Grundstoff, Stoff, Eigenschaften
materīes = materia
maternus mütterlich
matertĕra* Mutterschwester
— magna* Großmutterschwester
mathematīcus I. Sterndeuterei betreffend
— II. Sterndeuter
matricarīus Feuerwehrmann
matricŭla Verzeichnis, Liste
matrimonīum Ehe
matrix Haupt-, Speiserohr
matrōna ehrwürdige Frau
matronālis matronenhaft
matruēlis* Mutterbruderkind
matŭla Geschirr, Topf
matūrāre beschleunigen, zur Reife bringen
maturītas Reife, Vollendung, Beschleunigung
matūrus reif, zeitig, frühzeitig, schleunigung
matutīnus morgendlich
Mauricianus s. Abschn. II.
Mauritanīa Landschaft in Afrika
Maurus Bewohner von Mauritanien
maxilla Kinnbacken
maxīme am meisten, besonders, durchaus, gerade
maxīmus v. magnus
Maxīmus I. Paulus Fabius, Konsul, 11 v. Chr.
— II. Kaiser, 383—388 n. Chr.
meātus Gehen, Gang, Röhre
mechanīcus Maschinenbauer
mēcum = cum me
medēla Heilung, Heilmittel
medēri heilen, helfen
mediānum Mittelstück, Mitte
mediastīnus I. = medius
— II. Handlanger (Sklave)
mediātor Mittelsperson, Vermittler

medĭca v. medicus
medicāmen Heil=, Arzneimittel
medicamentarĭus Giftmischer
medicamentum Arznei
medicīna Heilkunst, =mittel, Mittel
medĭcus I. dienlich, heilend
— II. Arzt
medĭe mittelmäßig, ziemlich
mediĕtas Mitte, Hälfte, Mittelweg
mediŏcris mittelmäßig, gering
mediocrĭtas Mittelmäßigkeit, Kleinheit, Mittelmaß, Maß
Mediolānum Mailand
medĭtāri denken
meditatĭo Nachdenken, Übung
meditātus durchdacht, überlegt
mediterranĕus binnenländisch
medĭus mitten, mittler, halb, unentschieden, mittelmäßig
medogrammatēus = demogrammateus
mel Honig
Mela, Fabius s. Abschn. II.
melancholĭcus schwermütig
melĭnum Quittensalbe, =farbe
melĭor besser
meliōrāre bessern, aufbessern
melioratĭo Verbesserung
melloproximātus Würde des melloproximus
melloproxĭmus Anwärter auf den proximatus scriniorum
membrāna Häutchen, Pergament
membranĕus pergamenten
membranŭla Schriftstück
membrum Glied, Teil, Mitglied
memĭnisse sich erinnern, erwähnen
memor eingedenk
memorabĭlis denkwürdig
memŏrāre erwähnen
memorātus oben erwähnt
memorĭa Gedächtnis, Erinnerung
memoriālis I. denkwürdig
— II. Kanzleibeamter
Menaenum = Moenoenum
Menander s. Abschn. II.
mendacĭum Lüge
mendax lügnerisch
mendĭcāre betteln
mendicĭtas Bettelei
mendum Fehler
meniānum = maenianum
mens Sinn, Sinnesart Herz, Geist, Verstand, Meinung
mensa Tisch, Tafel, Bank
Mensia s. Abschn. II.
mensis Monat
mensor Abmesser, Abstecker, Quartiermeister
menstrŭum Monatsunterhalt, =sold
menstrŭus monatlich, Monats=...
mensularĭus Wechsler
mensūra Messung, Maß, Umfang, Größe
mentĭo Erwähnung
mentīri lügen
mercālis käuflich
mercāri kaufen, handeln
mercatĭo Handel, Angebot
mercātor Käufer, Händler, Kaufmann
mercatūra Handel
mercātus Handel, Messe
mercedŭla geringer Lohn
mercennarĭus I. gemietet
— II. Mietling, Tagelöhner
merces Verdienst, Lohn, Preis, Zins
mercimonĭum Warenhandel
merens würdig, wert
merēre } verdienen, wert sein, er-
merēri } werben, gewinnen
meretricĭus Dirnen=...
merĕtrix Dirne
mergĕre versenken

meridiānus Mittags=...
meridĭes Mittag
merĭto verdientermaßen, mit Recht
meritorĭum Mietlokal
merĭtum Verdienst, Lohn, Preis, Wert, Wichtigkeit, Würde, Würdigkeit, Wohltat
merĭtus wohlverdient
mērum unvermischter Wein
mērus rein
merx Ware
mesonauta mittleres Schiffsamt
Mesopotamĭa Land zwischen Euphrat und Trigris
Messaliāni eine Sekte
messis Ernte, Ernten
Messius s. Abschn. II.
messorĭus Ernte=...
mēta Spitzsäule, Ziel, Grenze, Kegel
metallarĭus Bergarbeiter
metallĭcus I. Bergwerks=...
— II. Bergarbeiter
metallum Metall, Bergwerk
metatĭo Abmessung, Einquartieren
metātor Quartiermeister
metātum Quartier
metaxa rohe Seide
metaxarĭus Seidenhändler
meticulōsus furchtsam
metīri messen, abmessen, ermessen, zuteilen
metoecus Schutzgenosse
metrēta Maß, Tonne (39 $^1/_2$ l)
metrocomĭa Mutterort
metroĭcus = metoecus
metropŏlis Mutter=, Hauptstadt
metropolīta } Erzbischof
metropolitānus I. } Erzbischof
— II. Hauptstadt betreffend
metŭĕre fürchten
metus Furcht

meum mein Eigen
meus mein
migrāre wandern, ausziehen, schreiten
mihi v. ego
miles, ĭtis Soldat, Beamter
Milesĭus aus Milet in Jonien
miliarĭum I. Warmwassergefäß
— II. Meilenstein
milĭes tausendmal
milĭtāre dienen, Kriegsdienste leisten, Amt bekleiden
militāris militärisch, Soldat
aes militare Sold
militĭa Kriegsdienst, Beamtenstellung
milĭum Hirse
mille tausend
millēni je tausend
millesĭmus tausendster
milliarĭum = miliarium II.
millĭes = milies
mimus Kunsttänzer, Schauspieler
minae Drohungen
mināre treiben
mināri drohen
minax drohend
Minerva = Pallas Athene
Minicia lex s. Abschn. II.
minicularĭus = minuscularius
minĭme ganz und gar nicht
minĭmus kleinst, geringst
minister Diener, Gehilfe, Helfershelfer
ministeriālis } Kammerdiener
ministeriānus } Kammerdiener
ministerĭum Dienst, Bedienung, Dienstleistung, Amt, Pflicht, Hilfe, Gebrauch, Geschirr
ministrāre dienen, reichen
ministrātor Bedienter, Aufwärter
minitāri drohen

minor kleiner, weniger, jünger, minderjährig
minōrāre vermindern
Minturnae Stadt in Latium
minuĕre vermindern, verkleinern, herabsetzen
minus weniger, geringer, nicht genügend
minuscularĭus I. Steuer-, Einzel- — II. spächter
minuscŭlus etwas klein, sehr klein
minutātim stückweise, nach und nach
minutĭa Kleinheit, Kleinigkeit
minutĭo Verringerung, Veränderung
Minutius s. Abschn. II.
minutŭlus ganz klein, sehr klein
minūtus v. minuere
mirabĭlis wunderbar, außerordentlich
mirandus bewundernswert
mirāri sich wundern, bewundern
mirus wunderbar, erstaunlich
miscellus gemischt, vermischt
miscēre mischen, vermischen, vermengen, sich einmischen, sich binden
miser elend, arm, traurig
miserabĭlis, miserandus beklagenswert
miseratĭo Mitleid, Bedauern, Klagen
miserĭa Elend, Not, Unglück
misericordĭa Barmherzigkeit, Mitleid
miserĭcors mitleidig
missa Erlassen, Messe
missibĭle Wurfgeschoß, -spieß
missilĭa ausgeworfenes Geld
missĭo Einsetzen, Entlassung
mitescĕre sich beruhigen
mitĭgāre besänftigen
mitis sanft, mild
mitra Kopfbinde, Haube
mittendarĭus Sendbote
mittĕre schicken, verweisen, senden, werfen, legen, lassen, entlassen, lösen
mixtūra Mischung, Vermischung
mixtus v. miscere
mobĭlis beweglich
mobilĭtas Beweglichkeit, Flattersinn
moderāmen Leistung, Bestimmung, Mäßigung
modĕrāre, modĕrāri regulieren, einrichten, Maß halten, mäßigen
moderatĭo Milderung, Schutz, Gnade
moderātor Lenker, Leiter
moderātus gemäßigt, mäßig
modestĭa Bescheidenheit
Modestinus s. Abschn. II.
modestus bescheiden, züchtig
modiatĭo Messen nach Scheffeln
modĭcus mäßig, bescheiden, gering
modiŏlus Gemäß, Kanne
modĭus Scheffel (8 ¾ l)
modo nur, wenn nur, wofern nur, jetzt
modŭlus Maß, Maßrohr
modus Maß, Umfang, Größe, Höhe, Betrag, Grenze, Mäßigung, Verhältnis, Auflage
moecha Ehebrecherin
moenĭa (Stadt- u. a.) Mauern
moeniānum = maenianum
Moenoenum Kastell in Palästina
moeror = maeror
Moesĭa Gegend an der Donau
moestus = maestus
mola Mühle
molendarĭus Mühl- . . .
mōlĕre mahlen
mōles Masse, Last, Bau, Damm, Wehr
molestāre belästigen, belasten
moleste ungern
molestĭa Beschwerde
molestus lästig

molĭmen Anstrengung, Unternehmung [aufführen
molĭri sich bemühen, unternehmen,
molitĭo Unternehmung, List
molĭtor Müller
molĭtus v. moliri [lichen
mollīre erweichen, mildern, verweichlichen
mollis weich, zart, mild
mollĭter verweichlicht
momentanĕus } augenblicklich
momentarĭus } augenblicklich
momentum Ausschlag, Gewicht, Bedeutung, Punkt, Augenblick, Gegenwart
monăcha Nonne
monachĭcus Kloster= ...
monachĭum Kloster
monăchus Mönch
monasterĭum Kloster
monastĭcus Kloster= ...
monastrĭa Nonne
monăzon Mönch [klagen
monēre erinnern, mahnen, ver=
monēta Münzort, Münze, Münzen, Geldstück
monetālis Münz= ...
monetarĭus Münzer
monīle Halsband, =kette
monitĭo Ermahnung, Warnung
monĭtor Aufseher, Steuerbote
monitorĭus warnend
monĭtus Erinnerung, Anzeichen
monobŏlon Springspiel
monocontĭa Waffe
monopolĭum Alleinverkauf
monozon = monazon
mons Berg
monstrāre zeigen, beweisen
monstrōsus seltsam, unnatürlich
monstrum Unnatur, Widernatürliches
monstruōsus = monstrosus
Montanistae eine Sekte
Montenses = Donatistae
monumentum Denkmal, Urkunde [schub, Pause
mora Verzögerung, Verzug, Auf=
morāri verzögern, aufhalten, hindern, verweilen [zugs= ...
moratorĭus aufschiebend, Ver=
morbōsus krank, siech
morbus Krankheit
mordēre beißen
mori sterben, absterben, erlöschen
morĭo Tor, Narr
morōsus mürrisch, launisch
mors Tod, Erlöschen, Untergang
morsus Biß, Schmerz, Kränkung
mortālis sterblich, vergänglich, Erlöschungs= ...
mortalĭtas Sterblichkeit
mortĭfĕr(us) tödlich
mortŭus tot
mos Gebrauch, Herkommen, Sitte, Gewohnheit, Betragen, Charakter, Art und Weise, Regel
motĭo Entfernung, Ausschluß, List
motus Bewegung, Erregung, Gemütsbewegung, Antrieb, Belangen
movens bewegend, beweglich
movēre bewegen, erschüttern, entfernen, wegschaffen; beunruhigen, erregen, unternehmen, veranlassen
mox bald
mucĭdus schimmelig
Mucius s. Abschn. II.
mucor, ōris Schimmel, Kahm
mula v. mulus
mulcta = multa
mulctāre = multare
mulctatĭo = multa

multcatiсīus = multaticius
muliēbris weiblich
mulīer Weib, Frau
mulierсŭla Weibchen, Weibsbild
muliercularīus Weiberfreund
mulīo, ōnis Maultiertreiber
mulomedīcus (Maul-)Tierarzt
mulsum Honigwein
multa Strafe
multāre strafen
multatīo = multa
multaticīus Straf-...
multifarīam vielfältig
multimŏdus mannigfach
multiplex, īcis vielfach
multiplīcāre vervielfältigen
multiplicatīo Vermehrung
multitūdo, īnis Menge
multo v. multus
multotīens vielmals
multum vielfach, sehr, lange
multus viel, groß
mulus Maultier
mundānus weltlich
mundāre reinigen
mundum Reinschrift
mundus I. rein, sauber, zierlich
— II. Schmuck, Toilettenstück, Gerät; Weltall, Welt
munĕrāre } schenken,
munĕrāri } beschenken [kampfes
munerarīus Veranstalter eines Wett-
muneratīo Schenkung
munīa Geschäft, Pflichten, Rechte
munīceps Bürger eines municipium
municipālis I. Munizipal-...
— II. Ratsherr
municipīum Stadt mit römischem Bürgerrecht
munīfex, īcis dienfttuend, Soldat
munificentīa Mildtätigkeit
munificīum Steuerpflicht
munifīcus I. freigebig, mildtätig
— II. dienfttuend, steuerpflichtig
munīmen } Schutzmittel,
munimentum } Schutz, [schützen
munīre befestigen, verwahren, bedecken
munis = munificus II.
munītīo Befestigung, Schutzmittel,
munītus befestigt, sicher [Schutz
munus, ĕris Dienst, Amt, Pflicht, Abgabe, Geschenk, Fest
munuscularīus = minuscularius
munuscŭlum kleines Geschenk
mura = murra
murālis Mauer-...
murex, īcis Purpurschnecke
murīa Salzlake
murilegŭlus Purpurschneckenfischer
murr(h)a kostbarer Stein
murrĕus } aus murra bestehend
murrīnus }
murus Mauer, Schutz
mus Maus
musarīus Mosaikarbeiter
musīcus musikalisch
musivarīus = musarius
mustum Most
mutabīlis veränderlich
mutāre verändern, ändern
mutatīo Veränderung, Umstand, Pferdewechsel
mutatio militiae Degradation
mutatūra Umlage
mutescĕre verstummen
mutīlāre verstümmeln, verkürzen, schwächen, verwüsten
mutīlus verstümmelt
Mutīna Stadt in Gallia cisalpina

Mutinensis aus Mutĭna
mutŭāre } leihen, borgen, entlehnen
mutŭāri
mutuatĭo Entlehnung
mutŭo gegenseitig, dagegen
mutus stumm
mutŭum Darlehen
mutŭus geborgt, wechselseitig, gegenseitig
myops kurzsichtig
myrrha wohlriechende Pflanze, Harz
Mysĭa Landschaft in Kleinasien
Mysiăcus aus Mysia
mysterĭum Geheimnis, Gottesdienst

N.

naevus Fleck, Schande
nam } denn, nämlich
namque
nancīri } erlangen, bekommen
nancisci
Napocensis aus Napŏca in Dacien
napus Steckrübe
Narbonensis aus Narbo in Gallien
nardum Narde, Nardenbalsam
narratĭo Erzählung, Vortrag
nasci geboren werden, entstehen, sich erheben
Nasīca, C. s. Abschn. II.
nassa Fischreuse
natāles Geburt, Stand, Herkunft
natalicĭus } Geburtstags-, Gründungs- . . .
natālis
natātus Schwimmen
natĭo Volksstamm
nativĭtas Geburt
natīvus geboren, angeboren, natürlich
natūra Natur, Wesen, Naturordnung, Welt, Kreis der Dinge, Verhältnis, Naturrecht
naturālis leiblich, natürlich, unehelich, naturrechtlich, wirklich
natus geboren, geboren zu
nauarchĭa Schiffahrtsbetrieb
nauarchus Schiffskapitän
naucella = navicula
nauclērus Schiffsherr, -patron
naufragĭum Schiffbruch, Wrack, Strandgut
naufrăgus schiffbrüchig
naulum Schiffslohn, Fährgeld
naupēgus Schiffszimmermann
nauta Schiffer, Seemann, Matrose, Reeder
nautĭcus Schiffs- . . ., Schiffer- . . .
navāle Schiffswerft, Docks
navālis Schiffs- . . .
navarchĭa = nauarchia
navarchus = nauarchus
navāre betreiben
navicella = navicula
navicŭla Schiffchen, Boot
naviculāris Schiffahrts- . . .
naviculārĭus I. Schiff- . . .
— II. Schiffsherr, -führer
navigabĭlis schiffbar
navĭgāre befahren, schiffen
navigatĭo Schiffahrt
navigĭum Schiffahrt, Schiff
navis Schiff
navĭta = nauta
navĭter eifrig, ganz und gar
nē nicht, nicht mal, damit nicht, daß nicht
nĕ ob (Fragepartikel)
nebŭlae Unbestimmtheit, Weitschweifigkeit
nec und nicht, auch nicht, nicht
necāre töten
necdum und noch nicht

necessarĭus notwendig, nötig, unweigerlich; verwandt
necesse nötig
necessĭtas Unvermeidlichkeit, Notwendigkeit, Müssen, Not
necessitūdo Notwendigkeit, Verwandt- oder Schwägerschaft
necne oder nicht
necnon und auch, und doch
nectĕre knüpfen, verbinden, verpflichten, verpfänden, herbeiführen
nefandus gottlos, schändlich
nefarĭus gottlos, verrucht
nefas Unrecht, Frevel
nefastus geschlossen, verboten
negāre verneinen, leugnen, verweigern, verbieten
negatĭo Leugnen
negatīvus } verneinend, leugnend, Freiheits-...
negatorĭus }
Negidĭus Name für Beklagten
neglectus Vernachlässigung
neglĕgens nachlässig
neglegentĭa Unachtsamkeit, Fahrlässigkeit, Nachlässigkeit
neglĕgĕre außer Acht lassen, vernachlässigen, versäumen, hintansetzen, übergehen
negōtĭāri Geschäfte, Handel treiben
negotiatĭo Erwerbs-, Handelsgeschäft
negotiātor Gewerbetreibender, Kaufmann, Geschäftsführer
negotiātrix Handelsfrau
negotiōsus geschäftig
negotĭum Geschäft, Rechtsgeschäft, Rechtssache, Prozeß, Handelsgeschäft, Handel

nēma Fäden, Gespinst
nemesiăci Wahrsager
nemo niemand, kein
nempe freilich, nämlich
Neocaesarēa Stadt in Kappadocien
nepos* Enkel
neptis* Enkelin
nequam nichtswürdig, unbrauchbar
nequāquam ganz und gar nicht
neque = nec
nequīre nicht können, dürfen
nequissĭmus v. nequam
nequitĭa Schlechtigkeit
Neratius s. Abschn. II.
nere spinnen
Nero Kaiser, 54—68 n. Chr.
Neronianum s. Abschn. II.
Neroniānus nach Nero benannt
Nerva I. Kaiser, 96—98 n. Chr.
— II. s. Abschn. II.
nervus Nerv, Hauptsache
nescĭens unwissend, unkundig
nescīre nicht wissen
nescĭus = nesciens
Nestorĭus Sektierer
netus v. nere
neuter keiner von beiden
neŭtĭque keineswegs
neve und daß nicht
nex Tod, Verderben, Schaden
nexum Formgeschäft (per aes et liberam), Darlehnsgeschäft
nexus I. Schuldner
— II. Band, Verbindlichkeit
ni wenn nicht
Nicaeensis } aus Nicaea in Bithynien
Nicaenus }
Nicensis = Nicaeensis
Nicomedensis aus Nicomedĭa
Nicomedĭa Stadt in Bithynien

Nicopŏlis Städte im Orient
nicostratēgus = nyctostrategus
nidor Dampf, Wohlgeruch
nidus Nest
niger schwarz
Nigidĭus = Negidius
nihil nichts, nicht
nihilomăgis ebensowenig
nihilomĭnus trotzdem, ebensosehr
nihilosetĭus nichtsdestoweniger
nihĭlum = nihil
Nilotĭcus Nil=...
Nilus Nil in Ägypten
nimiĕtas Übermaß
nimīrum unstreitig, freilich
nimis } zu sehr, zuviel, allzu
nimĭum }
nimĭus zugroß, zusehr, zuviel, sehr groß [gend Italiens
Niphānus aus einer bestimmten Ge=
nisi wenn nicht, außer
Nisĭbis Stadt in Mesopotamien
nisus Anstrengung
nitēre glänzen
niti sich anstrengen, sich mühen, an=kämpfen, sich stützen
nitor Glanz
nivarĭus Schnee=...
nivarĭum colum Schneefilter, Wein=
nives Schneemassen [kühler
nix Schnee
nobĭlis bekannt, berühmt, edel
nobilissĭmus Titel
nobilĭtāre adeln
nobilĭtas Ruhm, Vortrefflichkeit
nocens schädlich, schuldig
nocēre schaden, schädigen, hindern
noctu nachts
nocturnus nächtlich
nodōsus knotig
nodus Knoten, Schwierigkeit
nolle nicht wollen
nomen, ĭnis Name, Person, Geschlecht, Stand, Vermögen, Forderung, Schuldverhältnis, Vorwand
nomenclātor } Namennenner
nomenculātor }
nomĭnāre nennen, benennen, bezeichnen, wählen, verkündigen, anklagen
nominātim namentlich
nominatĭo Benennung, Ernennung, Wahl
nominātor Wähler, Ernenner
nominatorĭus Namens=...
nomisma = numisma
non nicht, gar nicht, nicht nur, noch nicht [bente des Monats
Nonae der Fünfte, bzhgsw. Sie=
nonaginta neunzig
nondum noch nicht
nongenti neunhundert
nonnĭhil etwas
nonnisi nur
nonnullus einer, irgend einer
nonnumquam manchmal
norma Regel, Maß, Höhe
nos wir
noscēre kennen lernen
nosmet(ipsi) wir selbst
noscocomĭum Krankenhaus, Hospital
noscocŏmus Krankenpfleger
nosse = novisse
noster unser
nota Merkmal, Zeichen, Siegel, Schrift, Anmerkung, Brandmal, Schandfleck, Schimpf
notabĭlis auffallend, berüchtigt
notabilĭter zur Schande

notāre bezeichnen, anmerken, tadeln, infamieren
notarĭus Schnellschreiber, Sekretär
notatĭo Bemerkung, Mahnung
notĭo Kenntnis, Kenntnisnahme, Untersuchung [zeichnis
notitĭa Bekanntschaft, Kenntnis, Ver-
notorĭa } Anzeige, Denunziation
notorĭum }
notus bekannt
novāle } Jungland, Brachland
novālis }
novāre erneuern, verändern, umwandeln (novieren)
Novatiāni eine Sekte
novatĭo Umwandlung einer Forderung in eine neue
novellētum } Baumschule, Pflanzschule
novellum }
novellus neu, jung
novem neun
November November betreffend
noverca* Stiefmutter
novercālis stiefmütterlich
novicĭus Neuling
novisse kennen, wissen
novissĭme ganz kürzlich, endlich
novĭtas Neuheit, Unerfahrenheit Gegenwart
novĭter ungewöhnlich
novus neu, jung, ungewöhnlich, [unerhört
nox Nacht
noxa Schaden, Verschulden, Schuld, Schadensersatz
noxālis Schadens-..., Schadensersatz
noxĭa = noxa
noxĭus schädlich, schädigend, schuldig
nubĕre sich verheiraten (als Frau), sich preisgeben
nubes Wolke, Dunkelheit, Unklarheit
nubĭlis mannbar, heiratsfähig
nuclĕus Kern
nudāre entblößen, entkleiden, enthüllen, berauben
nudĭtas Blöße, Mangel [ohne
nudus bloß, arm, nackt, mittellos,
nugatorĭus läppisch, nichtig
nullatĕnus auf keinen Fall
nullus kein, niemand, nicht vorhanden, nichtig
num ob
Numa Pompilĭus zweiter römischer König
Numantīnus aus Numantia in Spanien
numen, ĭnis Gottheit, Majestät
numĕrāre zählen, rechnen, zahlen
numerarĭus Rechnungsführer
numeratĭo Zahlung
numerātor, ōris Zähler
numerātus I. in Geld berechnet
— II. Amt des numerarius
Numerĭus s. Negidius
numerosĭtas große Anzahl
numerōsus zahlreich
numĕrus Zahl, Menge, Abteilung, Rang, Stelle, Verzeichnis
Numĭda Bewohner von Numidien
Numidĭa Landschaft in Afrika
numisma Münze, Geld
nummarĭus Geld-..., käuflich
nummularĭus I. Wechsel-...
— II. Geldwechsler
nummŭlus etwas Geld, Geld
nummus Münze, Geldstück, Geld
numquam niemals
numquid ob etwa
nunc jetzt, nun
nunclāre = nuntiare

nunciatĭo = nuntiato
nunciātor = nuntiator
nuncĭus = nuntius
nuncŭpāre vor Zeugen benennen, =erklären, zum Erben einsetzen, bezeugen
nuncupatĭo feierliche Erklärung, Testamentserrichtung
nundĭnae Markttag, Markt, Marktrecht, Reisekosten, Unterschlagung, Erkaufen
nundĭnāri handeln, schachern, sich erkaufen lassen
nundinatĭo Handel, Marktpreis, Bestechung Unterschlagung
nunquam = numquam
nuntĭāre melden, anzeigen, ankündigen, verbieten
nuntiatĭo Verkündung, Anzeige
nuntiātor Bote, Angeber
nuntĭus Bote, Angeber, Nachricht, Befehl, Scheidebrief
nuper kürzlich
nuperrĭmus eben geschehen
nupĕrus neulich, neu
nupta Braut, Neuvermählte
nuptalicĭus hochzeitlich
nuptĭae Hochzeit, Ehe
nuptĭālis Hochzeits= . . .
nuptus = nuptiae
nurus* Schwiegertochter
nusquam nirgends
nutāre nicken, wanken, wackeln
nutricĭa } Ammenlohn
nutricĭum }
nutrimentum Nahrung
nutrīre säugen, nähren, mehren
nutrītor Ernährer
nutrix Amme
nutus Nicken, Wink, Verlangen
nux Nuß
nyctostratēgus Präfekt der Nachtpolizei
nymphaeum Springbrunnen, Kaltbad
Nyssēnus aus Nissus im Pontus

O.

Oasēnus zu Oasis gehörig
Oăsis Verbrecherkolonie in Libyen
ob wegen, zu, betreffs, nach — hin
obcantāre bezaubern
obclaudĕre verschließen
obdormīre einschlafen
obdūcĕre überziehen, umgehen
obdūrāre verhärten, hart sein, ausdauern
obedientĭa = oboedientia
obedīre = oboedire
oberrāre umherirren
obesse hinderlich sein, schaden
obex, ĭcis Riegel, Hindernis
obferre = offere
obfĭcĕre = officere
obfulgēre = offulgēre
obĭcĕre vorwerfen, preisgeben, entgegenstellen, einwenden
obĭci im Wege stehen, hindern
objectĭo Vorwurf, Einwand
objectum Einwand
objectus I. v. obĭcere
— II. = objectio
obīre herangehen, unternehmen
obīre mortem sterben
obĭter im Vorbeigehen
obĭtus Tod, Untergang
objurgāre tadeln, zurechtweisen
oblaticĭus freiwillig dargeboten
oblatĭo Darbieten, Überreichung, Darbringung, Stellung
oblātus v. offerre

oblectamentum } Ergötzen, Ergötz-
oblectatĭo } lichkeit
oblīdĕre zudrücken, unterdrücken
oblĭgāre verbinden, schließen, verpflichten, verhaften, verpfänden
obligatĭo Verbindlichkeit, Schuldverhältnis, Anspruch, Schuldschein, Pfandschein
obligatorĭus verbindlich
oblĭnĕre bestreichen, beschmieren
oblīquus schräg, seitwärts, Seiten-..
oblitĕrāre ausstreichen, aufheben
oblitescĕre sich verstecken
oblivĭo Vergessenheit, Vergeßlichkeit
oblivisci vergessen
oblŏqui dreinreden, widersprechen
obmutescĕre verstummen
obnīti sich widersetzen, widerstreben
obnoxiĕtas Verpflichtung [pfändet
obnoxĭus unterworfen, schuldig, ver-
obnubĕre verhüllen, bedecken
oboedientĭa Gehorsam
oboedīre gehorchen
obŏlus Mäßchen
obrēpĕre heranschleichen, betrügen
obrepticĭus erschlichen
obreptĭo Erschleichung
obreptīvus durch Erschleichen
obrŏgāre teilweise aufheben
obrŭĕre versenken
obrȳza geläutertes Gold
obryzātus } aus reinem Golde
obryziăcus }
obscenĭtas = obscoenitas
obscēnus = obscoenus
obscoenĭtas Unzüchtigkeit
obscoenus unzüchtig, häßlich
obscūrāre verdunkeln, verwischen, verwirren
obscurĭtas Ungewißheit, Niedrigkeit
obscūrus dunkel, unklar, unbekannt, heimlich [liches Gebet
obsecratĭo inständige Bitte, öffent-
obsecundāre willfahren, gehorchen
obsecundatĭo Nachgiebigkeit, Gehor-
obsecundātor Diener [sam
obsēpīre verzäunen, verschließen
obsĕqua Gefolge
obsequēla Nachgiebigkeit
obsĕquens gehorsam [dienen
obsĕqui willfahren, gehorchen, ab-
obsequĭum Gehorsam, Dienst
observantĭa Befolgung, Herkommen, Religion
observāre beobachten, erfüllen, berücksichtigen, gehorchen, beaufsichtigen, behandeln
observatĭo Wahrnehmung, Beachtung, zu beachtende Vorschrift, Verehrung, Obacht, Sorgfalt
observātor Beobachter, Aufseher
obses, ĭdis Geisel
obsiānus = obsidianus
obsīdēre belagern, ablauern
obsidiānus schwarzer Edelstein
obsidĭo Belagerung
obsignāre versiegeln
obsignatĭo Versiegelung
obsistĕre widerstreben, hindern
obsonātor Zukostkäufer
obsonĭum Zukost, Fische, Fleisch-
obstacŭlum Hindernis [spende
obstāre entgegenstehen, hindern, ausschließen
obstĕtrix Hebamme
obstinacĭtas } Beharrlichkeit, Hart-
obstinatĭo } näckigkeit, Starrsinn
obstinātus hartnäckig
obstrĕpĕre unterbrechen, stören

obstringĕre verstricken, verpflichten, verpfänden
obstructĭo Verbannung, Vorbau
obstrŭĕre verbauen, versperren
obstrūsus verborgen
obtĕgĕre bedecken, verbergen
obtempĕrāre gehorchen
obtentus Vorwand, Schein
(sub) obtentu angesichts
obtĕrĕre zerreiben, zermalmen
obtĭnēre innehaben, beibehalten, behaupten, sein Recht behaupten, gelten, erlangen
obtingĕre treffen, zuteil werden, eintreten
obtrectātor Neider, Tadler
obtūrāre verstopfen, verbauen
obtūtus Hinblick, Anblick, Gegenwart
obumbrāre verhehlen, verbergen
obumbratĭo Beschattung, Verdunkelung
obvagŭlāre laut fordern
obvĕnīre begegnen, zuteil werden
obventĭo Einkünfte
obvĭam entgegen
obvĭāre entgegen gehen
obvĭus begegnend
occasĭo Gelegenheit, Ursache, Zufall
occāsus Untergang, Ende, Tod
occentāre Spottlied singen
occidentālis abendländisch
occĭdĕre untergehen
occīdĕre töten
occidŭus untergehend
occĭpĕre anfangen, beginnen
occisĭo Tötung, Ermordung
occlūdĕre = obclaudere
occŭlĕre verdecken, verbergen
occultāre verbergen, verhehlen
occultatĭo Verbergen
occultātor Verhehler
occulto v. occultus
occultus verborgen, versteckt, heimlich
occŭpāre sich aneignen, ergreifen, anfüllen, einnehmen, beschäftigen, zuvorkommen, erlangen
occupatĭo Beschäftigung [innehaben
occupātor Aneigner
occurrĕre begegnen, entgegentreten, treffen, vorkommen
occursus Begegnung, Ereignis
ocĭter schnell, rasch
octāva Achtel, Achtelabgabe
octavarĭus I. Achtelzoll betreffend
— II. Achtelzolleinnehmer
Octōber Oktober betreffend
octoginta achtzig
oculātus sichtbar
ocŭlus Auge
odiōsus verhaßt
odĭum Haß, Abneigung
odo = udo
odor, ōris Geruch, Wohlgeruch
odōres Spezereien, Gewürze
odōrāri beriechen, wittern
Odyssēa, Odyssīa Homers Odyssee
oeconomātus Amt des oeconomus
oeconŏmus Kirchenrendant
oenomĕli Honigwein
oenophŏr(ĭ)um Weinkrug
offendĕre anstoßen, anschlagen, treffen, verletzen, schädigen
offensa Verstoß, Übertretung, Haß, Entrüstung
offensĭo Verstoß, Widerwille
offensus beleidigt
offerre entgegenbringen, anbieten, darbringen, übergeben, weihen, preisgeben
jus offerendi Auskaufsrecht gegen den Pfandgläubiger

officĕre entgegenstehen, hindern, scha-
officiālis I. Amt-, Dienst- .. [den
— II. Amtsdiener [Ablage
officīna Werkstatt, Laden, Kontor,
officiōsus dienstfertig, pflichtgemäß
officium Dienstleistung, Gefälligkeit, Leistung, Pflicht, **Amt**, Behörde, **Amtspersonal**
offulgēre erscheinen
Ofilius s. Abschn. II.
olĕa Olive, Ölbaum
oleaginĕus aus Ölbaumholz
oleārius Öl- . . .
olēre riechen, stinken
olĕum Öl
olfăcĕre beriechen
olim einst, sonst, jemals
olītor Küchengärtner
olitōrius Küchen- . . ., Gemüse- . . .
olīva Olive, Ölzweig, Ölgarten
olivārius = oleārius [garten
olivētum Ölbaumpflanzung, Öl-
Ollinia lex Gesetz unbekannten Inhalts
olus, ĕris Kohl, Gemüse
ominōsus bedeutungsvoll, unheilkündend
omittĕre fahrenlassen, aufgeben, übergehen, unberücksichtigt lassen, ablassen, unterlassen
omnifarīam überall
omnimŏdis allerlei
omnimŏdo auf jede Weise, jedenfalls
omnīno gänzlich, überhaupt
omnipŏtens allmächtig
omnis all, jeher ganz
onĕrāre belasten, verpflichten, belästigen, erschweren, verteuern
onerārius Last- . . ., Fracht- . . .
onerōsus lästig, belastend
onus, ĕris Last, Ladung, Beschwerde, Mühe, Dienst, Verbindlichkeit
onustus bepackt, beladen
onyx gelblicher Edelstein
opăcus schattig
opĕra Mühe, Arbeit, **Dienst**, Gebrauch, **Arbeiter**
opĕrāri beschäftigt sein, machen, leisten, dienen zu
operārius I. Arbeits- . . ., Dienst- . . .
— II. Lohnarbeiter
opercŭlum Deckel
opĕrīre zudecken, bedecken
operōsus wirksam, mühsam
opertus v. operire
operŭla Dienst, Bemühung
opes Reichtum, Schätze
Ophītae eine Sekte
opĭfex Handwerker
opilĭo = ovilio
opīmus fett, fruchtbar
opīnāri meinen, vermuten
opinātor Getreideeinnehmer (Amt)
opinio Annahme, Ansicht, Ansehen, Einschätzung, Bericht, **Überzeugung** [schrieben
opistogrăphus auf der Rückseite be-
opitŭlāri helfen, beistehen
opitulatĭo Hilfeleistung
oportēre nötig sein, müssen, sollen, dürfen, **recht sein**, gebühren
oppĕrīre abwarten, erwarten
oppidanĕus städtisch
oppĭdum Stadt
oppignŏrāre verpfänden
opplēre erfüllen, voll sein
oppōnĕre entgegensetzen, einwenden, vorstellen, voranstellen [Zeit
opportunĭtas Bequemlichkeit, rechte
opportūnus gelegen, günstig

oppressus Druck, Unterdrückung
opprĭmĕre nieder-, unterdrücken, überfallen, ergreifen, erschlagen
opprobriōsus schimpflich
opprobrĭum Vorwurf, Schimpf
oppugnāre angreifen, widerstreben
oppugnatĭo Angriff
oppugnātor Angreifer
ops Macht, Beistand
opsonātor = obsonator
opsonĭum = obsonium
optabĭlis wünschenswert
optāre auswählen, wünschen
optātus erwünscht
optentus = obtentus
optĭme bestens, sehr [züglicher
optĭmus bester, vollkommener, vor-
optĭnēre = obtinere
optingĕre = obtingere
optĭo I. Wahl
— II. Gehilfe, Adjutant
optĭvus Wahl-...
opulentāre bereichern
opulentĭa Reichtum
opulentus wohlhabend, reich
opus I. ĕris Arbeit, Tat, Geschäft, Werk, Bau, Kunst
opus II. nötig
ora Küste [Spruch
oracŭlum göttlicher, kaiserlicher
orāre sprechen, verhandeln, ersuchen, bitten, beten
oratĭo Rede, Antrag, Bitte, Gebet
orātor Redner, Verteidiger
oratorĭum Bethaus, Kapelle
oratorĭus Rede-, Gebets-...
orbāre berauben, verwaisen
orbis Kreis, Erdkreis, Erde, Reich
orbĭtas Kinderlosigkeit, Verwaistheit
orbus kinderlos, verwaist

orcĭnus durch Testament freigelassen (dem Toten dienstbar)
ordĭnāre ordnen, vorbereiten, einleiten, verordnen, errichten
ordinarĭus I. ordnungsgemäß, gewöhnlich
— II. eine Art der Unterrichter
ordinatĭo Ordnung, Verordnung, Errichtung
ordinātor Ordner
ordo Ordnung, Regel, Reihenfolge, Klasse, Stand, Abteilung, [Reihe
Orfitianum s. Abschn. II.
orĭens Osten
orientālis morgenländisch
originālis ursprünglich, echt, ein-, angeboren [gehörig
originarĭus eingeboren, geburtsan-
orĭgo, ĭnis Ursprung, Herkunft, Familie, Heimat
orĭri entspringen, abstammen
oriundus stammend
ornamentum Schmuck, Zierat, Ehrenzeichen
ornāre ausrüsten, schmücken
ornātrix Kammerzofe
ornātus Schmückung, Auszeichnung
Orontes Fluß in Syrien
orphānus Waise
orphanotrophium Waisenanstalt
orphanotrŏphus Waisenvater
Orphitianum s. Abschn. II.
orthodoxus rechtgläubig
ortus Entstehung, Anfang
ōs, ōris Mund, Gesicht, Gestalt, [Sprache
ŏs, ossis Knochen
oscĭtāre gähnen, faullenzen
oscŭlāri küssen
oscŭlum Kuß

Osdroëne nördlicher Teil Mesopo- [tamiens
ospratūra = pratūra
Osroēne = Osdroēne
ossuarĭum Aschenurne
ostendĕre zeigen, bezeichnen, darlegen, beweisen
ostensĭo Sehenlassen
ostentāre = ostendere
ostentatĭo = ostensio
ostentum Wunderwesen, Mißgeburt
Ostĭa Hafen des Tiber
ostiarĭus Türhüter
Ostiensis aus Ostia
ostĭum Tür, Mündung
otĭāri müßig gehen, ruhen
otiōsus müßig, frei, unnütz, über- [flüssig
otĭum Muße, Ruhe
ovīle Schafstall
ovilĭo Schäfer
ovīlis Schaf-...
ovis Schaf
oxyblatta = blatta

P.

pabŭlum Futter
pacātus beruhigt, ruhig
Pacensis aus Pax Julia in Lusi- [tanien
pacifĭcus friedlich
pacīre = pacisci
pacisci sich vertragen, vereinbaren
pactĭo Vertrag, formlose Abmachung, pactum de non petendo
pactum Vertrag, Vereinbarung
Pactumejus s. Abschn. II.
paedagogiānus Pagenmeister
paedagogīum Erziehungsanstalt
paedagōgus Hofmeister, Pagen- [meister
paene fast
paenit... s. poenit...
paenŭla = penula
paganĭcus = paganus II.
paganĭtas Heidentum
pagānus I. Landmann, Heide, Zivilist — II. heidnisch, nichtmilitärisch
pagĕre = pangere
pagĭna Seite, Blatt
pagus Dorf
Palaestīna Landschaft in Syrien
Palaestīnus aus Palästina
palaestra Ringplatz, -schule
palam vor aller Welt, offenbar
palāris Pfahl-...
palatīnus Palast-..., kaiserlich
palatĭum kaiserlicher Palast
palĕa Spreu
palla Frauenmantel
palliŏlum = pallium [Frauen
palliotunĭca Kapuzenmantel für
pallĭum Mantel
pallor Blässe, bleiche Farbe
palma Palme, Dattel, Siegespreis
palmarĭum Honorar für gewonnenen Prozeß
Palmatĭus aus dem Gestüt des Palmatius in Kappadocien
Palmyrēnus aus Palmyra in Syrien
palpāri streicheln, liebkosen
palus, i Pfahl
palus, ūdis Sumpf
palustris sumpfig
Pamphylĭa Landschaft in Kleinasien
pancratĭum Wettkampf (Ringen, Boxen)
Pandectae = Digesta
pandĕre ausbreiten, öffnen
pangĕre verabreden, vereinbaren
panificĭum Brotbäckerei
panis Brot

pannicularĭa Lumpenbündel
pannicularĭus Lumpen- . . .
Pannonĭa Landschaft an der Donau
pannus Tuch, Lappen
pantapola Geschäftsführer
panthēra Panther, Netz
panthēum Jupitertempel in Rom
pantomīmus Ballettänzer
papa Papst [asien
Paphlagonĭa Landschaft in Klein-
Papia lex s. Abschn. II.
Papianistae eine Sekte
Papĭnianistae Rechtsstudenten im dritten Studienjahr
papinianus s. Abschn. II.
Papirius s. Abschn. II.
papȳrum Papyrusstaude
pār gleich, gewachsen, angemessen, ausgeglichen, verbunden
parabalānus = parabolanus
parabolānus Krankenpfleger, -wärter
paracharactes Falschmünzer
paragauda Borte, Besatz
paragogĭa Wasserleitung
paramerĭum kurzes Schwert, Stilett
parangarĭa(e) außergewöhnliche Fronden
parapessĭa } Schuppen, Wetter-
parapetasĭa } dächer
parapeteuma Getreidemarke
parapherna Frauengut außer der dos
parapompĭca Durchfuhrzoll
parapsis Nachschüssel
parāre bereiten, einrichten, besorgen, erwerben [kunft
parasynaxis verbotene Zusammen-
paratĭo Erwerbung
paratitla Überschriften, Übersicht
paraverēdus Extrapostpferd

parcĕre sparen, schonen, bewahren, sich enthalten
parcus sparsam, selten
parens Erzeuger, Schöpfer, Vater, Vorfahr
parentes Eltern, Ascendenten
parĕre gebären, erzeugen, bewirken
par(r)ēre erscheinen, gehorchen, sich zeigen, offenbar sein
parhippus Beipferd (überzählig)
parĭāre ausgleichen, bezahlen
pariatĭo Begleichung
pariātor Bezahler
parientĭa Gehorsam
parĭes, ĕtis Wand
parĭlis gleich, gleichförmig
parĭter ebenso, zugleich
Parĭum Stadt in Mysien
paroecĭcus Hörigen- . . .
Parrhasĭus berühmter griechischer Maler
parricīda Vater-, Bürgermörder
parricidālis vater-, menschenmörderisch
parricidĭum Vater-, Verwandten-, Bürgermord
pars Teil, Anteil, Seite, Partei, Rolle, Amt, Verpflichtung, Pflicht
parsimonĭa Sparsamkeit
Parthi Parther in Asien
parthicarĭus Händler mit Parther-
Parthĭcus parthisch [fellen
partiarĭus teilweise, anteilig
— colonus Pächter, der als Pacht einen Teil des Ertrages zahlt
partĭceps Teilhaber, Teilnehmer
participālis teilnehmend, Teilnahme- . . .

particĭpāre } teilnehmen lassen,
particĭpari } teilnehmen
participatĭo } Mitteilung, Teil-
participātus } nahme
particŭla Teilchen, kleiner Teil
particulāris teilweise, Teil- ...
particulātim teilweise, einzeln
partim teils, zum Teil
partīri teilen, einteilen, teilnehmen
partitĭo Teilung, Verteilung
partitūdo Geburt
partŭrīre kreißen (gebären wollen)
partus Geburt, Leibesfrucht, Junges
parum zu wenig, wenig, gar nicht
parvĭtas Kleinheit
parvŭlus sehr klein
parvus klein, gering, wenig
pascĕre weiden lassen, füttern, er-
Pascha Passahfest, Ostern [halten
Paschālis Oster- ...
pascŭum Weide
pascŭus Weide- ...
passim allgemein, unterschiedslos
passĭo Leiden
passum Rosinenwein
passus I. getrocknet
— II. Schritt
pastĭnāre behacken, umgraben
pastinatĭo Behacken [Weinbau)
pastĭnum behackter Boden (für
pastĭo Weiden, Fütterung, Futter,
pastor Hirt [Weide
pastus = pastio
patāmen Vorhalle [Dacien
Patavicensis aus einem Ort in
patefăcĕre öffnen, eröffnen, be-
kanntgeben
pater* Vater, Hausvater, Haus-
herr, Patrizier, Bischof, Vor-
gänger auf dem Thron

patĕra (Opfer-)Schale
patēre offen stehen, sich erstrecken,
bekannt sein; zugänglich sein
paterfamilĭas Hausvater,
paternus väterlich [Hausherr
patescĕre sich öffnen, erlaubt sein
pati leiden, erdulden, gestatten, zu-
geben
patibŭlum Richtholz, Galgen
patĭens geduldig, fest, duldsam
patientĭa Ertragen, Duldung, Ge-
patĭna Schüssel, Pfanne [duld
patrāre zustande bringen, beenden
patrĭa Vaterland, Heimat, Geburts-
ort [priester, Erzbischof
patriarcha Stammvater, Hohe-
patriciātus Stellung des
patricĭus [titel
patricĭus I. Patrizier, Ehren-
— II. patrizisch [hörig
patrimoniālis zum Stammgut ge-
patrimonĭum väterliches
Vermögen, Erbgut, Vermögen,
Krongut, Schatulle
patrimonĭus = patrimonialis
patrĭus väterlich
patrocĭnāri beschützen, Hilfe leisten
patrocinĭum Beschützung, Ver-
teidigung, Vertretung vor
Gericht
patrōna v. patronus
patronālis Patronats- ...
patronātus Würde des patronus,
Verhältnis zum patronus, An-
waltschaft
patrōnus Patron, Schutzherr,
(Freilasser), Anwalt
patruēlis* Vatersbruderkind
patrŭus* Vatersbruder, Onkel
— magnus Großoheim

paucĭtas geringe Anzahl
paucus wenig
paulātim allmählich
Pauliāna actio Anfechtungsklage der Konkursgläubiger
Pauliāni eine Sekte
paulisper ein Weilchen, ein wenig
paulus wenig, klein
Paulus s. Abschn. II.
pauper arm, unbemittelt
pauperĭes Tierschaden
paupertas Armut, ärmliche Verhältnisse
pavĭdus zitternd, furchtsam
pavimentum Fußboden, Estrich
pavo Pfau
pavor Beklemmung, Furcht
pax Friede, öffentliche Ordnung
peccāre sündigen, sich vergehen
peccātor Sünder, Übeltäter
peccātum Sünde, Vergehen, Fehler
pecten, ĭnis Kamm
pectinātus gekämmt, geteilt
pectus, ŏris Brust, Gefühl
pecuarĭus Viehzüchter
peculātus Veruntreuung öffentlicher Gelder, öffentliche Beschädigung
peculiāris } Sonderguts-..., eigen, besonders
pēculiarĭus }
peculiātus mit Sondergut ausgestattet
pecultum Vermögen, Spargelder [Sondergut
pecunĭa Vermögen, Vermögensstück, Geldwert, Geld
pecuniarĭter in Geld geschätzt
pecuniārĭ(u)s Geld-..., auf Geld gehend
pecus, ŏris (udis) Vieh, Kleinvieh
pedamentum Pfahl
pedanĕus Laien-, Bagatellrichter
pedeplānum Zimmer im Erdgeschoß
pedes Fußgänger, Infanterist
pedester } zu Fuß, zu Lande
pedestris }
pedicŭlus Füßchen [bant
pedisĕquus Lakai, Nachfolger, Trabant
pedŭlis Fuß-...
Pegasianum s. Abschn. II.
Pegasus s. Abschn. II.
pegma Gerüst, Bücherbrett
pejĕrāre falsch schwören, Meineid schwören
pejor schlechter, niedriger [schwören
pejŏrāre verschlechtern
pelăgus Meer
pellĕre vertreiben, verjagen
pellex Kebsweib, Konkubine
pellĭcĕre verlocken
pellicĭus aus Fellen verfertigt
pellĭo Kürschner
pellis Fell, Haut [chenlands
Peloponnēsus südlicher Teil Griechenlands
pelvis Becken, Waschbecken
penātes Schutzgötter der Familie
pendēre hangen, schweben, herabhängen, wiegen, abhängen
pendĕre wägen, erwägen, abwägen, bezahlen
pene = paene
penes bei, in Händen
penetrabĭlis durchdringend
penetrāle Innenraum
penĕtrāre eindringen, einkommen
penicillus } Pinsel
penicŭlus }
penĭtus innerlich, gänzlich
pensāre genau abwägen, erwägen, aufwägen, aufrechnen
pensatĭo Abwägung, Ersatz

pensĭo Zahlung, Zins, Abgabe
pensĭtāre bezahlen [gabe
pensitatĭo Zahlung, öffentliche Ab-
Pentapŏlis Gegend am libyschen Meere
pentaprōti fünf Oberbeamte
pentaprotĭa Amt der pentaproti
pentasphaerum kostbare Spezerei
penuarĭus Vorrats-...
penŭla Umhang, Mantel,
penurĭa Mangel
penum } Mundvorrat, Vorrat
penus }
Pepuzītae eine Sekte (Montanisten)
per durch, während, mittels, wegen, zum Schein, gemäß bei
per-... sehr
perabsurdus sehr ungereimt
peraequāre gleichmäßig besteuern
peraequatĭo gleichmäßige Steuerlast
peraequātor Steuerverteiler
peraeque ganz gleich
peraestĭmāre sicher meinen
perăgĕre durchführen, durchsetzen,
perăgrāre durchreisen [vollenden
percellĕre stoßen, treffen
perceptĭo Empfangsrecht, Empfang, Empfangenes
percĭpĕre ergreifen, in Besitz nehmen
perclūdĕre = praecludere
percontāri forschen, durchgehen
perculsus v. percellere
percurrĕre durch-, verlaufen
percussor Mörder [schließen
percŭtĕre durchbohren, töten, prägen,
perdĕre verderben, verschwenden,
perdĭtus verdorben [verlieren
perdŏcēre völlig beweisen
perdūcĕre hinbringen, durchführen, ausdehnen, machen zu, ausstreichen

perductĭo Streichung
perduellĭo Hochverrat, Ein-
perduellis Feind [fall
perdūrāre andauern
perdūrus s. per-...
perĕger = peregrinus
perĕgra außerhalb, auswärts
peregrīnāri herumreisen
peregrinatĭo Auslandsreise
peregrinĭtas Stand des peregrīnus
peregrīnus Ausländer, Fremde, Nichtbürger
peremĕre = perimere
perem(p)torĭus aufhebend
perendĭnus übermorgend
perennis das ganze Jahr dauernd
perennĭtas Dauer, „Ewigkeit"(Titel)
perennĭter beständig, immer
perfecte völlig
perfectĭo Vollendung
perfectissimātus Würde eines perfectissimus
perfectissĭmus Ehrentitel, Rangtitel
perfectus I. vollkommen, vollendet
— II. = perfectio
perferre überbringen, zu Ende führen, vollbringen, aushalten
perfĭcere durchführen, beenden,
perfĭde treulos [durchsetzen
perfidĭa Treulosigkeit, Abfall
perfĭdus abtrünnig
perfixus durchbohrt, getroffen
perfluĕre durchströmen
perfŏcāre ersticken
perfŏdĕre durchbohren, -stechen
perfŏrāre durchbohren, -dringen
perfringĕre zerbrechen, tilgen
perfrŭi voll genießen
perfŭga Überläufer
perfŭgĕre überlaufen, -treten

perfugium Überlauf, Zuflucht
perfunctorius oberflächlich, nachlässig
perfundere übergießen, ausschlagen
perfungi verrichten, verwalten
perfusorie oberflächlich, ungenau
pergamena (Pergament-)Papier
pergere gehen nach, fortsetzen, ausreichen
pergula Laden, Bude
perhibere erteilen, erweisen, vorbringen, anzeigen
perhorrescere sich entsetzen
perichyte Gladiatorenkampfspiel
periclitari Gefahr laufen
periculosus gefahrdrohend
periculum Versuch, Gefahr, Nachteil, **Prozeß**, **Protokoll**
perimere vernichten, zerstören, unmöglich machen
perinde ebenso, entsprechend
periniquus s. per- . . .
perire untergehen, verschwinden, **erlöschen**
perisseuma = parapeteuma
perissochoregia ein obenein erteiltes (Extra-)Geschenk
peritia Geschicktheit, Erfahrung
peritus geschickt, kundig
perjurare = pejerare
perjurium Meineid, Falscheid
perlator Überbringer
perlucidus durchsichtig
perlusorius Schein- . . .
perlustrare durchwandern
permanere verbleiben, verharren
permeare durchgehen, passieren
permilitare Soldat sein, dienen
permiscere vermischen, sich einmischen
permissus Erlaubnis
permittere durchlassen, gestatten, erlassen
permixtio Vermischung, Verwirrung
permixtus vermischt
permodicus sehr mäßig, sehr wenig
permulcere streicheln
permutare verändern, vertauschen, verwechseln
permutatio Tausch, Verwechselung
pernecessarius s. per- . . .
pernegare hartnäckig leugnen
Pernicianum s. Abschn. II.
pernicies Untergang, Verderben, Nachteil
perniciosus verderblich, schädlich
pernimium allzusehr
pernoctare übernachten
pernumerare aufzählen, auszahlen
perodi verabscheuen
perorare erörtern, vorbringen
perosus v. perodi
perpellere veranlassen
perpendere erwägen, untersuchen
perperam unrichtig, falsch, irrtümlich, vergeblich
perpes, etis fortwährend, beständig
perpeti erdulden, aushalten
perpetim in einem fort
perpetrare durchsetzen, ausführen
perpetuare fortsetzen, verewigen
perpetuarius ständig, Erbpächter
perpetuitas Fortdauer, Stetigkeit
perpetuo v. perpetuus
perpetuus stetig, beständig, andauernd
perplexus verwirrt, verwickelt
perpotiri gänzlich erlangen
perquam sehr
perquirere aufsuchen, untersuchen
perraro überaus selten
perrepere sich verbreiten
Persa Perser
perscribere (aus)schreiben, festsetzen

perscriptīo Eintragung, Schriftstück
perscriptum Vorschrift
perscriptūra Abfassung, Niederschrift
perscrūtāri durch-, untersuchen
persĕcāre zerfleischen, öffnen
persecutīo Verfolgung, gerichtliche Geltendmachung
persecūtor Verfolger, Kläger; Begleiter
persĕqui verfolgen, folgen, gerichtlich verfolgen, betreiben
perseverantīa Ausdauer
persevērāre verharren, fortfahren, andauern, bleiben
perseveratīo Beharrlichkeit
Persīcus Persis betreffend
Persis Gegend von Ägypten
persistĕre = perseverare
persolvĕre bezahlen, erfüllen
persōna Rolle, Person, Abbild, Statue
personālis persönlich
perspīcĕre durchsehen, durchforschen, einsehen, berücksichtigen
perspīci klar sein
perspicŭus augenscheinlich, klar
perstāre bestehen auf
perstillare durchsickern
perstrĕpĕre durchkreuzen
perstringĕre verpflichten, abstumpfen
persuadēre überreden, überzeugen, empfehlen
persuasīo } Überredung, Überzeugung
persuasus }
pertemerarīus unglaublich, verwegen
pertemptāre versuchen
pertendĕre = praetendere
pertentāre = pertemptare
pertentātor v. pertemptare
perterrēre erschrecken
pertīca Stange
pertimescĕre sehr fürchten
pertinacīa Hartnäckigkeit
pertīnax hartnäckig
Pertīnax Kaiser, 193 n. Chr.
pertinēre sich erstrecken, gehören zu, angehen, betreffen, zukommen, obliegen
pertingĕre berühren, betreffen
pertractāre genau untersuchen
perträhĕre wozu bringen
pertransīre hindurchgehen
pertundĕre durchbohren, -löchern
perturbāre verwirren
perturbatīo Verwirrung
perūrĕre verbrennen
perurgēre bedrängen, belangen
pervādĕre eindringen, Besitz ergreifen
pervălēre beharren, andauern
pervasīo Besitzstörung, Eingriff
pervāsor unrechtmäßige Besitzer, Besitzstörer
pervectīo Transport
pervĕhĕre ausführen, fortschaffen
pervĕnīre wohin kommen, kommen an, erlangen, belangen, betreffen, eintreten
perversīo Verdrehung
perversītas Verkehrtheit
perversus verkehrt, schlecht
pervertĕre umstürzen, aufheben
pervestigatīo Erforschung, Untersuchung
pervicacīa Hartnäckigkeit
pervīcax hartnäckig
pervīdēre übersehen, einsehen
pervīgil sehr wachsam
pervīus wegsam, gangbar
pēs, pĕdis Fuß
Pesolanīa lex s. Abschn. II.

pessĭmus schlechtest, schlimmst
pestibĭlis } verderblich, schädlich
pestĭfer
pestĭlens } gesundheitsschädlich, verderblich
pestilentiōsus
pestis Seuche, Pest, Untergang, Tod
petĕre angreifen, herangehen, ersuchen, erbitten, verlangen, einklagen
petitĭo Bitte, Bewerbung, Anspruch, Klagrecht, Klage, dingliche Klage
petītor Bewerber, Besitzergreifender, Kläger
petitorĭum Klagschrift, Klage
petitorĭus dinglich
petītrix v. petitor
Petronia lex s. Abschn. II.
petŭlans mutwillig, frech [heit
petulantĭa Ausgelassenheit, Frech-
Phaenensis aus Phaene in Syrien
phalerātus geziert
pharus Leuchtturm
phasianarĭus Fasanenwärter
phasiānus Fasan
phiăla Schale, Tasse
philantropĭum Geschenk
Philippensis aus Philippi in Maze-
Philippus Philippsd'or [donien
philosŏphāri philosophieren, studie-
philosophĭa Weltweisheit [ren
philosŏphus Philosoph
philȳra Lindenbast, Papier
Phocensis aus Phocaea in Jonien
Phoenīce } Landschaft in Syrien
Phoenicĭa
Phoenicensis Phönizier
phoeniciarchĭa Oberpriesteramt in
phormĭo Decke, Matte [Phönizien
Photiniāni } Sekten
Phryges

Phrygĭa Landschaft in Kleinasien
phylarchus Häuptling der Sarazenen
piaculāris sündlich
piacŭlum Sühnopfer, Sünde
piāre sühnen, versöhnen
picāre pichen
picarĭa Pechhütte
Picēnum Land an der Ostküste
pictor Maler [Italiens
pictorĭus Maler- . . .
pictūra Malerei, Gemälde, Stickerei
piĕtas Pflichtgefühl, Frömmigkeit, Liebe, Barmherzigkeit, „Gnade"
piger träge, langsam [(Titel)
pigmentarĭus Farben-, Salbenhändler
pignĕrāre verpfänden
pigneraticĭus Pfand- . . .
pigneratĭo Verpfändung, Pfandhaftung
pignŏra . . . s. pignera . . .
pignus Pfand, Faustpfand, Unterpfand, Angeld
pigrescĕre träge werden
pigritĭa Trägheit
pīla Pfeiler
pĭla Ball, Spielball
pileāre Freihut aufsetzen, freilassen
pileātus Freigelassener (mit Hut) [chen der Freiheit)
pilĕus Hut, Kappe, Freikappe (Zei-
pilum Wurfspieß
pilus Haar
Pinaria lex s. Abschn. II.
pingĕre malen, bemalen
pinguis fett, umfassend
pinguitūdo Fettheit
pinsĕre mahlen
pinus Fichte
piper Pfeffer

piperatorĭum Pfefferbüchse, -streuer
pirāta Seeräuber
piratĭca Seeraub
piscāri fischen
piscatĭo Fischfang
piscātor Fischer
piscatorĭus Fischerei- ...
piscātus = piscatio
piscīna Fischteich
piscis Fisch
Pisĭda Bewohner von Pisidia
Pisidĭa Landschaft in Kleinasien
Pisonianum s. Abschn. II.
pistor Müller, Bäcker
pistorĭus Bäcker- ..., Müller ...
pistrinarĭus Stampfmüller
pistrīnum Stampfmühle
pittacĭum Zettelchen, Etikette
pituocampa } Fichtenraupe
pityocampa }
pius fromm, liebevoll, gewissenhaft, wohltätig
placabĭlis versöhnlich, annehmbar
placāre besänftigen, versöhnen
placentarĭus Kuchen-, Zuckerbäcker
placēre gefallen, zusagen, Beifall finden, verordnet-, vereinbart werden [schluß
placĭtum Abkommen, Be-
Plaetoria lex s. Abschn. II.
plăga Schlag, Hieb, Stoß
plāga Gegend, Landschaft, Jagdnetz, Garn
plagĭāre Menschen rauben
plagiarĭus } Menschenräuber
plagiātor }
plagĭum Menschenraub
plagŭla Vorhang, Schleier
planarĭus eben, formlos
Plancianum s. Abschn. II.

plane vollständig, freilich
planta Pflanze
plantāre pflanzen
planus eben, formlos, einstweilig; klar, deutlich
platēa Gasse [soph
Plato berühmter griechischer Philo-
plaudĕre Beifall klatschen, gratu-
plausor Beifallklatscher [lieren
plaustrarĭus Lastfuhrmann
plaustrum Last-, Frachtwagen
plausus Beifall, -klatschen
Plautia lex s. Abschn. II.
Plautius s. Abschn. II.
plebējus zur plebs gehörig
plebiscītum Volksbeschluß
plebs Nichtpatrizier, niedriges Volk, Pöbel, Grundhörige
plectĕre strafen
plectibĭlis strafbar, strafend
plenarĭus allgemein
plene vollständig, allgemein
plenus voll, schwanger, beleibt, vollständig, umfassend
plerīque sehr viele, die meisten
plerumque meistenteils, sehr häufig, gewöhnlich
plorāre schreien, Hilfe rufen
plostrarĭus = plaustrarius
plostrum = plaustrum
Plotīna Gemahlin Hadrians
plumarĭus = plumbariu
plumbāre (mit Blei) löten
plumbarĭus Bleigießer, Klempner
plumbāta(e) Geißeln mit Bleikugeln
plumbatūra Bleilötung
plumbĕus bleiern
plumbum Blei
plurālis auf Mehrere bezüglich
pluralĭter in der Mehrzahl

pluratīvus = pluralis
plures mehrere
plurifarīam mehrfach, vielseitig
plurīmum am meisten
plurīmus meist, groß, sehr viel
plus I. mehr, größer
— II. weiter
plusculus etwas mehr, etwas viel
plutĕus Wandbrett, Schrank
pluvĭa Regen
pluvĭus Regen=...
Pneumatomăchi eine Sekte
poculāris Trink=...
poculentus trinkbar
pocŭlum Becher, Trank
podăgra Fußgicht
podĭum Erker
poena Entschädigung, Ersatz, Buße, Strafe
poenālis Straf=..., strafwürdig
poenitentĭa Reue
poenĭtēre gereuen, bereuen
poenitūdo = poenitentia
Poenus punisch, karthagisch
poēta Dichter
Poetelia lex s. Abschn. II.
Polĕmoniăcus nach König Polĕmo benannt
polĭa Gestüt, Stuterei
polĭo Walker, Gerber
polīre glätzen, putzen, walken
polītor Bearbeiter, Verbesserer
pollen, ĭnis feines Mehl
pollens stark, mächtig
pollēre stark sein, gelten, vermögen
pollex Daumen
pollicēri versprechen, zusichern, sich verpflichten
pollicĭtāri = polliceri
pollicitatĭo (einseitiges) Versprechen
pollinctor Leichenwäscher
pollĭo eine militärische Charge
pollŭĕre beflecken, verunreinigen
polypōsus mit Nasengeschwür behaftet
polyptĭca Steuerliste, =rolle
pomarĭum Obstgarten
pomeridiānus nachmittäglich
pomerĭum = pomoerium
pomĭfer, ĕra, um Obst tragend
pomoerĭum Ringmauer, Zwinger
pompa Aufzug, Prunk, Pracht
Pompeja lex s. Abschn. II.
Pompilĭus zweiter römischer König
Pomponius s. Abschn. II.
pomum Obstfrucht, =art
pondĕrāre abwägen, wiegen
ponderatĭo Wägen, Abwiegen
ponderātor Wäger, Münzprüfer
pondo Pfund
pondus Gewicht, Pfund, Menge, Last, Nachdruck, Ansehen
ponĕre setzen, stellen, legen; aufstellen, anlegen, einsetzen, ansetzen, festsetzen, annehmen, überlassen; niederlegen, beisetzen
pons Brücke
Pontĭca Bezirk von Pontus
Pontĭcus pontisch
pontĭfex römischer Oberpriester, Bischof
pontificālis priesterlich
pontificātus Würde des pontifex
pontificĭum Würde des pontifex, Gewalt, Macht, Recht
ponto Schiffbrücke, Fähre
Pontus Landschaft in Kleinasien
popīna Garküche, Schänke
Poppaea lex s. Abschn. II.
popŭlāre verwüsten, zerstören
populāris I. volkstümlich, Volk=..., einheimisch

populāris II. Landsmann
popularĭtas Beifall im Volke
populatĭo Plünderung, Zerstörung
populātor Plünderer, Verwüster
populĭtāre = popūlare
popūlus Volk, Gesamtvolk, Menge, Völkerschaft
porca Sau, Ackerbeet (Erde zwischen den Furchen)
porcarĭus Schweinehirt, -händler
Porcia lex s. Abschn. II.
porcīna Schweinefleisch
porcinarĭus Schweineschlächter
porcus Schwein
porna Dirne, Zote [phyrius
Porphyriāni Anhänger des Por-
Porphyrĭus ein Sektierer (Neu-
porrectus Ausdehnung [platoniker)
porrĭgĕre ausstrecken, ausbreiten, ausdehnen, hinstrecken, übergeben
porrīna Lauch
porro weit, weiter, sodann
porta Tor, Pforte
portāre tragen, wegtragen
portendĕre prophezeien, anzeigen
portentōsus, portentuōsus } ungeheuerlich, unnatürlich
portentum Ungeheuer, Auswuchs
porticatĭo Säulenhalle
portĭcus Säulengang
portĭo Teil, Anteil, Verhältnis, Bestandteil, Stelle
portĭtor Träger, Fähr-, Fuhrmann
portiuncŭla kleiner Teil
portorĭum Hafenzoll
portuensis Hafen-...
portus Haus, Hafen, Zufluchtsort
poscĕre verlangen, fordern
posculentus = poculentus
positĭo Setzen, Sitzen, Stehen, Stellung, Lage, Aufstellung, Abteilung [sollen
posse können, vermögen, dürfen,
possessĭo Besitz, juristischer Besitz, Besitztum, Grundstück
possessor Besitzer, juristischer Besitzer, gutgläubiger Besitzer, Grundbesitzer
possessorĭus Besitz-..., Besitzschutz-..
possibĭlis möglich
possibilĭtas Möglichkeit
possīdēre besitzen, Besitzer sein, ersitzen, Grundbesitz haben
post nach, hinter, gemäß, infolge
postĕa danach, später
posteāquam = postquam
postĕri Nachkommen
posterĭor hinter, nachfolgend, später
posteriōres Nachwelt, Nachkommen, Nachgeborne [schaft
posterĭtas Nachwelt, Nachkommen-
postfactum späteres Ereignis
postferre nachsetzen
posthābēre hintansetzen, beseitigen
posthac künftig, später
posthūmus s. postumus
postīca Hintertür
postis Pfoste, Tür
postliminĭum Rückkehrrecht des gefangenen Römers
postmeridiānum Nachmittag
postmŏdum hernach
postpōnĕre hintansetzen
postquam nachdem, sobald
postrēmo endlich, zuletzt
postrēmus letzter
postŭlāre fordern, verlangen, beantragen, belangen, auffordern [klage
postulatĭo Verlangen, Antrag, An-

postulātum Forderung, Befehl
postūmus nachgeboren
potāre trinken
potens imstande, mächtig, fähig, mannbar
potentātus Machtstellung, Gebrauch
potentĭa Gewalt Ansehen
potestas Vermögen, Möglichkeit, Macht, Gewalt, Amt, Würde, Wert, Bedeutung, Kraft
potestatĭvus Willkür=...
potĭo Trinken, Trank [geeigneter
potĭor vorzüglicher, besser, stärker,
potīri besitzen, genießen, fallen in
potissĭmum hauptsächlich
potissĭmus der vorzüglichste, wich= [tigste
potītus v. potiri
potĭus vielmehr, eher
potorĭus Trink=...
potulentus trinkbar
potus Trinken, Trank
practorĭa Steuereinziehung
prae vor, bei, an
praeaudīre vorher verhören
praebēre hinhalten, darreichen, gewähren, liefern, zeigen
praebitĭo Lieferung
praebĭtor Geber, Schuldner
praebĭtum Unterhalt
praecăvēre vorsichtig sein, Sicherheit leisten
praecēdĕre vorangehen [zeichnen
praecellĕre hervorragen, sich aus=
praecelsus ausgezeichnet
praeceps, ipĭtis kopfüber, abschüssig, heftig, voreilig
praeceptĭo Vorausempfang, =vermächtnis; Anordnung
praeceptor Lehrer; bei Gajus: nostri praeceptores = die Sabinianer
praeceptum Vorschrift
praecerpĕre vorher abpflücken
praecessor, Vorgänger
praecīdĕre abschneiden, aufreißen
praecinctus umgürtet, bedeckt
praecingĕre gürten
praecĭpĕre vorwegnehmen, =erhalten, anweisen, vorschreiben
praecipĭtāre herabstürzen, beschleunigen, übereilen
praecipŭe vornehmlich, besonders
praecipŭus vorzüglich, eigentümlich,
praecīse kurz, kurzweg [besonder
praeclāmāre zurufen
praeclūdĕre verschließen, ausschlie- [ßen
praeco Herold
praecogĭtāre vorher bedenken
praecommŏdāre vorherleihen, vorschießen [liche Anerkennung
praeconĭum Bekanntmachung, öffent=
praecurrĕre übertreffen, =ragen
praeda Beute, Gewinn
praedamnātus vorausverdammt
praedāri plündern, Geld machen
praedātor Plusmacher
praedecessor Vorgänger
praedelegatĭo Vor(aus)anweisung
praedes v. praes
praediātor Güterhändler
praediatūra Güterspekulation (mit subhastierten Gütern)
praedicabĭlis lobwürdig
praedĭcare verkünden, anerkennen
praedicatĭo Lobgesang
praedīcĕre bekanntmachen, erklären, vorhersagen
praedictĭo vorherige Erklärung
praedictus eben erwähnt
praediŏlum kleines Grundstück
praedĭtus ausgestattet, begabt

praedium Grundstück
praedo Räuber, Besitzstörer
praedonius räuberisch
praeesse an der Spitze stehen
praefatio Vorwort, Vorbemerkung
praefātus vorgenannt
praefectiānus Diener des praefectus
praefectorius Präfekten=..., gewesener Präfekt
praefectura Präfektur
praefectus Vorsteher, Statthalter, Befehlshaber
praeferre vorantragen, vorziehen, vorausdatieren
praeficĕre an die Spitze stellen
praefigĕre vorn anheften, versperren
praefinire vorherbestimmen, festsetzen
praefinitio Bestimmung
praefixus vermauert
praefōcāre ersticken
praefulgēre voranglänzen
praegna(n)s schwanger.
praegnatio Schwangerschaft
praegrăvāre beschweren, überwiegen
praejudicāre vorentscheiden, schädigen [Feststellungs=...
praejudiciālis Vorentscheidungs=...,
praejudicium Vorentscheidung, Eintrag
praelatio Vorzug
praelēgāre vorausvermachen, zurückvermachen
praelium = proelium
praelum Kelter
praematūrus frühreif
praemeditāri vorbedenken
praemittĕre vorausschicken
praemium Belohnung, Lohn
praemŏnēre vorher warnen
praemūnire verwahren, sichern
praenōmen Vorname
praeoccŭpāre vorwegnehmen, zuvorkommen
praeoptāre vorziehen
praepărāre vorbereiten, rüsten, zubereiten
praeparatio Vorbereitung
praeparatorius vorbereitend
praeparcus sehr sparsam
praepĕdire verhindern, verzögern
praepeditio Verzögerung
praepondĕrāre Übergewicht haben, überwiegen
praepōnĕre voranstellen, vorziehen, an die Spitze stellen
praepositio Voranstellung, Vorzug, Ernennung
praepositūra Amt eines praepositus
praepositus Vorsteher, Vorgesetzter
praepostĕrus umgekehrt, verkehrt
praepŏtens hervorragend
praepropĕrus voreilig
praeripĕre wegreißen, an sich reißen
se praeripĕre sich fortmachen
praerŏgāre vorausbezahlen
praerogativa Vorzug
praerumpĕre abbrechen, unterbrechen
praeruptus jäh, gefährlich
praes, praedis Bürge
praesagium Weissagung
praescire vorherwissen
praescrībĕre voranstellen, vorschreiben, ins Reine schreiben, anordnen, beschränken
praescriptio Ausnahme, Einwand, Vorschrift, Verjährung, [Vorwand
praescriptum Vorschrift
praesens gegenwärtig, augenblicklich,
praesentālis Hof=... [höfisch
praesentanĕus sofortig
praesentāre überreichen

praesentatĭo Vorſtellung, Stellung
praesentĭa Gegenwart, Augenblick
praesentiālis = praesentalis
praesepĭum Stall, Hürde
praesertim zumal
praeses Vorſteher, Statthalter
praesidālis den praeses betreffend
praesidātus Amt des praeses
praesĭdens = praeses
praesĭdēre voranſtehen, leiten
praesidiālis = praesidalis
praesidĭum Schutz, Hilfe, Deckung,
praespicŭus = perspicuus [Lager
praestantĭa „Vorzüglichkeit" (Titel)
praestāre einſtehen, bürgen, haften, leiſten, tun, gewähren, hingeben, preisgeben
praestatĭo Gewährleiſtung, Haftung, Gewährung
praestigĭa(e) Blendwerk
praestitŭĕre vorbeſtimmen, vorſchreiben, betrauen
praesto esse zur Hand ſein, zuſtehen
praestōlāri warten auf, abwarten
praestringĕre verpflichten, befehlen
praestrŭĕre vor=, verbauen, anlegen
praesul Vorgeſetzter, Vorſteher
praesūmĕre vorwegnehmen, vermuten, ſich anmaßen
praesum(p)tĭo Vorwegnahme, Vermutung, Vermeſſenheit
praesum(p)tor vermeſſener Menſch
praetendĕre auf Vorwacht ſiehen, behaupten, beanſpruchen, vorſchützen
praeter außer, über — hinaus
praeterĕa außerdem
praetĕrīre vorbeigehen, vergehen, übergehen, weglaſſen, unterlaſſen
praeteritĭo Übergehung
praeterĭtum Vergangenheit
praeterĭtus vergangen, früher, übergangen
praetermittĕre unterlaſſen, vorbeigehen laſſen, übergehen
praeterquam außer
praetextātus mit toga praetexta kleidet (14—17 jähriger Knabe)
praetextus I. mit Purpurſtreif ge-
— II. Vorwand [ſchmückt
praetor Magiſtrat für Rechtspflege; Kriminalrichter; Provinzialleiter
praetoriānus vom Prätor, von der cohors praetoria, vom praefectus praetorius benannt
praetorĭum Feldherrnzelt, Hauptwache, Amtswohnung, Palaſt,
praetorĭus I. prätoriſch [Landhaus
— II. geweſener Prätor
praetūra Amt des praetor
praevalentĭa Vorzug
praevalēre vorwiegen, Vorzug haben
praevarĭcāri für Parteigegner tätig ſein [fall
praevaricatĭo Amtsübertretung, Ab-
praevaricātor auch für Gegner tätiger Anwalt
praevĕnīre zuvorkommen, verhüten, überraſchen, vorgehen
praevertĕre umändern
praevĭdēre vorherſehen
pragmatĭca kaiſerliche Kommunalverordnung [matiken
pragmaticarĭus Sekretar für Prag-
pragmatĭcus I. pragmatiſch
— II. Rechtskonſulent
pratum Wieſe
pratūra Gemüſehandel
pravĭtas Schlechtigkeit

pravus verkehrt, schlecht
precāri bitten, fürbitten
precarĭo bittweise, auf Widerruf
precarĭum Überlassung auf Widerruf
precarĭus bittend, bittweise gewährt, [prekaristisch
precatĭo Bitte
precatīvus bittweise
precātor Bittsteller
preces Bitten, Gebet
prehendĕre = prendere
prelum = praelum
premĕre pressen, bedrängen, belasten, niederdrücken
prendĕre ergreifen
presbȳter Priester
pressūra Reflex
pretiōsus kostbar, wichtig
pretĭum Wert, Geldwert, Preis, Zins, Lohn
prex Bitte, Bittgesuch, Gebet
pridem längst, einst
pridĭe tags zuvor
primarĭus = primas
primas Vorsteher
primātus Amt des primas
primicerĭatus = primatus
primicerĭus = primas, magister
primipilārĭ(u)s I. primipilus betreffend
— II. gewesener primipilus
primipilātus Amt des primipilus
primipĭlus Proviant-, Zahlmeister
primiscrinĭus Vorsteher der Kanzlei
primitĭae Anfänge, Anfangsgründe
primĭtus zuerst
primo anfangs, zuerst
primordĭum Anfang
primōris = primas
primum zuerst
primus erster, bester, vorzüglichster
princeps Vorsteher, Fürst, Oberhaupt, Urheber
principālis I. erster, vornehmst, kaiserlich, Haupt-...
— II. Hauptmann, Vorsteher, Bürgermeister
principalĭtas Würde des principalis
principalĭter vor allem
principātus Würde des princeps, [Vorrang
principĭum Anfang, Hauptquartier
prior früher, besser, eher
Priscillianistae eine Sekte
priscus ehemalig, alt
pristĭnus ehemalig, früher
prius v. prior
priusquam bevor
privāre berauben
privatiāni Unterbeamte des comes rerum privatarum
privātim privat, nichtöffentlich
privātum Privateigentum, -bad
privātus I. nichtöffentlich, privat, Sonder-..., Schatull-...
— II. Privatperson
privignus* Stiefsohn
privilegiarĭus Privilegienbesitzer
privilegĭum Ausnahme, Vorrecht, Vorzugsrecht
privus = privatus I.
pro vor, für, anstelle, gemäß
proamĭta* Schwester des proavus
proastĭum Gelände vor der Stadt
proavĭa* Urgroßmutter
proavītus urgroßväterlich
proavuncŭlus* Bruder der proavia
proavus* Urgroßvater
proba Versuch
probabĭlis annehmbar, billig, gut
probabilĭter wahrscheinlich, glaubhaft

probamentum Beweis
probāre untersuchen, prüfen, billigen, dartun, beweisen
probatĭo Prüfung, Billigung, Beweisgrund, Beweis
probatorĭa Bestallungsschreiben, Patent
probātus erprobt, bewährt
probĭtas Rechtschaffenheit
probrōsus schmachvoll
probrum Vorwurf, Schimpf
probus rechtschaffen, tüchtig
procacĭa Unverschämtheit
procacĭtas = procacia
procax unverschämt, frech
procēdĕre herausgehen, auftreten, aufziehen, vorgehen, vergehen, entstehen, nützen, dienen
procella Sturm
procĕres Vornehmen
procerĭtas Höhe, Länge
processĭo } Auftreten, Aufzug, Fortgang, Ablauf
processus } Auftreten, Aufzug, Fortgang, Ablauf
procinctum testamentum Testament vor der Schlacht
procinctus gerüstet, kampfbereit
proclāmāre zurufen, anrufen, Gericht anrufen
proclamatĭo Geltendmachung
proclīve v. proclivis
proclīvis geneigt, bereit, leicht
Proconensis aus Proconēsus in der Propontis
proconsul gewesener Konsul, Provinzialstatthalter
proconsularis proconsul betreffend
proconsulatus Amt des proconsul
procrastĭnāre vertagen, aufschieben
procrastinatĭo Aufschub
procrĕāre erzeugen
procreatĭo Erzeugung

procul fern
Proculiāni Anhänger des Labĕo und Proculus
Proculus s. Abschn. II.
procumbĕre vorsinken, aufliegen
procūrāre besorgen, verwalten
procuratĭo Verwaltung, Geschäftsführung, Prozeßführung
procurator Geschäftsführer, Prozeßvertreter, kaiserlicher Rendant
procuratorĭus procurator betreffend
prodecessor = praedecessor
prodĕre hervorbringen, veröffentlichen, anzeigen, verraten, ausliefern
prodesse nützen, helfen
prodĭga Lebensmittel
prodĭgĕre vertun, verschwenden
prodigiālis wunderbar, seltsam
prodigiōsus unnatürlich, abenteuerlich
prodigĭum Ungeheuer
prodĭgus verschwenderisch, Verschwender
prodīre vorkommen, vortreten
proditĭo Verrat
prodĭtor Verräter, Angeber
prodĭtus erzeugt, geboren, überliefert
prodūcĕre vorführen, -bringen, fortschaffen, ausdehnen, wozu bringen
productĭo Vorführung, Fortschaffen
proelĭum Schlacht
profānāre entweihen
profanātor Schänder
profānus I. unheilig, unchristlich — II. Gottloser, Heide
profāri vorhersagen
profectĭo Abreise
profecticĭus von Eltern herrührend
profecto tatsächlich, wirklich
proferre vorbringen, zeigen, vor-

legen, vorführen, hinausschieben, ausdehnen, verzögern
professĭo Bekenntnis, Aussage, Versprechen, Beruf
professor öffentlicher Lehrer
professus = professio
profĭcĕre hervorgehen, vorgehen, ausrichten, helfen, beitragen
proficisci reisen, ausgehen, entspringen, herrühren, übergehen
profitēri bekennen, erklären, angeben, betreiben [erheben
proflīgāre niederschlagen, beendigen,
profligatĭo Steuererhebung
proflŭĕre hervorgehen, fortfließen, verfließen
profŭgĕre sich flüchten
profugĭum Zuflucht
profŭgus flüchtig [verschwenden
profundĕre ausgießen, verkünden,
profundus tief, unbekannt, über-
profūsus übermäßig [mäßig
progĕner* Schwiegerenkel
progenĕr(ār)e erzeugen
progenĭes Nachkommenschaft
progenĭtus erzeugt, geboren
progignĕre erzeugen
prognātus erzeugt
programma Bekanntmachung, öffentliche Zustellung
progrĕdi vorgehen
progressus Aufrücken
prohĕres Vorerbe
prohĭbēre abhalten, hindern, ver-
prohibitĭo Verbot [wehren
prohibitorĭus Verbots-...
proĭcĕre wegwerfen, einsenken, vor-
projectĭo } [bauen
projectum } Vorbau, Erker
projectus }
proinde darauf, ebenso
proinde ac si gerade als ob
prolābi herab-, verfallen
prolatĭo Vorbringen, Aufschub
prolātor Vorleger
proles Nachkommenschaft
proletarĭus niedrigst Besteuerter
prolixĭtas Länge, Ausdehnung
prolixus weit ausgedehnt, lang
prolŭĕre ausspülen
prolusorĭus = perlusorius
prolȳtae Rechtsstudenten im fünften Studienjahre
promercālis käuflich, feil
promercĭum Kauf, Handel [äußern
promĕre hervorholen, offenbaren,
promĕrēre verdienen, erlangen
prometātor Quartiermacher
promiscēre vermischen
promiscŭus nicht gesondert, gemischt
promissĭo Verheißung, Versprechen, versprochene Sicherheit
promissor Schuldner, Sicherheitsleister durch Stipu-
promissum = promissio [lation
promittĕre versprechen, verheißen, Sicherheit bestellen [lingen
promotĭo Beförderung, Erfolg, Ge-
promŏvēre fortbewegen, fortschaffen, helfen, nützen
prom(p)te gern, leicht, offenbar
prom(p)tuarĭum Vorratskeller
prom(p)tus I. offenbar, bereit, leicht — II. Sichtbarkeit
promulgāre bekanntmachen
promulgatĭo Bekanntmachung
promulsidarĭum Servierbrett für Vorspeisen
promutŭus vorgeschossen, geliehen

proněpos* Großenkel
pronuntiāre aussprechen, verkünden, urteilen, ernennen
pronuntiatio (Feststellungs-)Urteil
pronūrus* Schwiegerenkelin
pronus geneigt
propāgāre fortpflanzen, verpflanzen, erweitern, hinausschieben
propagatio Umpflanzung
propāgo, inis Abkömmling
propālam öffentlich, offen
prope nahe, nahe bei, beinahe
propellěre austreiben
propemŏdum fast, sozusagen, nahe
propensus geneigt, stark
properanter eilig
propěrāre eilen, beschleunigen
propěre = properanter
propěrus eilig
propicius = propitius
propinquāre näher kommen
propinquitas Nähe, Verwandtschaft
propinquus nahe, verwandt
propior näher
propitius geneigt
propius v. propior
propōla Höker
proponenda Marktzoll
propōněre öffentlich aufstellen, -aus-hängen, vortragen, -bringen, sich vornehmen
proportio Analogie
propositio Ausstellung, Bekanntgabe, Vorschlag, Vorsatz
propositum Vorsatz
proprie eigentlich, besonders
proprietārius mittelbarer Eigenbesitzer
propriětas Eigentum, Eigentümlichkeit
proprius eigentümlich, eigen
propter bei, wegen, aus, durch
propterěa deshalb
propulsāre abhalten, abwenden
prorēta Untersteuermann
proripěre fortreißen
prorītāre reizen
prorŏgāre verlängern, aufschieben, vorauszahlen, bekanntgeben, ändern
prorogatio Aufschub
prorsus geradezu, gänzlich
proruěre losstürzen, einfallen
prorumpěre hervorstürzen, stürzen in
prosapia Stamm, Nachkommenschaft
proscaenium Vorderbühne
proscinděre aufreißen, stürzen
proscrīběre vorschreiben, bekanntgeben, ausbieten, ächten
proscriptio Aushang, Ausbietung, Acht, Konfiskation
prosecutio Begleitung, Geleit
prosecūtor Begleiter
prosecutoria Geleitsbrief
prosěqui geleiten, begleiten, vorstellen, fordern
proserpěre einschleichen
prosilire loseilen auf
prosŏcer* Großschwiegervater
prosŏcrus* Großschwiegermutter
prospectio Vorsorge
prospectus Aussicht
prosper günstig, glücklich
prosperitas Glück
prospicěre beobachten, sehen, einsehen, voraussehen, sorgen
prostasia = protostasia
prosterněre niederwerfen, verrichten, preisgeben
prostituěre sich preisgeben
protectio Bedachung, Vordach
protector Beschützer, Gardist
protectorius Leibgarde-...

protectum Vordach, Wetterdach
protĕgĕre bedachen, decken, schützen
protēlāre hinziehen, verschieben
protelatĭo Verschleppung, Aufschub
protendĕre ausdehnen
protervĭtas Frechheit
protervus keck, frech
protestāri öffentlich, ausdrück-
lich erklären
prothȳrum Türeinfassung, -vorhang
protĭnus fernerhin, sofort
protocollum Vorder-, erste Seite
Protopaschĭtae eine Sekte
protostasĭa Steuererhebungsstelle
prototypĭa Aushebungskommissar
protractĭo = protelatio
protrăhĕre wohinbringen, hinaus-
ziehen, ausdehnen, vermehren
proturbāre fortjagen [schaft
protutēla stellvertretende Vormund-
protūtor stellvertretender Vormund
prout ebenso wie
provectĭo Beförderung
provĕhĕre vorrücken, befördern,
bauen, hinausziehen [fallen
provĕnīre hervortreten, glücken, zu-
proventus Vorrat, Erfolg, Ertrag
proverbĭum Sprichwort
provĭdens vorsichtig, klug
providentĭa Vorsicht, Vorsorge, Um-
sicht [verabreden
provĭdēre sich vorsehen, vorsorgen,
provĭdus voraussehend, vorsichtig
provincĭa Provinz, Verwal-
tungsbezirk, Verwaltung, Amt
provinciālis I. Provinz-...
— II. Provinziale
provisĭo Voraussicht, Vorsorge, Ver-
fügung; Klugheit
provŏcāre aufrufen, herausfor-
dern, auffordern, appellie-
ren, erweisen
provocatĭo Aufforderung, Berufung
provocātor Berufungskläger
provolvĕre daraufwälzen
proxenēta Mäkler
proxenetĭcum Mäklerlohn
proximātus Würde des proximus (II)
proxĭme ganz nahe, vor kurzem
proximĭtas Nähe, Verwandtschaft
proxĭmus I. nahe, benachbart, nahe-
stehend, naheliegend
— II. dem magister scrinii un-
mittelbar folgender Beamter
prudens vorsichtig, klug, kundig
prudentĭa Vorsicht, Umsicht, Kennt-
pruriginōsus grindig [nis
Prusĭas Hauptstadt von Bithynien
psallĕre Psalmen singen
psalterĭum Spottlied [wächter
pseudocomitatensis eine Art Palast-
ptochĭcus zum ptochium gehörig
ptochĭum Armenhaus
ptochotrophĭum Spital, Armenhaus
ptochotrŏphus Armenpfleger
Ptolemensis aus Ptolemaïs in Ägyp-
puber mannbar [ten
pubertas Mannbarkeit
pubes = puber
pubescĕre mannbar werden
publicānus Steuerpächter
publĭcāre veröffentlichen, bekannt-
machen, einziehen [kation
publicatĭo Einziehung und Konfis-
publĭce öffentlich, von Staats wegen
Publiciāna actĭo Klage des
ersitzenden Nichteigentü-
mers auf Herausgabe der Sache
publĭcum öffentliche Kasse, Ein-
richtung, offene Straße

publĭcus öffentlich, von Staatswegen, staatlich
Publilia lex s. Abschn. II.
pudicitĭa Keuschheit
pudĭcus keusch
pudor Keuschheit, Scham, Ehrgefühl, Achtung
puella Mädchen
puer Knabe
puerīlis kindlich
pueritĭa Kindheit (bis 17 Jahre)
puerpĕra Wöchnerin
puerperĭum Wochenbett
pugil Faustkämpfer
pugillāres Schreibtafeln
pugna Kampf, Widerstreit
pugnāre kämpfen, widerstreiten
pugnātrix kampfmutig
pugnus Faust
pulcher schön
Pulcherĭa Tochter des Kaisers Arcadius
pulchritūdo Schönheit
pullŭlāre ausschlagen, erzeugen
pullus Junges
pulmentarĭum Zukost
pulmo Lunge
pulpĭtum Pult, Tribüne
pulsāre fortjagen, antreiben, schlagen, angreifen, belangen
pulsatĭo Schlag, Angriff, Klage
pulveratĭcum Trinkgeld
pulvīnus Kissen, Polster
pulvis Staub, Ringen, Mühe
punctum kaiserliche Sanktion, Punkt
Punĭcus = Poenus
punīre strafen
punitĭo Strafe
pupillāris Unmündige betreffend
pupillus Unmündiger, Mündel, Pflegling
pure ohne weiteres

purgāre reinigen, rechtfertigen, bezahlen, bessern
purgatĭo Reinigung
purificāre reinigen, entsühnen
purĭtas Reinheit
purpūra Purpur, Purpurkleid, hohe Würde
purpurarĭus Purpur-...
purpurĕus purpurn
purus rein, frei, ledig, schuldenfrei, unbedingt, entsühnt
pusillus klein, winzig
pustulātus, pusulātus mit Bläschen versehen, geschmolzen, gereinigt
puta wie zum Beispiel
— quod gesetzt den Fall
putāre ausputzen, beschneiden, ins Reine bringen, berechnen, schätzen, meinen
putatĭo Berechnung, Meinung
putātor Beschneider
putatorĭus Beschneide-...
putĕal Brunnenrand, -deckel
puteālis Brunnen-...
Puteolānus I. aus Puteŏli in Kampanien
— II. s. Abschn. II.
putĕum, putĕus Brunnen
putrefiĕri faulen, morsch werden
pyrrhicharĭus Waffentänzer
Pyrrhus König von Epirus
Pythagorēus vom Philosophen Pythagoras benannt
pyxis Büchse

Q.

qua wo, insoweit, wie
quadragēni (je) vierzig
quadragesĭma(e) Steuerart, die vierzig Tage vor Ostern (Fasten)
quadraginta vierzig

quadrans ¼ As, ein Viertel
quadratarīus Steinmetz
quadrātus viereckig [Jahren
quadriennīum Zeitraum von vier
quadrifarīter auf vierfache Art
quadrīga Viergespann, Wagen
quadrigarīus Verfertiger, Führer einer **quadrīga**
quadrimenstrūus, **quadrimestris** viermonatlich
quadrīmus vierjährig
quadringenti vierhundert
quadripertītus vierteilig
quadrŭpēs Vierfüßler
quadruplāre vervierfachen
quadruplus vierfach
quaerĕre suchen, zu erwerben suchen, erwerben; untersuchen, fragen
quaesītor Untersuchungsrichter
quaestīo Untersuchung, Streitpunkt, Zweifel, Streit
quaestionarīus Folterknecht
quaestor I. urspr. Kriminalrichter
— **aerarīi** II. (in Rom und den Provinzen) Schatzmeister
— **princīpis** III. Vortragender im Senat
— **Palatīi** IV. Kabinettschef, Kanzler [ner Quästor
quaestorīus Quästoren-..., gewese-
quaestuarīus dirnenhaft
quaestuōsus gewinnbringend
quaestūra Amt des **quaestor**
quaestus Gewinn, Ertrag
qualĭbet überall
qualis was für ein [schaffen
qualiscumque wie auch immer be-
qualisqualis = **qualiscumque**
qualĭtas Beschaffenheit

qualĭter wie, gleich wie
qualitercumque wie auch immer
qualus Körbchen
quam als, wie, wie sehr, sehr
quamdīu solange als, so viel
quamlĭbet nach Belieben, wie sehr
quamobrem weswegen [auch
quamprimītus, **quamprīmum** sobald als möglich
quamquam obgleich
quamvis wie sehr auch, wenn auch, wenn nicht
quando wann, wenn, einmal
quandocumque wann auch immer
quandōque wann nur, mal
quandoquĭdem da nämlich
quanti s. quantus
quantĭtas Menge, Zahl, Inbegriff,
quanto um wieviel [Summe
quantocĭus aufs schnellste
quantŭlus wie wenig [so gering
quantuluscumque wenn auch noch
quantuluslĭbet = quantuluscum-
quantum wieviel, soviel [que
quantus wie groß, wie
quanti wieviel
quantuscumque, **quantuslĭbet** wieviel auch immer
quantusquantus = quantuscum-
quare warum [que
quarta Viertel, Pflichtteil
quarta divi Pii Anspruch des unmündigen Arrogierten, der zu Unrecht enterbt wird, auf ¼ des Nachlasses
quartāna (viertägiges) Wechselfieber
quartus vierter
quasi als wenn, gleichsam, gleichwie, beinahe
quassāre erschüttern, zerrütten

quassus v. quatĕre
quatēnus wieweit, inwiefern, in=
soweit als, damit
quater viermal
quatĕre zerbrechen, betreffen
quaterni (je) vier
quattŭor vier
quattuordĕcim vierzehn
quattuorvirātus Amt der quattuor-
viri [polizei)
quattuorvĭri Viermänner (Straßen=
que und, oder
quemadmŏdum wie, zum Beispiel
queo s. quire
querēla Klage, Beschwerde, Anklage
queri sich beklagen, klagen
querimonĭa Klage, Beschwerde, Ab=
lehnung
qui, quae, quod welcher, welche,
welches; wer, was
quia weil
quicumque wer nur immer, einer
quid was? wie? wieviel? warum?
irgend was
quidam mancher, ein gewisser
quidem zwar
quidni warum nicht?
quidquid s. quisquis
quies Ruhe
quiescĕre ruhen, still liegen, un=
wirksam werden
quiētus ruhig
quilĭbet wer auch immer, jeder
quin daß nicht, ja sogar
quincunx $^5/_{12}$ As, fünf Zwölftel
quindecennĭum Zeitraum von 15
quindĕcim fünfzehn [Jahren
quingenarĭus 500 As betragend
quingēni (je) fünfhundert
quingenti fünfhundert

quini (je) fünf
quinquagenarĭus 50 As betragend
quinquagēni (je) fünfzig
quinquagesĭma Pfingsten (50. Tag
nach Ostern)
quinquagesĭmus fünfzigster
quinquaginta fünfzig
quinque fünf [amter
quinquennālis Munizipalsteuerbe=
quinquennalĭtas Würde des vorigen
quinquennĭum Zeitraum von 5 Jah=
ren [stehend
quinquevirālis aus den Fünf be=
quinquevĭri die Fünf (Polizei)
quinta Fünftel
quintadecĭma Fünfzehntel
Quintanum ein Spiel
Quin(c)tīlis August (vom März aus
quintus fünfter [gerechnet
quippe weil, da ja, nämlich
quique = quicumque
quire können
Quirinālis dem Romulus heilig
Quirīnus Beiname des Romulus
Quirītes römische Vollbürger (in
staatsrechtlicher Beziehung)
quis wer?
— s. a. quid
quisquam irgend wer
quisque jeder, irgend einer
quisquis wer auch immer, jeder
quivis jeder beliebige
quo wo, wohin, wozu, damit
quoad solange als
quod I. wieviel, soviel
— II. weil, daß, damit
quodammŏdo einiger=, gewissermа=
quodni wenn nicht [ßen
quodsi wenn aber
quomăgis daß, daß nicht

quominus daß nicht, daß
quomŏdo wie
quomodocumque wie auch immer
quondam einstmals, einmal
quoniam da ja, weil
quoque auch
quoquo wohin auch immer
quoquomŏdo wie auch immer
quorsum wohin, wozu
quot wie viele, alle
quotannis jährlich
quotidiānus = cottidianus
quotidie = cottidie
quotie(n)s wie oft, so oft als
quotie(n)scumque so oft auch nur
quotie(n)sque = quotie(n)s
quotmensibus monatlich
quotquot wie viele auch immer
quotus der wievielste
quotusquisque wie viele, wie wenige
quousque wie lange, so weit
quum = cum

R.

rabies Wut
radĕre abschaben, rasieren
radiāre strahlen, glänzen
radicitus von Grund aus
radius Speiche, Strahl
radix, icis Wurzel
raga Barbarenkleid
ramus Ast, Zweig
rapacitas Raubsucht
rapax räuberisch
rapĕre fortschleppen, rauben, ergreifen, zufassen
rapidus reißend
rapina Beute, Raub
raptor Räuber, Entführer
raptus Frauenraub, Entführung
raritas Seltenheit
raro v. rarus
rarus selten
raster Hacke, Karst
rata Anteil
ratiarius Flößer
ratihabitio Genehmigung
ratio Berechnung, Rechnungslegung, Geschäft, Grund, Grundsatz, -gedanke, Art und Weise, Rechtfertigung, Rücksicht
ratiocinātor Buchhalter
ratiocinium Berechnung, Rechnung
rationabilis vernünftig
rationālis I. Rentmeister-...
— II. Rentmeister
ratis Floß
ratiuncŭla kleine Rechnung
ratus gültig
rauca Wurzelwurm
Ravenna Stadt in Oberitalien
reātus Anklagestand
rebaptizāre wiedertaufen
rebellis Aufrührer
recalcāre wiederholen
recautum Gegenkaution
recavēre Gegenkaution stellen
recēdĕre zurücktreten, aufgeben, sich entfernen
recens frisch, augenblicklich
recensēre aufzählen
recensio Musterung
recensitio Durchmusterung
receptacŭlum Behältnis, Unterkunft
receptāre aufnehmen
receptātor Hehler
recepticius vorbehalten, zurückzugeben
receptio Hehlerei, Vorbehalt
receptire hehlen, verbergen
receptor Hehler

receptorium Aufbewahrungsort
receptum Schiedsamtsübernahme
receptus v. recipere
recernĕre trennen
recessus Rücktritt
recĭdĕre zurückfallen, -kehren, zufallen
recīdĕre wegschneiden, verkürzen, beschneiden
recidīvus wiederholt
recipĕrāre = recuperare
recĭpĕre zurücknehmen, -erhalten, erhalten, aufnehmen, annehmen, einnehmen, zurückbehalten, sich vorbehalten
reciprŏcus gegenseitig
recisio Beschneiden, Verkürzung
recīsus v. recīdere
recĭtāre verlesen, bekanntgeben, ernennen
recitatio Verlesung
reclāmāre widersprechen, fordern, einklagen
reclūdĕre erschließen, öffnen, ver-, ausschließen
recognitio Untersuchung
recognoscĕre wiedererkennen, prüfen, übernehmen
recŏlĕre von neuem anbringen
recollĭgĕre wieder sammeln
reconciliāre wieder versöhnen, erneuern
reconciliatio Aussöhnung
recondĭtus verborgen, geheim
recondūcĕre wieder mieten, -pachten
recordāri sich erinnern
recordatio Erinnerung, Andenken
recorrĭgere wiedergutmachen
recrĕāre wiederherstellen
recte mit Recht, rechtmäßig, gehörig
recto direkt
rector Statthalter
rectus gerade, richtig, recht, gerecht
recupĕrāre wieder erlangen
recuperatio Wiedererlangung
recuperātor Kollegialrichter für schleunige Prozesse
recuperatorius vor die recuperatores gehörend
recurrĕre zurückkehren, -kommen, -fallen, -greifen
recursus Rückkehr, Zuflucht, Rückgriff
recūsāre zurückweisen, ablehnen, verweigern
recusatio Ablehnung, Verweigerun
reda s. rheda
redactus I. v. redigere
— II. Erlös, Gewinn
redadoptāre wieder adoptieren
redargŭĕre widerlegen, beschuldigen
reddĕre zurückerstatten, gewähren, erteilen, vortragen, bewirken, machen
redditio Rückgabe
redem(p)tio Loskauf, Prozeßkauf
redem(p)tor Loskäufer, Käufer eines Prozeßanspruchs
redem(p)tūra Geschäft des redemptor
redhĭbĕre zurückgeben, vom Kaufe zurücktreten
redhibitio Rückgabe, Wandelung des Kaufes
redhibitorius Wandlungs-...
redĭgĕre zurückbringen, versetzen in, machen zu, verwenden, eintreiben, sammeln, erhalten, bringen
redĭmĕre zurückkaufen, loskaufen, erkaufen, bestechen, Prozeß kaufen, mieten, pachten
redĭmire umkränzen
redintĕgrāre wiederherstellen, ergänzen
redintegratio Wiederherstellung

redīre zurückkehren, =gehen, kommen, Rückgriff nehmen [trag
redĭtus Rückkehr, Einkommen, Er=
redivīvus wiederhergestellt
redūcĕre zurückführen, zurückbringen
redundantĭa Überfluß
redundāre überfließen, reichlich haben, reichen, übrig bleiben
refabrĭcāre wiederherstellen
refectĭo Ausbesserung
refectus Wiederherstellung; Gewinn,
refellĕre widerlegen [Ertrag
referendarĭus Kabinettschef, der Gesuche vorträgt und beantwortet
referre zurückgeben, =geben, einwenden, vorbringen, anrechnen, beziehen auf, ankommen auf
refert es ist von Wichtigkeit
refertus gefüllt, voll
refĭcĕre neu errichten, wiederherstellen, =erhalten, gewinnen
refīgĕre losreißen, abmachen
reflare umgekehrt wehen, umschlagen
reflŭĕre zurückfließen
reformāre umgestalten, wiedergeben
reformatĭo Wiedereinräumung
reformīdāre scheuen, fürchten
refŏvēre neu beleben, auffrischen
refrăgāri widerstreben, =stehen
refragatĭo Widerstand, =spruch
refrēnāre zügeln
refrĭcāre erneuern
refrigĕrāre abkühlen
refringĕre aufbrechen
refŭga Entlaufener, Überläufer
refŭgĕre entfliehen, ausweichen, Zuflucht nehmen [Gang
refugĭum Zufluchtsort, geheimer
refundĕre zurückstatten
refusĭo Rückgabe, Zahlung

refūtāre abweisen, widerlegen
refutatĭo Widerlegung
refutatorĭus Widerlegungs=...
regālis königlich, Fürst
regens Führer
regĕre leiten, führen, bestimmen, festsetzen
regĕrĕre zurückschaffen, eintragen
regesta Verzeichnis, Register
regĭmen(tum) Leitung, Regierung
regīna Fürstin, Kaiserin
regĭo Richtung, Lage, Grenze, Grundstück, Bezirk, Gegend
regĭus königlich, kaiserlich
regnāre herrschen
regnum Reich [ren
regrădāre zurückversetzen, degradie=
regradatĭo Degradation [men
regrĕdi zurückkehren, Rückgriff neh=
regressus Rückkehr, Rücktritt, Rückgriff
regŭla Richtscheit, Schiene, Preßhebel; Regel, Rechtssatz
regularĭter regelmäßig
regŭlus kleiner König, Duodezfürst
reĭcĕre zurückwerfen, =weisen, von sich werfen, verwerfen, verstoßen, verweisen an
rejectĭo Vertreibung
relābi zurückfallen
relatĭo Rückgabe, Rückschiebung, Beziehung
relatorĭa Empfangsschein
relaxamentum = relaxatio
relaxāre befreien, nachlassen
relaxatĭo Erlaß
relēgāre verweisen, verbannen, rück=, wieder vermachen
relegatĭo Verbannung, Rückvermächtnis

relĕgĕre wieder=, vorlesen, wieder=erlangen
relĕvāre heben, erleichtern, stützen, mindern, freisprechen
relevatĭo Erleichterung
relictus v. relinquere
relĭgāre befestigen
relĭgĭo Religion, Ehrfurcht, Religionsübung, Heiligkeit, Schwur, Gewissen
religiōsus geweiht, heilig, andächtig, rechtmäßig, gewissenhaft
relinquĕre zurücklassen, hinterlassen, überlassen, aufgeben, unterlassen
relĭquāri im Rückstande sein
reliquatĭo Restschuld
reliquātor Restschuldner
reliquĭae Reste, Überreste, Asche
relĭquum Rest
relĭquus übrig
relīsus herabgedrückt
relŏcāre wiedervermieten, =pachten
reluctāri widerstreben, =sprechen
reluctatĭo Widerspruch
remancĭpāre zurückveräußern
remancipatĭo Rückveräußerung
remănēre zurückbleiben
remansor = emansor
remĕāre zurückkehren
remeātus Rückkehr
remedĭum Heilmittel, Hilfsmittel, Rechtsmittel
remex Ruderknecht
reminisci sich erinnern
remisse mild
remissĭo Erlaß, Aufhebung, Verweisung
remissus schlaff, nachlässig
remittĕre zurück=, zuschicken, überweisen, erlassen, opfern, aufheben, gestatten

Remmia lex s. Abschn. II.
remŏrāri verweilen, verzögern
remotĭo Enthebung, Ausschließung
remōtus entfernt
remŏvēre entfernen, ausschließen, abweisen, aufheben
remunĕrāre wiedervergelten, belohnen
remuneratĭo Wiedererstattung, Belohnung, Gnadengeschenk
renasci nachwachsen, neu aufleben
renīti widerstreben
renŏvāre erneuern, ersetzen
renovatĭo Erneuerung
renuĕre verweigern, ablehnen
renuntĭāre zurückberichten, melden, aufkündigen, verzichten
renuntiatĭo Anzeige, Kündigung, Verzicht
renuntiātor Angeber
renuntĭus Antwortbote
Renus = Rhenus
repărāre erneuern, eintauschen, ausbessern
reparatĭo Ausbesserung, Wiederherstellung
repĕdāre zurückkehren
repellĕre abwehren, abweisen, ausschlagen, ausschließen, aussetzen,
rependĕre zurückzahlen
repensāre erstatten, aufrechnen
repensatĭo Aufrechnung
repente plötzlich
repentīnus unerwartet
repĕrīre finden, treffen, erkennen
repertorĭum Verzeichnis
repĕtĕre von neuem anfangen, wieder belangen, zurückfordern, wiederholen, erneuern, zurückrechnen, =beziehen
repetitĭo Rückforderung, Wiederholung, Zurückbeziehung
repetundae Erpressungen, u. a. unrechtmäßig erlangtes Gut

repignŏrāre wieder einlöſen
replēre wieder anfüllen, ergänzen,
repletĭo Ergänzung [erſetzen
replētus v. replere
replĭcāre Gegeneinwand erheben
replicatĭo Gegeneinrede
replumbāre Blei entfernen
repōnĕre zurückſtellen, wieder herſtellen, zurückbringen, legen in, ſtellen auf
reportāre zurückbringen, erlangen, einbringen, zahlen
reposcĕre zurück-, einfordern
repositorĭum Unterſatz
repraesentāre vorführen, vollziehen, vornehmen, bewirken, leiſten, bezahlen
repraesentatĭo Barzahlung
repraestāre zurückerſtatten
reprehendĕre betreffen, zurechtweiſen
reprehensibĭlis tadelnswert
reprehensĭo Tadel
reprĭmĕre hemmen, Einhalt tun
reprŏbāre verwerfen
reprŏbus unrecht, falſch
repromissĭo Stipulationsverſprechen
repromittĕre durch Stipulation verſprechen
repudĭāre verſtoßen, verwerfen, ausſchlagen, kündigen
repudiatĭo Ausſchlagung [dung
repudĭum Trennung, Schei-
repugnāre widerſtreiten, -ſtreben
repulsa Zurück-, Abweiſung
repulsāre abwehren
repurgāre reinigen
repurgĭum Reinigung
repŭtāre berechnen, zurechnen, einrechnen, abrechnen

reputatĭo Ein-, Aufrechnung
requĭes, ētis Ruhe
requiescĕre ruhen
requīrĕre ſuchen nach, unterſuchen, fordern, auffordern
requisitĭo Auf-, Unterſuchung
reri meinen, glauben
res Gegenſtand, Sache, Rechtsverhältnis, Rechtsſtreit, Vermögen, Tatſache, Leiſtung, Erfolg, Umgang, Inbegriff von
resarcīre erſetzen [Sachen
rescindĕre abreißen, aufheben, ungültig machen
rescīre, resciscĕre } erfahren, erkennen
rescissĭo Aufhebung
rescissorĭus Aufhebungs-..
rescrībĕre antworten, Beſcheid geben
rescriptĭo, rescriptum } kaiſerliches Antwortſchreiben, Entſcheidung; Beſcheid
resĕcāre abſchneiden, entfernen
resĕrāre öffnen, kundtun
reservāre zurückbehalten, aufſparen
resĭdēre zurückbleiben, übrig bleiben
resīdĕre ſitzen, ſich aufhalten
residŭus übrig, rückſtändig, unter-
resignāre entſiegeln [ſchlagen
resĭlīre zurücktreten, abſtehen
resipiscĕre wieder zur Vernunft kommen
resistĕre zurückbleiben, widerſtehen
resolutĭo Auflöſung, Aufhebung
resolvĕre auflöſen, aufheben, trennen, befreien, zahlen
resŏnāre wiedertönen, tönen
respectus Rückſicht
respergĕre beſprengen, bekleiden

respĭcĕre berücksichtigen, betrachten, annehmen, gehören
respīrāre aufatmen
respondēre (dagegen) versprechen, antworten, bescheiden, Folge leisten, entsprechen, gehören
responsālis = apocrisiarius
responsĭo Antwort, Gutachten, Meinung, Erwiderung
responsĭtāre Gutachten erteilen
responsum Bescheid, Orakel
ad **responsum** Stellvertreter des **magister militum**
responsus = responsio
respublĭca Staat
respŭĕre ausschlagen
restagnāre sich stauen
restagnatĭo Stauung
restāre übrig sein, als Rest bleiben
restaurāre erneuern, ausbessern
restauratĭo Wiederherstellung
restĭcŭlus Strick, Schnur
restinguĕre auslöschen, tilgen
restipŭlāri sich gegen versprechen lassen
restipulatĭo Gegenversprechen
restitŭĕre wiederherstellen, -einsetzen, zurückgeben, herausgeben, leisten, Rechnung legen
restitutĭo Wiedereinsetzung in den vorigen Stand, Herausgabe
restitutorĭus restitutio betreffend
restrictĭo Beschränkung
restrŭĕre wieder aufbauen
resultāre widerstreben [erhalten
resūmĕre wiederannehmen, zurück-
resupīnus zurückgebogen, weichlich
resuscĭtāre wieder aufleben lassen
retardāre verzögern, abhalten
rete Netz
retendĕre erlassen, einstellen
retentāre festhalten, verpflichten, beibehalten, fernhalten
retentātor = detentor improbus
retentĭo Zurückhalten, detentio
retentum rückständige Steuer
retĭcĕre verschweigen
retĭcŭlum, **retĭcŭlus** kleines Netz, Haarnetz, Netzwerk
retĭnēre zurückhalten, behalten, beibehalten, behaupten, betreffen, sich erinnern, geheim halten, abstehen
retorquēre zurückwenden
retractāre nochmals verhandeln
retractatĭo nochmalige Verhandlung
retractĭo Verminderung
retrādĕre zurückübereignen
retrăhĕre zurückholen, -fordern, -halten, verkehren
retro rückwärts, früher, wieder, zurück, umgekehrt
retrorsūm, **retrorsus** rückwärts
rĕus Beklagter, Angeklagter, Schuldner; schuldig
revalescĕre sich wieder erholen
revĕhĕre einführen
revēlāre enthüllen, öffnen
revellĕre los-, abreißen
revendĕre zurückverkaufen
revēnīre zurückverkauft werden
revĕnīre zurückkehren
rēvēra in der Tat
reverendus, **reverens** ehrwürdig
reverenter ehrerbietig
reverentĭa Ehrerbietung
reverēri ehrerbietig begegnen
revertĕre umkehren, umwandeln

reverti zurückkehren, Rückgriff nehmen
revincĕre widerlegen, überführen
reviviscĕre wieder aufleben
revŏcāre zurückrufen, -führen, -ziehen, widerrufen, ausschließen, abhalten, auffordern
revocatĭo Widerruf
revocatorĭa Zurückberufungsschreiben
revŏlāre zurückfliegen, -eilen
revolvĕre abwälzen, zurückversetzen, zurückrufen, -beziehen
revolvi zurückfallen
rex König
Rhaetĭa Gegend zwischen Donau und Rhein
Rhaetĭcus Rhätien betreffend
rhapisma Schlag, Hieb
rheda vierräderiger Reisewagen
Rhemmia lex s. Abschn. II.
Rhenus Rhein
rhetor Redner, Lehrer der Redekunst
Rhodia lex s. Abschn. II.
rhodĭnum Rosensalbe
Rhodĭus von Rhodus bei Kleinasien
Rhodŏpe Gebirge in Thrakien
rhomphaea langer Spieß, Schwert
ridēre lachen, spotten
ridĭca (Wein-)Pfahl
ridiculōsus } lächerlich
ridicŭlus } lächerlich
rigāre berieseln, bewässern
rigor Strömung, Strenge
rima Spalte, Ritze
rimāri durchwühlen, -suchen, -forschen
ripa Ufer
riparensis } Ufer- ...
ripensis } Ufer- ...
rixus Koffer
rite gehörig, richtig
ritus Religionsgebrauch, Gebrauch, Sitte, Form
rivālis Genosse derselben Wasserleitung
rivus Bach, Wasserröhre, Kanal
rixa Streit, Zank
rixāri zanken
robŏrāre bekräftigen, bestätigen
robur, ŏris Kraft, Gültigkeit
robustus stark, gültig
rodĕre benagen, zernagen
rogāre fragen, beantragen, bitten, fordern
rogatĭo Frage, Gesetzesantrag, Bitte
rogātor Antragsteller
rogātus Bitte
rogus Scheiterhaufen
Roma Rom
Romānus römisch
romphaea = rhomphaea
Romulĕus nach Romulus benannt
Romŭlus erster römischer König
rosa Rose, Rosensalbe
rostra Rednerbühne
rostrum Schiffsschnabel, Mund
rota Rad, Wagen
rotundus rund
ruber rot
rubĭa Färberröte, Krapp
rubor Röte, Scham
Rubria lex s. Abschn. II.
rubrĭca Überschrift, Titel
rudĕra Trümmer
rudimentum Versuch, Anfang
rudis I. roh
— II. Rappier
rudus Gemäuer, Schutt
ruĕre herab-, einstürzen
Rufīnus s. Abschn. II.
rugōsus runzlig, faltig
ruīna Einsturz

ruinōsus baufällig
rumor Gerücht
rumpĕre zerbrechen, brechen, verderben, aufheben
ruptĭo Beschädigung
rurālis } ländlich
rurestris } ländlich
rursum } wiederum, nochmals
rursus } wiederum, nochmals
rus Land, Feld
Rusconiensis aus Rusconiae in Mauritanien
rusticānus bäuerlich
rusticĭtas Landleute, Unerfahrenheit
rustĭcus I. ländlich
— II. Bauer
rūta getrennte Bodenbestandteile
rutĭlans rötlich
Rutiliāna actio Forderungsklage des bonorum venditor
Rutilius s. Abschn. II.

S.

Sabatēnus aus Sabāte in Etrurĭa
Sabbatiāni eine Sekte
sabbătum Sabbat
Sabiniāni Anhänger des Capĭto und Sabīnus
Sabiniāni libri Kommentar zu Sabīnus, von Ulpiānus
Sabinianum s. Abschn. II.
Sabīnus s. Abschn. II.
saccarĭus Sackträger
saccellus Säckchen
Saccophŏri eine Sekte
saccularĭus Beutelschneider, Taschendieb
saccŭlus = saccellus
saccus Sack
sacellum Kapelle

sacer geweiht, heilig, kaiserlich; verwünscht, verflucht
sacerdōs, dōtis Priester
sacerdotālis I. priesterlich
— II. Priester
sacerdotĭum Priestertum, -amt
sacramentum Prozeßwettsumme, Prozeß, Eid, Fahneneid, Kultus
sacrarĭum Heiligtum, Kaiserpalast, Gericht
sacrātus geweiht, heilig
sacrificāre opfern
sacrificĭum Opfer
sacrilegĭum Tempelraub, Abfall, Majestätsbeleidigung
sacrilĕgus Tempelschänder, Abtrünnige, Majestätsverbrecher
sacrosanctus hochheilig
sacrum Heiligtum, Opfer, Familienverband, Geheimnis
saeculāris weltlich
saecŭlum Jahrhundert, Zeitgeist, Welt
saepe(numĕro) oft, bisweilen
saevīre wüten, streng sein
saevĭtas, ātis Wut
saevitĭa Heftigkeit, Strenge
saevus wütend, heftig, streng, grausam
saffirīnus s. sapphirinus
sagacĭtas, ātis Scharfsinn, -blick
sagarĭus Mantel- . . ., Kleid- . . .
sagax, ācis scharfsinnig, -sichtig
sagitta Pfeil
sagittarĭus Pfeilschmied, Bogenschütze
sagmen, ĭnis Grasbüschel, das die Gesandten trugen zum Zeichen der Neutralität
sagum Mantel
sal Salz
salamandra Salamander
salarĭa via Salzstraße (bei Rom)
salariarĭus wer salarium erhält

salarĭum Sold, Ehrensold, Honorar
salgămum Lebensunterhalt und Toilette
salictētum } Weidengebüsch
salictum }
salĭens Springbrunnen
salignĕus von Weiden
salīnae Salzwerk
salīre hüpfen, springen
salix, ĭcis Weide, Weidenbaum
Salonitānus aus Salōna in Dalmatĭa
salsamentum Eingesalzenes
saltāre tanzen
saltem doch, mindestens, sogar
saltuarĭus Waldhüter, Flurhüter
saltuensis Wald-...
saltus I. Sprung
— II. Waldung, Grundbesitz
salūbris heilsam, dienlich
salubrĭtas Heilsamkeit, Wohlsein
salus Gesundheit, Wohl, Gruß
salūtāre begrüßen
salutāris heilsam, dienlich
salutatĭo Begrüßung
salvāre retten, erlösen
salvātor Retter, Erlöser
Salviānum interdictum auf Besitzerlangung der Pfandsache durch den Verpächter
Salvius s. Abschn. II.
salvus gesund, heil, unversehrt
Samarītae eine Sekte
Samnĭum Landschaft bei Latĭum
sanāre heilen
sanātes wieder angefallene Bundesgenossen
sancīre unverbrüchlich festsetzen, anordnen
sanctimonĭa Heiligkeit
sanctimoniālis heilig, klösterlich
sanctĭo Weihe, Strafbestimmung
sanctĭtas, ātis Heiligkeit, Aufrichtigkeit; Ehrentitel
sanctus heilig, unverletzlich, ehrwürdig, unschuldig, göttlich
sane freilich
sanguinĕus blutig
sanguinolentus blutig, neugeboren
sangŭis, ĭnis Blut, Leben, Verwandtschaft, Herkunft, Abkömmling
sanĭes, ēi eiteriges Blut
sanĭtas, ātis Gesundheit, Verstand
sanus gesund, verständig
sapa Saft, Most, Mus
sapĕre vernünftig sein
sapĭens vernünftig, weise
sapienter klugerweise
sapientĭa Weisheit, Wissenschaft
sapphirīnus saphirn (Edelstein)
Saracēni Volk in Arabĭa felix
sarcīna Gepäck, Bürde, Last
sarcinātor Flickschneider
sarcinŭla Reisebündel
sarcīre ausbessern, flicken
sarcocolla = sargogolla
sarcophăgus Sarg aus Kalkstein
sarcŭlus Hacke
Sardiāni aus Sardes in Lydien
Sardinĭa Insel bei Italien
sardŏnyx ein Edelstein
sargogolla persisches Gummiharz
Sarmătae Volk am Schwarzen Meer
sarmentum Reisig, Reißholz
sarpĕre aus-, beschneiden
sartāgo, ĭnis Pfanne
sartūra Ausbesserung
sartus gut erhalten (v. sarcire)
sat = satis
satăgĕre befriedigen, bezahlen
Satalenus aus Satala in Armenien
satelles, ĭtis Begleiter, Gehilfe

satīas } Überdruß, Ekel
satiĕtas }
satīo Aussaat, Anpflanzung
satīra s. satūra
satis genug, ausreichend
satisacceptīo Sicherheitsstipulation
— accīpĕre Sicherheit erhalten
— agĕre sich bekümmern, bezahlen
— cavēre Sicherheit leisten
— dāre Bürgen stellen
— dātīo Bürgenstellung
— dāto infolge Bürgschaft
— dātor Bürge
— desidĕrāre Kaution verlangen
— exīgĕre Sicherheit fordern
— făcĕre Sicherheit leisten, zahlen
— offerre Sicherheit anbieten
— pĕtĕre Sicherheit verlangen
— postŭlare Sicherheit fordern
— praestāre Sicherheit leisten
satīus besser, dienlicher
satrāpa Statthalter in Persien
satūra Fruchtschale, Allerlei, Satire
Saturiāni Nomaden in Afrika
Saturnīnus s. Abschn. II.
satus v. serere
satўra, satūra Satire, Spottverse
saucīāre verletzen
saucīus verwundet, geschwächt
saxōsus steinig
saxum Fels, Stein
scabiōsus } krätzig
scabīdus }
scaena Bühne
scaenīcus I. Bühnen-...
— II. Schauspieler
scaeva Linkshänder
scaevītas Ungeschick, Verkehrtheit
Scaevŏla s. Abschn. II.
scaevus ungeschickt, verkehrt

scala Leiter
scamnum Schemel, Bank
scandălum Anstoß
scandŭla Schindel
scandularīus Schindeldecker
scansor = scasor
scapha Nachen, Kahn
scaphīum Becken, Nachtgeschirr
scasor Pflasterer
scelerātus verbrecherisch
scelerītas Verruchtheit
scelerōsus } frevelhaft, verrucht
scelestus }
scelus, ĕris Verbrechen, Frevel
scen ... s. scaen ...
sceptrum Szepter
scheda Blatt, Entwurf
schedīus leicht hingeworfen, -gearbeitet
schisma Glaubensspaltung
schismatīcus Abtrünniger
schola Schule, eine Sekte, Korps, Vereinigung
scholāris zu einer schola gehörig
scholastīcus Rechtsgelehrter
scientīa Wissen, Kenntnis, Wissenschaft
scilīcet nämlich
scindĕre zerreißen, zerspalten, teilen
scire wissen, kennen, verstehen
sciscĕre erforschen, beschließen
sciscītāre sich erkundigen, ausfragen
scitum Beschluß, Verordnung
scopae Reiser, Besen
scoparīus Auskehrer
scopelismus Drohung durch Steinwurfzeremonie
scopŭlus Stein
scortum Dirne
scotra s. scruta
scriba Schreiber

scribātus Stand des scriba
scribĕre schreiben, niederschreiben, errichten, anordnen, erklären, mitteilen, berichten, ernennen
Scribonia lex s. Abschn. II.
scriniarĭus Kanzlist
scrinĭum Kanzlei
sriptĭo Schreiben, Urkunde, Unterschrift, Schuldverschreibung
scriptor Schreiber, Schriftsteller
scriptum Schrift, Unterschrift, Verordnung, Werk
scriptūra Schrift, Handschrift, Urkunde, Anordnung, Gutachten, Schuldanerkenntnis
scripŭlum 1/24 uncia (kleinstes Gewicht)
scrobs Grube
scrupulosĭtas Ängstlichkeit, Pedanterie
scrupulōsus sorgfältig, übergenau
scrupŭlum = scripulum, Bedenken
scruta Trödelware
scrutāri durchstöbern, aufsuchen
sculpĕre meißeln, schneiden, stechen
sculptor Stecher, Hauer
scutarĭus Schildträger (Garde)
scutella flache Schüssel, Untersatz
scutra = scutella
scutulātus gewürfelt
scutum Schild
scyphus Becher, Pokal
Scyrae Barbaren, Verbündete der Hunnen
Scythĭa Provinz Thrakiens
Scythĭcus scythisch
Scythopolitānus aus Scythopŏlis in Syrien
se I. = sine
— II. sich
Sebastēnus aus Sebaste in Palästina
secāre schneiden, operieren
secēdĕre weggehen abfallen
secernĕre trennen, absondern
secessĭo Trennung, Abfall
secessus Einsamkeit, einsamer Ort
secĭus weniger
seclūdĕre ausschließen
secretarĭum Gerichtssaal
secrēto im geheimen
secrētum Einsamkeit, Geheimnis
secrētus gesondert, verborgen, geheim, gesetzwidrig
secta Bahn, Handlungsweise, Anhang, eine Sekte, Schule
sectāri nachfolgen, -streben
sectātor, ōris Anhänger
sector, ōris Güterschlächter
sectorĭus Güterkauf-...
secŭlum s. saeculum
secum mit sich
secundarĭus folgend, zweit
secundicerĭus wer auf den primicerius folgt
secundo wiederum
secundum längs, bei, nahe, gemäß, für
secundus zweiter, nochmalig, minderjährig, günstig
secūris Beil
securĭtas Sicherheit, Garantie, Quittung, Haftungsbefreiung
secūrus sicher, sorglos, fahrlässig
secus anders, schlimm
secutorĭus nachfolgend
sed aber, sondern
sedāre schlichten
sedecĭes sechzehnmal
sedĕcim sechzehn
sedēre sitzen, sich stützen, feststehen, sich niederlassen
sedes Sitz, Wohnsitz, Wohnung, Gerichtsstätte
sedīle Stuhl, Sessel
seditĭo Aufstand

seditiōsus aufständisch
sedūcēre verführen, betrügen
sedularīum Wagenpolster
sedulītas Eifer
sedūla
sedūlus } eifrig, fleißig
seges, ĕtis Saat, Boden
segnis träge
segnitīo
segnitīes } Trägheit
segrēgāre absondern, ausnehmen
segregātim abgesondert
segrex befreit
sejungĕre befreien
Seleucēnus aus Seleucīa in Syrien
Selīnus Küstenstadt Siziliens
seliquastrum Stuhl, Sitz
sella Sessel, Gerichtsstuhl, Sattel
semel einmal
semen, īnis Samen, Ursache
sementis Aussaat
semestris halbjährlich
semet = se II.
semicentesīma Abgabe von 50 v. H.
semidecīma Abgabe von 5 v. H.
semimītra Halbmütze
semīnāre pflanzen, säen
seminarīum Pflanzschule
semīnex halbtot
semīpes halber Fuß (Maß)
semiplēnus halb beendigt
semis ein halb
semisilīqua eine halbe siliqua
semissālis 1/2 As betragend
semissarīus = semissalis
semissis 1/2 As, Hälfte
semīta Fußsteig
semōtim abgesondert
semŏvēre absondern, abschließen
semper immer
sempiternus ewig
Sempronia lex s. Abschn. II.
Sempronius s. Abschn. II.
semuncīa 1/2 uncia, 1/24 As
senātor Mitglied des Senats oder der curia, kaiserlicher Beamter
senatorīus Senatoren- . . .
senātus Senat, Stadtratskollegium
senatusconsultum Senatsbeschluß
senectus hohes Alter
senescĕre altern
senex Greis
seni (je) sex
senīor I. älter
— II. alter Mann
senīum Greisenalter
sensim allmählich
sensum Denken, Überlegung
sensus Empfindung, Sinn, Einsicht, Meinung
sententīa Meinung, Absicht, Ansicht, Stimme, Entscheidung, Ausspruch, Bescheid
sentīre fühlen, denken, meinen, wollen, leiden, übereinstimmen
seorsum besonders, unten
sepārāre absondern, trennen, unterscheiden
separātim besonders
separātīo Trennung, Scheidung
separātus getrennt, verschieden, frei
sepēlīre beerdigen
sepōnĕre sondern, scheiden, wegnehmen, aufheben
sepositīo Trennung
Septa Ort an Afrikas Nordküste
septem sieben
September September betreffend
septemvirālis vor die Siebener gehörig
septēni (je) sieben

septennium Zeitraum von sieben Jahren
septentrionālis nördlich
septies siebenmal
septima Abgabe (Siebenter)
septimāna Woche
septimum Palast bei Konstantinopel
septimus siebenter
septuagenarius Siebzigjähriger
septuagesimus siebzigster
septuaginta siebzig
septum Mauer, Gehege, Wehr
septunx $^{7}/_{12}$ As
sepulc(h)rum Grabmahl, -stätte
sepultūra Leichenbegängnis
sequēla Folge, Nebenabrede
sequens folgend, später, verbunden
sequester I. Mittelsperson, Streitsache-Verwahrer
— II. Depot, Verwahrung
sequestrāre dem sequester übergeben, aufschieben
sequestrarius Verwahrungs-...
sequestratio Verwahrung beim sequester
sequestre = sequester II.
sequestrum verwahrte Streitsache
sequi folgen, begleiten, befolgen, treffen, belangen
sequior schlechter
sera Schloß
serenitas „Durchlaucht" (Titel)
serēnus heiter, froh
serenissimus durchlauchtigst
serĕre säen
seria Krug, Tonne
sericoblatta purpurne Seide
sericus seiden
series, ēi Reihe, Wortlaut, Inhalt
serius ernsthaft
sermo, ōnis Rede, Wortlaut, Ausdruck, Sprachgebrauch, Sprache
sermocinatio Äußerung
sero zu spät
serpens Schlange
serpĕre kriechen
serra Säge
serracŭlum Steuerruder
sertum Kranz
serus spät
servacŭlum s. serraculum
servāre bewahren, erhalten, beachten, wiedererlangen
servātor Aufpasser
Serviāna actio Klage I. des Verpächters, dann jedes Pfandgläubigers auf Herausgabe der Illaten
— II. des bonorum emptor
serviens dienendes Grundstück
servīlis Sklaven-...
servire dienen, nützlich sein, obliegen, verrichten [Sklaven
servitium Sklavenstellung, Dienst,
servitus Sklaverei, Sklavenstellung, Dienstbarkeit
Servius s. Abschn. II.
servŭla Sklavin
servŭlus Sklave
servus I. dienend, dienstbar
— II. Sklave
sescuncia } anderthalb Zwölftel
sescunx }
sessio Sitzung, Gerichtstag
sestertius Silbermünze ($2^{1}/_{2}$ As)
seu oder, auch, und
severitas Strenge
severitūdo, inis Strenge
sevērus streng
Sevērus I. Kaiser, 193—211 n. Chr.

Sevērus II. ein Sektierer
— III. s. Abschn. II.
sex sechs
sexagenarius Sechzigjähriger
sexagēsimus sechzigster
sexaginta sechzig
sexcenti sechshundert
sexdĕcim = sedecim
sexennium Zeitraum von 6 Jahren
sexprimi obersten sechs Dekurionen
sexta Mitternacht
sextans $^1/_6$ As, ein Sechstel
sextarium } Nösel, Metze
sextarius }
sextus sechster
Sextus s. Abschn. II.
sexus Geschlecht
si wenn, ob
sibi(met) sich (Dativ)
sic so, so sehr, also
sica Dolch
sicarius Meuchelmörder
siccāre trocknen
siccitas Dürre, Trockenheit
siccus dürr, trocken
Sicilia Insel bei Italien
sicilicus $^1/_4$ uncia, $^1/_{48}$ As
Siciliensis Sizilianer
sicŭbi wenn irgendwo
Sicŭlus Sizilianer
sicŭt(i) sowie, gleichwie, zum Beispiel
sidus, ĕris Gestirn
sifo = sipho
sigillaria Bilderfest, -markt
sigillātim = singulatim
sigillātus mit Bildern geschmückt
sigillum Bildchen
siginnus Wurfspieß
siglum Abkürzung
signacŭlum Siegel
signare versiegeln, untersiegeln, bezeichnen, ausprägen
signarius Bildschneider
signatio Erklärung
signātor Untersiegler
signatorius Siegel- . . .
signatūra Bild, Siegel
signifăcĕre kundgeben
signifer Fahnenträger
significāre erklären, bezeichnen
significatio Bezeichnung, Ausdruck
significativus bezeichnend
significātus = significatio
signinus Mörtel aus Scherben und Kalk
signum Zeichen, Siegel, Bild, Feldzeichen
Silanianum s. Abschn. II.
silentiarius Kammerherr
silentium Schweigen
silēre schweigen
silescĕre verstummen
silex, icis Kiesel
Silia lex s. Abschn. II.
silig(i)narius Weizenhändler, -bäcker
siligo, inis Weizen
siliqua Schote, Münze ($^1/_{24}$ solidus)
siliquaticum Zoll in Höhe einer siliqua
sillus Spottgedicht
silva Wald
simia Affe
similis ähnlich
similitūdo Ähnlichkeit
Simoniāni eine Sekte
simpla einfacher Betrag
simplarius geringfügig
simplex einfach, einfältig, natürlich
simplicitas Einfachheit, Einfalt
simpliciter ohne weiteres, aufrichtig
simplum einfacher Betrag
simplus einfach

simul zugleich
simŭlac } sobald als
simulatque }
simulācrum Götterbild
simŭlāre vorspiegeln, heucheln
simulāte zum Schein
simulatĭo Vorspiegelung
simultas Reibung, Zwist, Haß
sin wenn aber
sincerĭtas Reinheit, Ehrlichkeit
sincērus redlich, unverfälscht
sine ohne [lassen
sinĕre gestatten, zulassen, dulden,
singillātim = singulatim
singulāris I. einzeln, besonder
— II. Beamter des praefectus praetorio
singularĭter ausnahmsweise
singulātim einzeln, besonders
singŭlus einzeln
sinistra linke Hand
sinister ungeschickt, schlimm
Sinopensis aus Sinōpe in Paphlagonien
sinus Bausch, Brust, Schoß, Schutz
sipho Spritze [Lydien
Sipylensis vom Berg Sipўlus in
siquando wenn einmal
siquĭdem wenn nur, weil
siremps ganz ebenso
Sirmĭum Stadt in Pannonien
sistĕre hinstellen, beibringen, sich
sitella Losurne [stellen
Sitifensis aus Sitĭfis in Maure-
sitīre dürsten [tanien
sitis Durst
sitocomia = sitonia
sitōna Getreideeinkäufer
sitonia Amt des sitona
sitŭla Wasserkrug, -eimer
situs I. stehend, liegend
— II. Lage, Schmutz, Moder
sive oder, wenn auch
smaragdus grüner Edelstein
smurna } Myrrhe
smyrna }
Smyrna Hafen in Jonien
sobŏles = suboles
sobrĭe nüchtern
sobriĕtas Nüchternheit, Mäßigkeit
sobrīnus* Geschwisterkind, Vetter
socer* Schwiegervater
socĭa Gefährtin
socialis gemeinsam [leiben
socĭāre verbinden, annehmen, einver-
sociĕtas Gesellschaft, Gemeinschaft [schafter
socĭus Gefährte, Genosse, Gesell-
socordĭa Untätigkeit
socrus* Schwiegermutter
sodālis Genosse, Kollege
sodalĭtas } Genossenschaft, Brüderschaft
sodalitĭum }
sol Sonne, Sonnenwärme, Lebenslicht, Sonntag
solāri trösten
sōlarĭum Söller
sŏlarĭum Grundsteuer
solatĭum Trost, Entschädigung, Ersatz
solemnĭa Feierlichkeit, Steuer
solemnis herkömmlich, feierlich, förm-
solemnĭtas Gewohnheit [lich
solemnĭter förmlicherweise
solenn ... = solenn ...
solēre pflegen, gewohnt sein
soler ... = soller ...
Soletīnus aus Solētum in Kalabrien
solĭdāre befestigen, bestätigen
solidĭtas Festigkeit, Ganzes, solida-
solĭdum Ganzes [rische Haftung

solĭdus I. ganz, vollständig
— II. Goldmünze (Dukaten)
solitarĭus I. einzelstehend, allein
— II. Vater nur eines Kindes
solitaurilĭa Tieropfer
solitūdo, ĭnis Einsamkeit, Ehelosigkeit
solĭtus gewöhnlich, herkömmlich
sollemn . . . = solemn . . .
sollers kunstfertig, tüchtig
sollertĭa Kunstfertigkeit, Gewandtheit
sollicĭtāre erregen, aufwiegeln
sollicitātio Mahnung, Aufwieglung
sollicitātor Aufwiegler, Verführer
sollicĭte bekümmert, sorgsam
sollicitūdo Bekümmernis, Sorge
sollicĭtus erregt, besorgt, ängstlich
Solon Gesetzgeber Athens
solum I. allein, nur
— II. Grund und Boden
solummŏdo = solum I.
solus allein [zahlung
solutĭo Auflösung, Befreiung, Be-
solūtor Bezahler [gehindert
solūtus befreit, frei, verschieden, un-
solvĕre auflösen, befreien, bezahlen, aufheben, loslassen
solvendo esse zahlungsfähig sein
somniculōsus schläfrig
somnĭum Traum
somnus Schlaf
sons schädlich
sontĭcus hinderlich
sonus Ton, Schall, Klang
Sopha(nē)nus aus Armenien
sophista sophistischer Philosoph
sopīre betäuben, einschläfern
sordēre schmutzig sein
sordes Schmutz, Schnelligkeit, Geiz, Eigennutz, Habsucht
sordidātus beschmutzt

sordĭde habsüchtig, geizig
sordĭdus schmutzig, niedrig
soror, ōris* Schwester
sororĭus schwesterlich
sors Los, Geschick, Teil, Verhältnisse, Vermögen, Kapital, Art und Weise
sorticŭla Lostäfelchen
sortīri losen, erlosen, erhalten
sortīto durch das Los
sortītus Losen
sospĭtas Heil, Wohlsein
spado zeugungsunfähig
spargĕre ausstreuen, zerstreuen
Spartăcus Gladiator, Söldnerführer
spatangĭus ein Fisch
spatha zweischneidiges Schwert
spatĭāri umhergehen
spatiōsus geräumig [raum
spatĭum Zwischenraum, Raum, Zeit-
specĕre beachten, beobachten
speciālis besonder
speciātim besonders
specĭes, ēi Anblick, Gestalt, Form, Begriff, Art, Fall, Schein, Art und Weise; Früchte
speciōsus glänzend, schön, scheinbar
spectabĭlis ansehnlich, ausgezeichnet
spectabilĭtas Würde eines „specta-
spectacŭlum Schauspiel [bilis“
spectāre zusehen, beobachten, berücksichtigen, erwarten, betreffen
spectātus erprobt, bewährt
specŭla Warte, Lauer, Fürsorge
specŭlāri auskundschaften
speculārĭum Spiegel
speculārĭus Spiegelmacher
speculātor Kundschafter
specŭlum Spiegel
specus Grotte, Höhle, Kanal

spelunca Zufluchtsort
sperāre erwarten, vermuten, hoffen, fürchten
spernĕre verachten, verwerfen, ausschlagen
spernŭus gewärtig
spes Hoffnung, Erwartung
sphaeristerĭum Ballspielhalle
spica Ähre
spina Dorn
spinōsus dornig
spirāre atmen
spirĭtus Hauch, Atem, Leben, Geist, Ganzes
splendēre strahlen
splendĭdus glänzend, herrlich
splendor, ōris Glanz, Ansehen, Ruhm
spolĭa Beute, Kleider des Hingerichteten
spolĭāre berauben
spoliatĭo Beraubung
spondēre geloben, durch Stipulation versprechen, bürgen
spongĭa Schwamm
sponsalĭa Verlöbnis, Brautgeschenke
sponsalicĭus } Verlobungs-...
sponsālis }
sponsāre sich verloben
sponsĭo feierliche Verpflichtung, Prozeßwette, Bürgschaft
sponsor (altziviler) Bürge
sponsus I. = sponsio
— II. Verlobter
spontanĕus freiwillig
sponte von selbst, selbständig
sporta Tragkorb
sportŭlae Körbchen, Geschenke, Amtsgebühren
spretus v. spernere
spurcus schmutzig, abscheulich
spurĭus unehelich
squalĭdus schmutzig, ungepflegt
squalor Schmutz

stabĭlis standfest, unerschütterlich
stabilĭtas feste Ordnung, -Regel
stabŭlāri im Stalle stehen
stabularĭus Stallknecht
stabŭlum Stall
stadĭum Rennbahn
stagnāre sich stauen
stagnum Sumpf, Teich
stagnĕus = stanneus
stamen Kette (am Webstuhl)
stannĕus zinnern
stannum Zinn
stare stehen, feststehen, bestehen bleiben, beibleiben, verbleiben, auf jemand ruhen bleiben, vor Gericht stehen
stater kleines Gewicht
statēra Wage
statim sogleich
statĭo Standort, Aufenthalt, Station, Stellung, Ortsbehörde
stationarĭus Soldaten oder Beamte auf bestimmten Posten
statīva Haltestelle
stator s. strator
statŭa Bildsäule
statuarĭus Bildhauer
statŭēre aufstellen, festsetzen, verordnen, entscheiden
statulĭber Sklave, der unter Bedingung oder Befristung freigelassen ist
statūra Gestalt, Größe
status Zustand, Rechtslage, Rechtsstellung, Personenstand
statūtum Vorschrift, Entscheidung
statūtus I. entschieden, rechtmäßig
— II. etatsmäßiger Beamter
stellatūra = stillatūra
stellionātus Betrug, Handeln wider

Treu und Glauben, bes. heimlicher Pfandverkauf
stemma Ahnenreihe, Stammbaum
stercŏrāre düngen, ausräumen
sterculīn(ĭ)um Mistgrube, Dünger
stercus Dünger
sterĭlis unfruchtbar
sterilĭtas Unfruchtbarkeit
sternĕre ausbreiten, ebenen, pflastern, bedecken, vernichten
sterquilīnĭum = sterculinium
stigma Brandmal, Infamie
stillatūra Abgabe von Proviant an die Tribunen durch Soldaten
stillicidĭum Dachtraufe, Traufrecht
stilus Griffel, Ausspruch, Urteil
stimŭlus Stachel, Trieb, Unruhe
stipātus umringt
stipendiarĭus zinspflichtig
stipendĭum Grundsteuer, Ertrag, Sold, Kriegsdienst, Dienstzeit, Amt
stipes, ĭtis Pfahl
stips Geldbeitrag, Gabe, Ertrag
stipŭla Halm
stipŭlāri sich förmlich versprechen lassen
stipulatĭo förmliche Schuldfrage, Versprechen, Obligation
stipulātor wer sich versprechen läßt, Stipulationsgläubiger
stipulātus = stipulatio
stipŭlum = firmum (v. firmus)
stirpĭtus mit Stumpf und Stiel
stirps Wurzel, Stamm, Geschlecht
stlis = lis
Stobensis aus Stobi in Mazedonien
stoĭcus stoische Philosophie betreffend
stola langes Kleid, Schleppkleid
stolĭdus tölplig, albern
stolus Flotte, Seeverkehr
strabo, ōnis Schieler
strages Niederlage
stragŭla / stragŭlum Decke, Teppich, Matratze
stramentum Streu, Stroh, Decke
strangŭlare erdrosseln, beunruhigen
strata Straße
stratēgus Heerführer
strator, ōris Reitknecht, Bedienter, Gefangnenwärter
stratorĭus zum Überdecken dienend
stratūra Pflaster, Decke
stratus I. v. sternere
— II. Pferdedecke, Bett
strena Neujahrsgeschenk
strenuĭtas Hurtigkeit, Emsigkeit
strenŭus rüstig, tätig, munter
strepĭtus Geräusch, Lärm, Verhandlung
strictus genau
stringĕre zücken, bemessen, treffen
strobĭlus Zirbel, Zapfen
structĭlis gemauert
structor Maurer
struĕre errichten, bereiten
studens Studierender
studēre sich befleißigen, betreiben
studiōsus eifrig, beflissen, zu erstreben
studĭum Eifer, Fleiß, Studium, Vergnügen, Sitte, Absicht
stultitĭa Torheit
stultus töricht, unwissend
stuprāre schänden
stuprātor Schänder
stuprum Schändung
sturnus Star (Vogel)
stylus s. stilus
stypterĭa Alaun
suadēre raten, zureden, überreden

suarĭus Schweine= . . ., Schweinehändler
suasĭo guter Rat, Überredung, [Glaube
suāsor Ratgeber
suasus Überredung
sub unter, unterhalb, an, vor, innerhalb, bei, während, wegen
subadjŭva zweiter Gehilfe
Subafrenses Nachbarstamm der Afrer
subaudīre darunter verstehen
subclamatĭo darauffolgendes Schreien
subcrescĕre nachwachsen
subcurātor Gehilfe des Kurators
subdĕre unterlegen, unterschieben, hinzufügen, unterwerfen
subdiacŏnus Unterdiakon
subdisjunctīvus nicht ganz entgegengesetzt
subditicĭus untergeschoben, unecht
subdĭtus v. subdere
subdivisĭo Untereinteilung
subdŏlus heimlich, schlau
subdūcĕre wegnehmen, entziehen, abrufen, entfernen, berechnen
subesse dahinter stecken, dasein
subfultus unterstützt
subgrunda Vordach, Wetterdach
subhastāre öffentlich versteigern
subhastarĭus öffentlich zu versteigern
subhastatĭo öffentliche Versteigerung [sein
subjăcēre liegen unter, unterworfen
subĭcĕre legen unter, hinzusetzen, =fügen, anstelle setzen, unterschieben, unterwerfen, anstiften
subjectĭo = substitutio
subjectus v. subĭcere
subĭgĕre bearbeiten, unterwerfen
subinde darauf, wiederholt
subīre eintreten, einfallen, einrücken, übernehmen
subĭto v. subitus
subĭtus plötzlich [werfen
subjŭgāre ins Joch spannen, unter=
subjunctorĭum Wagen
subjungĕre zufügen
sublātus v. tollere
sublĕgĕre anstelle setzen
sublĕvāre aufheben, erleichtern, un=
sublīmāre emporheben [terstützen
sublīmis hoch, erhaben
sublimĭtas „Erhabenheit" (Titel)
sublūcāre ausschneiden
sublūgēre wenig betrauern
submergĕre versenken
submersus untergegangen
subministrāre gewähren
submittĕre unterstellen, anstelle setzen, anstiften, hängen lassen
submōtus v. submovere
submŏvēre entfernen, ausschließen
submūtāre heimlich vertauschen
subnectĕre anknüpfen, anfügen
subnixus gestützt auf, sicher
subnŏtāre vermerken, unterzeichnen
subnotatĭo Unterschrift
subŏles Nachkommenschaft
subornāre anstiften, anstellen
subornātor Anstifter
subpĕrīri Schaden leiden
subpōnĕre s. supponere
subrēpĕre erschleichen
subrepticĭus erschlichen
subreptĭo Erschleichung
subreptīvus erschlichen
subrīpĕre entwenden, fortraffen, erschleichen [setzen
subrŏgāre Zusatz beschließen, anstelle
subrŭĕre untergraben, einstürzen

subrumpĕre einstürzen
subscribendarĭus Unterschreiber
subscrībĕre unterschreiben, anklagen, verfassen
subscriptĭo Unterschrift, Anklageschrift, Aufschrift, Inhalt
subscriptor, ōris Unterschreiber
subsĕcāre unten ab-, anschneiden
subsecīvus Überrest, Neben- . . .
subsellĭum Bank, Sitz
subsĕqui nachfolgen, sich richten nach, statthaben
subsĕrĕre nachpflanzen
subsīdĕre sinken, zurückbleiben
subsidiarĭus Hilfs- . . ., Aushilfs- . .
subsidĭum Reserve, Aushilfe, Unterstützung
subsignāre untersiegeln, verpfänden, unterzeichnen [dung
subsignatĭo Unterschrift, Verpfän-
subsimĭlis etwas ähnlich
subsistĕre aushalten, ertragen, gelten, da sein, verweilen
subsortīri anstelle, gewählt werden
subsortitĭo Nachwahl
substans gegenwärtig
substantĭa Wesen, Inhalt, Bestand, Inbegriff, Unterhalt
substitŭĕre anstelle setzen, Ersatzerben bestellen
substitutĭo Einsetzung eines Erben
substitūtus Ersatzmann, -erbe
substructĭo Unterbau
substrŭĕre unterbauen [webes
subtēmen, ĭnis Einschlag des Ge-
subter unterhalb, unter
subterfŭgĕre heimlich entfliehen
subtexĕre unten anweben, anfügen
subtīlis fein, scharf, scharfsinnig
subtilĭtas Schärfe, Spitzfindigkeit
subtractĭo Entziehung, Abzug
subtrăhĕre entziehen, fortraffen, abziehen
suburbānum Grundstück in Stadtnähe
suburbānus stadtnahe, in Italiens Nähe, halb ländlich
suburbicarĭus in Roms Umgebung
subustĭo Heizung von unten
subvas Unterbürge
subvectāre herbeischaffen
subfectĭo Zufuhr
subvĕhĕre herbeischaffen, befördern
subvĕnīre zu Hilfe kommen
subvertĕre umstürzen, umstoßen
succedanĕus Nachfolger, Übernehmer
succēdere nachfolgen, kommen unter, fallen unter [erregen
succendĕre (von unten) anzünden,
succensus erregt, erbittert
successĭo Nachfolge, Reihenfolge, Nachkommen, Erbe, Nachlaß
successor Nachfolger, Erbe, Vertreter
successorĭus das Nachrücken entfernter Erbberechtigter betreffend
successus Aufrücken, Beförderung
succīdĕre abschneiden, abhauen, unterbrechen
succĭdus = sucĭdus
succinctus ausgestattet
succīsus vermindert
succlamatĭo = subclamatio
succrescĕre = subcrescere
succumbĕre unterliegen
succurĕre zu Hilfe kommen
sucĭdus frisch geschnitten
sucŭla Haspel, Winde
sucŭlus Ferkel
sudāre schwitzen, Mühe haben

sudor Schweiß, Anstrengung
suffectus anstelle stehend
sufferre tragen, erdulden
sufficere hinzuwählen, ausreichen, tragen, zustehen, zugute kommen
sufficienter genügend
suffigere anheften
suffocare ersticken
suffodere untergraben
suffragari stimmen für, unterstützen
suffragatio Empfehlung, Unterstützung
suffragator Fürsprecher, Anwalt
suffragium Stimme, Fürsprache, Unterstützung, Wunsch, Zauberformel
suffugium Zuflucht, Schutzmittel
suffultus = subfultus
suggerere darreichen, gewähren, unterlegen, anführen
suggestio } Eingabe, Bericht, Antrag
suggestus }
suggillare verletzen, beschimpfen
suggillatio Verletzung, Schimpf
suggrunda = subgrunda
sui, sibi, se seiner, sich
sulcare pflügen, aufreißen
sulcus Furche, Graben
sulphur Schwefel
sulpharia Schwefelgrube
sulphuratum Schwefelfaden
sulpur ... = sulphur ...
sumere annehmen, aufnehmen, wählen, aufwenden, erhalten, vollziehen, entnehmen
summa Summe, Spitze, Hauptsache
summarius zu berechnen
summas Vorsteher
summatim obenhin, im allgemeinen, alles in allem
summitas Spitze, Hoheit Würde
summovere = submovere
summus der höchste, oberste
summutare = submutare
sum(p)tuosus kostspielig
sum(p)tus Kosten, Aufwand
supellecticarius Aufseher des Hausrats
supellex Hausrat
super über
superaddere hinzufügen
superaedificare drüberbauen
superaequatio gleichmäßige Steuerlast
superamentum Überbleibsel
superare überwinden, Oberhand haben, reichlich dasein, übrig bleiben
superbia Hochmut
superbire stolz sein
supercilium Augenbrauen, Wink
supercompellere über Gebühr eintreiben
superdicere dazusetzen, -sagen
superducere zuführen, mehr als gewöhnlich heranziehen
superductio Überschreiben, zweimaliges Beschreiben
supereminere überragen
supererogare übermäßig ausgeben
superesse übrig sein, überleben, vorstehen, führen
superexactio Steuererhebung über Gebühr
superexcurrere hinausgehen über
superexigere über Gebühr eintreiben
superficiarius I. erbbaurechtlich — II. Erbbauberechtigter
superficiens überflüssig
superficies Oberfläche, Erbbaurecht, Erbbau, (das in Ausübung des Rechtes Errichtete)
superficium = superficies
superfluere überfließen

superflŭo überflüssig
superflŭum Überschuß
superflŭus überschießend, überflüssig
superfundĕre drüberschütten, überhäufen
supergrĕdi übersteigen
supĕri die Obern
superimpendĕre übermäßig aufwenden
superimpōnĕre darüber errichten
superindicticĭus außerordentlich
suberindictĭo } außerordentliche
suberindictum } Steuer
superindictus außerordentlich
superindūcĕre zuführen
superinductio = superductio
superinstrŭĕre überbauen
superĭor höher, ober, höherstehend, früher
superĭus weiter oben
supernumerarĭus überzählig
supernus äußerlich, höchst
superpellĕre zuviel eintreiben
superpōnĕre überbauen, setzen auf
superpostulatĭo Mehrforderung
superscrībĕre darüber-, daraufschreiben
supersĕdēre sich ersparen, unterlassen
superstatūtum übermäßige Abgabe
superstes zugegen sein, lebend, überlebend, übrig
superstitĭo Aberglaube, Ketzerei
superstitiōsus abergläubisch, ketzerisch, unnütz
supervacanĕus überflüssig
supervacŭus überflüssig, vergeblich
supervĕnīre herzukommen, anrücken, eintreten, überfallen
superventor Angreifer
superventus Angriff, Hinzutritt
supervīvĕre überleben
supīnus lässig, träg
suppedĭtāre unterstützen
suppell... = supell...
suppĕtĕre ausreichen, zustehen, helfen, sorgen für
supplementum Ergänzung
supplēre ergänzen
supplex ergänzend
supplĭcāre angehen, bitten
supplicatĭo Bittschrift, Kirchenbitte
supplicĭum Strafe, Marter
supplōdĕre vernichten
suppōnĕre untersetzen, -werfen, voraussetzen, verpfänden
suppositĭo Unterlage, Verpfändung
supposĭtus v. supponere
suppressĭo Unterschlagung, Verhehlen
suppressor Verhehler
supprĭmĕre unterdrücken, verhehlen, unterschlagen
suppŭtāre berechnen
supputatĭo Berechnung
supra I. oberhalb, früher, mehr
— II. über, oberhalb, vor, außer
suprascriptus übergeschrieben
suprēmum zuletzt
suprēmus letzter
supterfugĕre = subterfugere
suptīlis = subtilis
sura Wade
surdus taub
surgĕre aufstehen
Surrentīnus aus Surrentum in Kampanien
surrĭpĕre = subripere
sursum aufwärts
sus Schwein
susceptĭo Erhebung, Einnahme
susceptor Hehler, Übernehmer, Einnehmer
susceptus v. suscipere
suscĭpĕre aufnehmen, annehmen, in

Schutz nehmen, übernehmen, anerkennen, in Empfang nehmen, empfangen, erzeugen, ausdrücken
suscĭtāre aufrühren
suspectĭo Verdacht
suspecto verdächtig
suspectus verdächtig, unsicher, übelberüchtigt [Schwebe lassen
suspendĕre aufhängen, in der
suspendiōsus Erhängter
suspendĭum Erhängen
suspensus in der Schwebe
suspĭcāri vermuten, argwöhnen
suspĭcax verdächtig
suspĭcĕre verehren, anbeten
suspicĭo Verdacht, Argwohn
suspirĭum Seufzer
sustentāre aufrecht halten, erhalten, tragen, verarbeiten
sustentatĭo Unterhalt, Unterstützung
sustĭnēre halten, tragen, ertragen, erdulden, führen, erhalten, unterhalten, stützen, verschieben, umstellen
sustollĕre errichten, aufheben, tragen
susum = sursum
susurrus Gemurmel
sutēla List
sutor Schuster
Sutrīnus aus Sutrium in Etrurien
suum Eigen, Eigenart, Eigentum
suus I. eigen, eigentümlich, eigenartig — II. Gewaltunterworfner, eigner
sycamīnon Maulbeerbaum [Herr
Syce Stadtteil von Konstantinopel
syllăba Silbe
symbŏlum Bekenntnis
symphonĭa Musik
symphoniăcus Musiker
synagōga Synagoge
synallagma Vertrag
syndĭcus Anwalt
synedrĭum Rat (Kollegium)
syngrăpha Schuldverschreibung
synodīta Mönch
synŏdus Versammlung
synonēton Einkauf
synopsis kurzes Verzeichnis
synthĕsis Anzug
Syracusānus Syrakusaner
Syrĭa Landschaft in Asien
Syriăcus Syrier
syriarcha Oberpriester in Syrien
syriarchĭa Amt des syriarcha
Syriatĭcus syrisch
Syrus Syrer

T.

tabella Tafel [führer
tabellarĭus Briefbote, Rechnungs-
tabellĭo Notar
taberna Hütte, Büde, Laden
tabernacŭlum Zelt [wirtin
tabernarĭa Kramladen, Bordell-
tabernarĭus Buden-..., Krämer
tabernŭla Kramladen, Schenke
tabes Auszehrung
tabescĕre schwinden
Tabiānus aus Tabiana im persischen
tabĭfĭcāre auszehren [Golf
tablīzare Würfel spielen
tabŭla Tafel, Schreibtafel, Urkunde
tabularĭa Amt des tabularius
tabularĭum Archiv
tabularĭus Archivar, Rechnungsführer, Notar
tabulātum Decke, Stockwerk
tacēre schweigen, ungültig sein

taciturnĭtas Stillschweigen, Verschwiegenheit
taciturnus schweigend [gessenheit
tacĭtus schweigend, nicht ausdrücklich, geheim
tactus I. v. tangere
— II. Berührung, Schlag
taeda Kienfackel
taedēre ekeln, anekeln
taedĭum Ekel, Überdruß
taeter scheußlich, schändlich
tagma Regiment
talĭo Wiedervergeltung
talis so beschaffen, solch
talus Knöchel, Knorren
tam so sehr, sehr
tamdĭu solange, soweit
tamen dennoch, doch
tamesti obgleich
tamiăcus Kron=..., Staats=...
tamquam gleich wie, als
tangĕre berühren, anfassen, ergreifen, antreten, angrenzen
tanti soviel wert
tantĭdem ebensoviel wert
tantisper solange, vorderhand
tanto so sehr
tantum nur
tantummŏdo nur
tantundem ebenso viel
tantus so groß, so viel
tantusdem ebenso groß, =viel
tapētum Teppich
tardāre hinzögern, säumen
tardĭtas Säumigkeit
tardus langsam, spät
Tarpējus Spitze des kapitolinischen Hügels
Tarracinensis aus Tarracīna in Latium
Tarsensis aus Tarsus in Cilicien
Tascodrogĭtae eine Sekte
Taviānus aus Tavĭum in Galatien
taxare schätzen, bestimmen, einreihen
taxatĭo Schätzung, Betrag
taxeōta Beamter des Statthalters
taxeotĭcus den taxeota betreffend
tebennum Senatorenkleid
tector Stuckarbeiter, Tüncher
tectorĭum Tünche
tectorĭus Deck=...
tectum Dach
tegĕre bedecken, verbergen
tegimentum } Decke
tegmen(tum) }
tegŭla Ziegel
tegularĭum = tegurium
tegumentum Decke
tegurĭum Hütte
tela Webstuhl
telonarĭus Zollbeamter
telonēum Zoll
telonĭum Zollhaus, =amt
telum Geschoß, Waffe
temĕrāre verletzend
temerarĭus unüberlegt, keck
temeratĭo Verletzung
temerātor Verletzer
temĕrē aufs Geratewohl
temerĭtas Unbesonnenheit, Mutwille
temnĕre verachten [Rekruten)
temo, ōnis Ablösungssumme (statt
temonarĭus I. temo betreffend
— II. Einnehmer der temo
temperamentum Mäßigung
tempĕrāre mäßigen, bestimmen, leiten, sich mäßigen
temperāte mit Maß
temperatĭo Gleichmaß, Milderung
temperĭes Mäßigung, mäßiges Klima
tempestas Wetter, Unglück, Zeit

tempestīvus zeitgemäß, zeitig
templum Tempel
temporālis } zeitweilig
temporārius } [laufen
temptāre versuchen, antasten, Gefahr
tempus, ŏris Zeitpunkt, -raum, Zeitalter, Zeit, Stelle
temulentia Trunkenheit
tenācitas Hartnäckigkeit
tenax, ācis hartnäckig
tendĕre strecken, erstreben
tendicŭlae Fallstrick, List
tenĕbrae Finsternis
tenebrōsus finster
tener zart
tenēre halten, besitzen, bewahren, fest-, aufhalten, erlangen, Besitz ergreifen, zusammenhängen, verbindlich sein, verpflichten, obsiegen
tenor, ŏris Verlauf, Ordnung,
tentamentum Versuch [Inhalt
tentāre = temptare
tentorium Soldatenzeit
tentus v. tenere
tenuāre verringern
tenuis gering, dürftig
tenuitas Ärmlichkeit, Mangel
tenus bis an, bis nach, betreffend
tepēre, tepescĕre lau, schwach werden
tepidarium laues Bad
ter dreimal
Terentius s. Abschn. II.
terĕre zerreiben, zerstören
tergemīnus Drilling
tergiversāri zaudern, abstehen
tergiversatio Hinhalten des Prozeßgegners
terminālis Grenz-..., End-...
termināre begrenzen, beendigen

termĭnus Grenze, Ende, Grenzstein
terni (je) drei
terra Erde, Grund und Boden, Land, Feld, Gebiet
terrēnus erdig, irdisch, Boden-...
terrēre schrecken, fortjagen
terrestris zu Lande [würdig
terribilis furchtbar, gewaltig, ehr-
territio Einschüchterung
territorium Weichbild, Gebiet, Grundstück [schüchterung
terror, ŏris Schrecken, Furcht, Ein-
terrŭla Grundstück
tertiāna Wechselfieber (dreitägig)
tertio drittens [secundicerius
tertiocerius der Beamte nach dem
tertius dritt
Tertullianum } s. Abschn. II.
Tertullianus }
Tessarescaedecaditae eine Sekte
tesselarius Mosaikarbeiter
tessĕra Würfel, Getreidemarke
testa Backstein
testamentarius I. Testaments-...
— II. Testamentsschreiber
testamentifactio Testamentserrichtung
testamentum Testament
testāri Zeuge sein, vor Zeugen erklären, testieren [Urkunde
testatio Zeugenaussage, Erklärung,
testāto vor Zeugen, im Testament,
testator Testamentserrichter
testātus nach Testamentserrichtung
testicŭlus Hode
testificāri erklären [Beglaubigung
testificatio Erklärung vor Zeugen
testimoniālis Zeugnis, Patent
testimonium Zeugnis, Empfehlung, Beweismittel, Beweis

testis Zeuge [Schildkröten=...
testudinĕus mit Schildpatt ausgelegt,
testūdo, ĭnis Schildkröte, Schildpatt
teter = taeter
Tetradītae eine Sekte
texĕre weben
textor Weber
textrīnum Weberei
textum Gewebe
textus Inhalt
theatrālis Theater=...
theatroquinegĭum Tierspiele (im
theātrum Schauspiel [Amphitheater)
Thebaĭcus aus Thebais in Ägypten
Thebāïs Landschaft in Ägypten
Thebestīnus aus Thebeste in Nu=
theca Behältnis [midien
Theodosiăcus } nach Kaiser Theo=
Theodosiānus } dosius benannt
Theodosiopolitānus aus Theodosio=
pŏlis in Armenien
Theopolitānus aus Theopŏlis (An=
theriăca Gegengift [tiochīna)
thermae warme Bäder [Pisidien
Thermessensis aus Thermessus in
Thermitānus aus Thermä auf Sizi=
thesaurarĭus } Schatzmeister [lien
thesaurensis }
thesaurus Schatz, Niederlage
Thessalonicensis aus Thessalonice
in Macedonien
thlasĭas } mit zerdrückten Hoden
thlibĭas }
thoralĭa = toralia (von torale)
thorus s. torus
thorax Brustpanzer
Thracensis Bewohner von Thracien
Thracĭa Nachbarland von Mace=
Thracianus } Thrazier [donien
Thracus }
Thrax Thraker
thus s. tus
thymĕla Sängerbühne
thymelĭcus Chorist
thynnarĭus Tunfisch=...
tiberīnus Tiber=...
Tibĕris Tiber, an dem Rom liegt
Tiberĭus I. Kaiser, 14—37 n. Chr.
— II. s. Abschn. II.
tibiāle Schienbeinbinde
Tiburs aus Tibur in Latium
tignarĭus Zimmermann
tignum Balken, Bauholz
tilĭa Linde, Bast
timēre fürchten
timidĭtas Furchtsamkeit
timĭdus furchtsam
timor, ōris Furcht
tingere färben
Tingi Stadt in Mauretanien
tiro, ōnis Rekrut, Neuling
tirocinĭum } Rekrutendienst, Uner=
tironātus } fahrenheit
Titia lex s. Abschn. II.
titillus Kitzel
titĭo Feuerbrand, Brandscheit
titŭbare wanken, unsicher sein
titŭlus Auf=, Überschrift, Titel,
Name, Grund, Vorwand, Steuer
Titus Kaiser, 79—81 n. Chr.
toga Obergewand, Anwaltstracht
togātus mit toga bekleidet, Anwalt
tolerabĭlis erträglich, erklärlich
tolerantĭa Verpflichtung
tolĕrāre ertragen, unterhalten
tollĕre erheben, aufheben, aufnehmen,
wegschaffen, verzehren, erzeugen
tomentum Polsterung, Füllsel
tondēre scheren
tonsillae (Hals=)Mandeln

tonsor Barbier
tonsūra Schur
topiarĭus Kunstgärtner
torāl(e) Polster, Pfühl
torculārĭ(u)s Kelter= . . .
tormentum Marter, Folter
torpor Erschlaffung, Trägheit
torquēre drehen, foltern
torrens Gießbach
torrēre dörren
tortor Folterknecht
torus Ehebett
tot so viele
Totājum Flecken in Bithynien
totĭdem ebenso viele
totĭe(n)s so oft
totus ganz, all, so groß
trabālis (balken)stark
trabēa Staatskleid der Konsuln
trabeātus Konsul, gewesener Konsul
trabs Balken
tractabĭlis nachgiebig, leidlich
tractāre handhaben, besorgen, behandeln, unterhandeln, erörtern
tractātor Rechnungsrevisor
tractātus Verhandlung, Erörterung, Untersuchung
tracteōta = tractator
tractorĭa Berechtigungsschein (z. B. für die Post)
tractus Raum, Gegend, Zeitablauf, Verzug
tradĕre übergeben, übertragen, überliefern, mitteilen
traditĭo Übergabe, Übertragung, Überlieferung, Lehre
tradūcĕre wozu führen
traductĭo Transport
tragĭcus Tragödien= . . .
tragoedus Schauspieler in Tragödien
trahĕre ziehen, schleppen, wegschaffen, an sich bringen, erleiden, hinziehen, ableiten, abziehen, verarbeiten
Trajanopŏlis Stadt in Cilicien
Trajānus Kaiser, 98—116 n. Chr.
traĭcĕre hinüberschaffen, übersetzen, kreisen lassen, durchbohren
trajecticĭus überseeisch (auf Gefahr des Gläubigers gehend)
trajectus I. v. traĭcere
— II. Überfahrtsstelle
trames Weg, Pfad, Methode
tranquillĭtas Ruhe, Gnade
trans jenseits
transactĭo Vergleich
transactus I. v. transĭgere
— II. = transactio
Transalpīnus jenseits der Alpen wohnend
transcendĕre übersteigen, =schreiten, aufrücken
transcrībĕre ab=, überschreiten
transcripticĭus in das Hausbuch eingetragen (Litteralkontrakt)
transcriptĭo Eintragung einer Forderung in das Hausbuch
transcurrĕre durchlaufen, ablaufen
transcursĭo } Zeitablauf
transcursus } Zeitablauf
transdāre = tradere
transdūcĕre hinüberführen, =schaffen
transductĭo Überführung
transferre hinüberschaffen, verlegen, übertragen, verwenden,
transfigūrāre umwandeln
transfluĕre verfließen
transformāre umändern, übersetzen
transfrĕtāre überfahren
transfūga Überläufer

transfŭgĕre überlaufen
transfundĕre übertragen, umändern
transfusĭo Umwandlung
transgrĕdi übergeben, -schreiten
transĭcĕre übertragen
transĭgĕre vollführen, erledigen, verleben, sich vergleichen
transĭlīre überspringen
transīre übergehen, -schreiten, vorübergehen, schreiten zu, übertreten
transĭtus Übergang, Durchgang, Vorübergehen
transjungĕre um-, anders einspannen
translābi ablaufen
translaticĭe leichthin
translatĭo Transport, Übertragung, Änderung
translātor Veräußerer
transmarīnus überseeisch
transmīgrāre übersiedeln
transmissĭo Transport, Übertragung, -sendung
transmittĕre übersenden, -tragen, weiterleiten, verstreichen lassen, übersehen, ausgleichen
transmitti verstreichen
transpōnĕre übertragen
transportāre befördern
transscrībĕre s. transcribere
transvectĭo Beförderung
transvĕhĕre fortschaffen
transvĕhi vorbeireiten
transversarĭus unvermutet
transversus quer
transvŏlāre vorbeifliegen
trapētum Ölpresse
trapezīta Geldwechsler
trapezophŏrum Tischstütze, -halter
Trebatius s. Abschn. II.
Trebellianum s. Abschn. II.

trecenti dreihundert
tredĕcim dreizehn
tremis(sis) Münze ($^1/_3$ solidus)
trepĭdāre zittern, in Gefahr sein
trepidatĭo Angst
tres drei
Trevĭri belgischer Stamm an der Mosel (Stadt: Trier)
Tribonianus s. Abschn. II.
tribŭĕre zuteilen, gewähren, zuerkennen, verteilen, beitragen
tribūnal Tribüne auf dem Forum, Gericht
tribunātus Würde des tribunus
tribunicĭus Tribunen betreffend
tribūnus Vorgesetzter, Vorsteher, Oberster, Schutzmagistrat
tribus Volksabteilung, Stimmkörper
tributarĭus I. Steuer — II. Steuerpflichtiger
tributĭo Verteilung
tributorĭus Steuer- . . .
tributum Beitrag, Steuer
tricennālis dreijährig
tricennĭum Zeitraum von 30 Jahren
tricesĭmus dreißigster
triclinarĭus Speise- . . .
triclinĭum Speisesofa, Tafel
triduānus dreitägig
tridŭum Zeitraum von 3 Tagen
triennĭum Zeitraum von 3 Jahren
triens $^1/_3$ As, ein Drittel
trierarchus Kapitän eines Dreiruderers
trifarĭam dreifach
triga Dreigespann
trigemĭni Drillinge
trigesĭmus = tricesimus
triginta dreißig
trimātus Alter von drei Jahren
trimus dreijährig

trinĕpos* = adnepotis filius
trinĭtas Dreieinigkeit
trinoctĭum drei Nächte
trinus je drei
tripartītus } dreigeteilt
tripertītus }
triplex dreifach
triplĭcāre verdreifachen
triplicatĭo Einrede gegen duplicatio
triplum Dreifache
triplus verdreifacht
Tripŏlis Küstenstadt in Afrika
Tripolitānus Bewohner von Tripolis
tristis traurig, ungünstig
tristitĭa } Traurigkeit
tristitūdo }
tritavĭa* Mutter des atavus
trităvus* Vater des atavus
triticarĭus auf anderes als Geld gerichtet
tritĭcum Weizen
tritus gemahlen, abgenutzt, gewandt
triumphālis kaiserlich
triumphāre Triumph feiern
triumphātor Titel des Kaisers
triumvirālis vor die Dreimänner gehörig
triumvĭri Dreimänner (Beamte)
Troadensis aus Troja
Troas = Troja
trochlĕa Winde, Rolle, Walze
Troja Heldenstadt in Kleinasien
trudĕre stoßen, verstoßen
trulla Schöpfkelle
truncāre abhauen, verstümmeln
truncatĭo Verstümmelung
trutĭna Wage
trutĭnāre wägen, erwägen
Tryphonĭnus s. Abschn. II.
tu du
tubarĭus Trompetenverfertiger

Tubĕro s. Abschn. II.
tubŭlus } Röhre
tubus }
Tucca s. Abschn. II.
tuēri bewahren, schützen, behaupten, erhalten, versorgen, verwalten
tugurĭum Hütte
tuitĭo Schutz, Hilfe
tuĭtor Beschützer
tum dann, damals
tumĭdus geschwollen, gebläht
tumor Geschwulst
tumultuarĭus ungeordnet
tumultuōsus lärmend, stürmisch
tumultus Getümmel, Lärm
tunc damals, dann, so weit
tunĭca Unterkleid
turba Menge, Schwarm, Getümmel
turbāre zerstören, verwirren, beunruhigen, anfechten
turbatĭo Verwirrung, Vermischung
turbātor Störer
turbĭde ungeordnet, wüst
turbĭdus schmutzig, aufgewühlt
turbo Wirbelwind
turbŭlens } störend, lärmend,
turbulentus } stürmisch
Turiānus s. Tyrianus
turificāre Weihrauch streuen
turma Schwadron
turmarĭus Aushebungskommissar
turpāre schänden
Turpillianum s. Abschn. II.
turpis schändlich, verrufen
turpitūdo Schande, Schandtat
turris Turm
tus Weihrauch
Tuscĭa (Etruria) Landschaft in Italien
Tusculānus aus Tuscŭlum in Latium
Tuscus tuskisch, etrurisch

tutāmen Verwahrung, Schutz
tutāri schützen
tutēla Schutz, Sicherung, Vormundschaft, Mündelgut
tutelāris Vormundschafts- . . .
tuto sicher
tutor Vormund
tutorĭus Vormunds- . . .
tutus sicher, gesichert, vorsichtig
tuum dein Eigentum
tuus dir gehörig, dein
tympănum Edelstein, Wasserheber
tyrannĭcus tyrannisch
tryrannis Gewaltherrschaft
tyrannus Gewaltherrscher
Tyriānus } aus Tyrus
Tyrĭus } aus Tyrus
Tyrus Stadt in Phönizien
tzanga Art Stiefel (bei den Barbaren).

U.

uber I. fruchtbar, reich, wirksam — II. säugende Brust, Euter
ubertas Fruchtbarkeit, Reichtum
ubi wo, sobald als
ubicunque wo nur immer
ubilĭbet irgend wo
ubīque überall
udo Filzschuh
ulcisci rächen
ulcus Geschwür
ullatĕnus irgendwo, irgendwoher
ullus irgend einer, einige
Ulpianus s. Abschn. II.
uls = ultra
ulterĭor entfernter, zu weitgehend
ulterĭus weiter
ultĭmus letzter, äußerster
ultĭo Rache
ultis = ultra
ultor Rächer
ultra jenseits, darüber hinaus, weiter
ultro andrerseits, selbst, von selbst
ultronĕus freiwillig
Ulysses Odysseus
umbilīcus Nabel, Mittelpunkt
umbo Schildbuckel, Schild
umbra Schatten, Schein, Vorwand, Schutz
umbracŭlum schattiges Plätzchen, Unterschlupf
umbratĭlis Schein- . . .
Umbrĭa Landschaft Italiens
umerāle = humerale
umor = humor
umquam einstmals, jemals
una zusammen, zugleich
uncĭa Unze ($^1/_{12}$ As) Zwölftel
unciarĭus zum zwölften Teil
unctūra das Salben (der Toten)
unda Woge
unde woher, von wo, weshalb
undecumque } woher auch immer
undeunde } woher auch immer
undĭque von allen Seiten, ganz und gar
ungŭĕre salben
ungentarĭus Salben- . . .
unguentum Salbe
ungŭis } Kralle, Nagel, Klaue
ungŭla } Kralle, Nagel, Klaue
unĭcus einzig
uniformis gleichförmig
unĭo einzelne große Perle
unīre verbinden
unĭtas Einheit, Verbindung
universalĭter allgemein, im ganzen
universĭtas Gesamtheit, Inbegriff, **Korporation**
universus gesamt, ganz

unquam = umquam
unus ein, einzig
unusquisque jeder einzelne, einer
urbaniciānus in der Stadt (Rom)
urbanĭcus }
urbānus } städtisch
urbāre umpflügen
urbicānus }
urbĭc(arĭ)us } städtisch
urbs Stadt (besonders Rom
urbum Pflugkrümme
urceŏlus kleiner Krug
urcĕus Krug, Wasserkrug
urēdo (Getreide-)Brand
urĕre verbrennen, brandmarken
urgēre }
urguĕre } drängen, nötigen
urīna Harn
urinātor Taucher
urna }
urnāle } Wasserkrug, Urne
Ursejus s. Abschn. II.
ursus Bär
urvare = urbare
urvum = urbum
usio Gebrauch
usitātim gebräuchlicherweise
usitātus gebräuchlich
uspĭam }
usquam } irgendwo
usque bis, solange
usquĕdum solange als
usqueĕo so weit
usquequāque überall
usquĕquo wie weit
ustrīna Leichenbrandstätte
usuālis Gebrauchs-..., gebräuchlich
usuarĭus I. Nutzungs-...
— II. Nutzungsberechtigter
usucăpĕre ersitzen
usucapĭo Ersitzung
usufructuarĭus Nießbraucher
usūra Zinsen
usurarĭus zinsbar, zinszahlend
usureceptĭo Rückersitzung
usurecĭpĕre zurückersitzen
usurpāre Gebrauch machen, erhalten, sich anmaßen
usurpaticĭus angepaßt [Gebrauch
usurpatĭo Anmaßung, fortgesetzter
usurpātor Anmaßender
usurpatorĭus anmaßend
usus Gebrauch, Ausübung, Gewohnheit; Gebrauchsrecht
ususfructus Nießbrauch
ut I. wie, so, zum Beispiel, als
— II. wie wenn, sobald, damit [Fall
utcumque wie auch immer, auf jeden
utensilĭa Gebrauchsgegenstände
uter I. welcher von beiden, jeder
— II. Schlauch [seits)
uterīnus* Halbbruder (mütterlicher-
uterlĭbet (irgend) einer von beiden
uterque jeder von beiden, einer
utĕrus Mutterleib, Geburt
ūti gebrauchen, anwenden, ausüben, benutzen, genießen
ŭtī = ut
Utĭca Stadt in Nordafrika
utĭlis nützlich, brauchbar, tauglich, zuträglich, billig, gültig, analog
utilĭtas Nutzen, Brauchbarkeit, Vorteil, Billigkeit
utĭque jedenfalls, durchaus, nur
utpŏte nämlich, indem
utpŭta = puta
utrimque auf beiden Seiten
utrŭbi wo (von beiden)
utrubĭque beidemal
utrum ob

uva Traube, Geschwulst
uxor, ōris* Gattin
uxorius Ehe= . . .

V.

vacans I. ledig, frei, herrenlos
— II. ausgedienter Beamter
vacantīvus unbesetzt
vacāre ledig, leer sein, frei sein, herrenlos sein, müßig sein, betreiben, wozu dienen
vacatĭo Befreiung
vacca Kuh
vacillāre schwanken [heben
vacŭāre entleeren, entkräften, auf=
vacuefăcĕre leeren, erschöpfen
vacŭus leer, frei, ledig, müßig, un=
vadĕre gehen [wirksam
vades Bürge [nen vor Gericht
vadimonĭum Bürgschaft für Erschei=
vadum Furt
vaenīre = vēnire
vafer verschmitzt, arglistig
vagāri herumstreifen, schwanken
vagīna Scheide
vagītus Kindergewimmer
vagŭlus unstet
vagus umherstreifend, unstet
valde sehr, gewaltig
Valens I. Kaiser, 364—378 n. Chr.
— II. s. Abschn. II.
Valentiăcus Valens betreffend
Valentīni aus Valencia in Spanien
Valentiniāni eine Sekte
Valentiniānus I. Kaiser, 364—375 n. Chr.
— II. von Valentinian herrührend
valēre vermögen, tauglich sein, gelten, wert sein
Valerĭa I. Provinz Italiens
Valerĭa II. (lex) s. Abschn. II.
valetudinarĭum Krankenhaus
valetudinarĭus Krankenpfleger, krank
valetūdo, ĭnis Befinden, Gesundheit, Krankheit
valĭdus stark, wirksam, gültig
vallāre verschanzen, sichern
Vallia lex s. Abschn. II.
vallum Wall, Schutz
Vandăli Vandalen (Germanen)
Vandalĭcus Justinian als Besieger der Vandalen
vanĭtas Nichtigkeit, Hohlheit
vanus eitel, nichtig, ungültig
vapor Dunst, Dampf
vapŭlāre Prügel bekommen
varĭāre verändern, wechseln, schwan=
variatĭo Willensänderuug [ken
varĭcāre Füße auseinanderstellen,
varicātor Grätschler [grätscheln
varicōsus voll Krampfadern
variĕtas Verschiedenheit
varĭus verschieden, wechselnd, gewandt
varus mit auswärts gebogenen Bei=
Varus s. Abschn. II. [nen
vās, vădis Bürge (vor Gericht)
vās, vāsis Gefäß, Geschirr
vasarĭum Archiv [verfertiger
vasculārĭus Goldschmied, Geschirr=
vascŭlum (Gold=)Geschirr
vastatĭo Verwüstung
vastĭtas Öde, Verwüstung
vastus verödet, wüst
vates Weissager
vaticĭnāri weissagen
vaticinatĭo Weissagung
vaticinātor = vates
vatĭus krummbeinig

ve oder
vecors wahnsinnig
vectīgăl, ālis Abgaben, Erbzins, Einkünfte
vectigālis Steuer-...
vector Fahrer, Passagier
vectūra Fuhre, Fuhrgeld, Frachtgeld
vecturarĭus I. Frohnfuhr-...
— II. Fuhrmann
vegĕtāre beleben, ermuntern
vegĕtāri leben
vehatĭo Fuhre
vehĕmens heftig, mächtig, tätig
vehementer stark, sehr
vehĕre fahren
vehes Fuhre
vehiculāris Fuhr-...
vehicŭlum Fuhrwerk, Wagen
Vejentānus aus Veji in Etrurien
vel oder, auch, zum Beispiel
velāmen(tum) Decke
velāre verhüllen
velle wollen, wünschen, einwilligen
Velleja(num) s. Abschn. II.
vellĕre ausrupfen, -reißen
vellus geschorene Wolle, Wollzeug
velox, ōcis schnell
velum Segel, Vorhang
velut(i) gleichwie, wie, zum Beispiel
vena Ader
venaliciarĭus I. Sklavenhandel betreffend
— II. Sklavenhandel
venalicĭum Handelssklaven, Handelszoll
venalicĭus käuflich, verkäuflich
venālis käuflich, feil
venalĭtas Käuflichkeit
venāri jagen
venatĭo Jagd
venātor Jäger
venatorĭus Jagd-...
venātus Jagd
vendĕre verkaufen
vendibĭlis verkäuflich
vendĭcāre = vindicare
vendĭtāre verkaufen
vendĭtĭo Verkauf
vendĭtor Verkäufer
vendĭtum Verkauf
veneficĭum Giftmischerei
veneficus } Giftmischer
venenarĭus }
venenātus vergiftet
venēnum Gift, Arznei
venerabĭlis ehrwürdig
venerabilĭter ehrfurchtsvoll
venerandus = venerabilis
venĕrāri verehren
veneratĭo Verehrung
Venetĭa Gegend in Norditalien
venĭa Gefälligkeit, Vergünstigung, Erlaubnis, Gnade, Verzeihung
venĭens künftig
Venientānus = Vejentanus
vēnīre verkauft, versteigert werden
vĕnīre kommen, erscheinen, eintreten, erlangen, übergehen, fallen unter
venter Bauch, Leibesfrucht
ventĭlāre fächeln, beunruhigen, betreiben
ventōsus windig
ventrāle Leibgurt
ventūrus künftig
ventus Wind, Sturm
venundāre verkaufen
venus, ĕris Beischlaf
venustas Schönheit
venustus lieblich, schön
vepres Dorngestrüpp, -strauch
veracĭter wahrhaftig
verber Peitsche, Prügel

verbĕrāre peitschen, prügeln
verberātio Peitschenhiebe
verbĕro Schlingel
verbositas Wortschwall
verbōsus wortreich
verbotĕnus wörtlich
verbum Wort, Ansprache, Ausdruck
vere wirklich, wahr
verecunde schüchtern, schonend
verecundia Ehrfurcht, Scham, Scheu
verecundus schamhaft, schüchtern
veredarius Postpferde betreffend
verēdus Post=, Kurierpferd
verēri scheuen, fürchten, Bedenken
vergĕre sich neigen [tragen
Vergilius s. Virgilius
verisimilis wahrscheinlich [Lage
veritas Wahrheit, Wirklichkeit, wahre
verna im Hause geborner Sklave
vernacŭlus Haus=..., Familien=...
vernŭla = verna
vernus = verna
vero I. wahrhaftig
— II. aber, doch
verres Eber
versāre umkehren, umackern, drehen, aufwenden
versāri sich beschäftigen, sich aufhalten, in Frage kommen
versavice umgekehrt
versicŏlor buntes Zeug
versicolorius buntgefärbt
versus I. v. vertere
— II. Zeile
versutia Schlauheit, List
versūtus verschlagen, spitzfindig
vertĕre umkehren, umstürzen, verändern, verwenden
verti in Frage kommen
verum aber, doch
verus wahr, tatsächlich
Verus Kaiser, 161—169 n. Chr.
vervecarius Schöpsenhirt
vervecinus Schöpsen=...
vervex Schöps, Hammel
vesania Wahnsinn
vesānus wahnsinnig
vescĕre, vesci } essen, nähren
vesica Harnblase
Vespasiānus Kaiser, 70—79 n. Chr.
vespertilio Fledermaus
vespertinus abendlich
vespillo Leichenträger
Vesta Göttin des Herdes
Vestālis der Vesta geweiht
vester euer
vestiarium Kleidung
vestiarius Kleider=...
vestibŭlum Vorhof
vesticŭla Kleid
vestigāre nachspüren, suchen
vestigātor Aufspürer [Augenblick
vestigium Fußtapfe, Spur, Beweis,
vestimentum Gewand, Decke
vestire bekleiden
vestis Kleid, Kleidung
vestispica Kammerfrau
vestitus I. v. vestire
— II. Kleidung
vetāre verbieten [Beamter
veterānus ausgedienter Soldat oder
veterātor alter Sklave, alter „Fuchs“
vetĕres klassische Juristen
veterinarius Tierarzt
veternōsus schlaffüchtig
vetitus v. vetare
vetus, ĕris alt, früher
vetustas Alter, lange Dauer, Gewohnheit, Altertum

vetustus alt, früher
vetustiōres Vorfahren
vexāre quälen, belästigen
vexatĭo Beunruhigung, Strafe
vexātor Angreifer
vexillatĭo Abteilung, Reiter
vexillum Fahne
via Weg, Straße, Wegerecht
viaticŭlum } Reisezehrung
viatĭcum } Reisezehrung
viātor Wanderer, Gerichtsdiener
viatorĭus Reise= . . .
vicanĕus } Dörfler
vicanus } Dörfler
vicarĭa Amt des vicarius
vicariānus Statthalter betreffend
vicarĭus I. stellvertretend, gegenseitig
— II. Stellvertreter, Statthalter
vicēni (je) zwanzig
vicennĭum Zeitraum von 20 Jahren
vices Wechsel
vicesĭma Zwanzigste (Abgabe)
vicesĭmus zwanzigster
vicinālis Dorf= . . .
vicinĭtas Nachbarschaft
vicinĭtus in der Nähe umher
vicīnus benachbart, ähnlich
vicis Stelle, Wechsel
vicissim wechselseitig
vicissitūdo Wechsel
victĭma Opfertier
victimarĭus Opferschlächter
victor Sieger
victorĭa Sieg
victrix siegreich
victuālis Lebens= . . .
victus I. v. vincere
— II. Lebensunterhalt
vĭcus Dorf, Gasse
videlĭcet natürlich, gewiß
vidēre sehen, bemerken, einsehen, betrachten
vidēri scheinen, gelten
mihi vidētur ich glaube
vidŭa Witwe
vidŭāre verwitwen, berauben
vidŭĭtas Witwenstand
Viennensis aus Vienna in Gallien
viētor Böttcher
vigēre Kraft haben, gelten, blühen
vigesĭma = vicesima
vigil } wachsam
vigĭlans } wachsam
vigilantĭa Wachsamkeit
vigĭlāre wachen
vigĭlax wachsam
vigilĭa Nachtwache, =arbeit
viginti zwanzig
vigor Kraft, Geltung
vilĭcus Guts=, Hausinspektor
vilis feil, niedrig, schlecht
vilĭtas Niedrigkeit, Gemeinheit
villa Landhaus
Villia lex s. Abschn. II.
villĭca v. villicus
villĭcus = vilicus
vinacĕa } Weinbeerschalen
vinacĭa } Weinbeerschalen
vinarĭus Wein= . . ., Weintrinker
vincĕre besiegen, absiegen
vincīre fesseln, binden, verpflichten
vinctus v. vincire
vincŭlum Fessel, Band, Verpflichtung
vindemĭa Weinlese
vindemiālis Weinlese= . . .
vindemiatorĭus Weinlese= . . .
vindex I. Rächer, Verteidiger, Vertreter
— II. rächend
vindĭcāre beanspruchen, ver=

folgen, geltend machen, rächen, befreien [form
vindicatĭo Anspruch, Legats=
vindĭcĕre als Verteidiger auftreten
vindicĭa(e) Eigentumsklage, einstweiliger Besitz
vindicĭus = vindex
vindicta Rute bei vindicatio, Rache
Vindius s. Abschn. II.
vinĕa Weintraube, =berg
vinearĭus Wein= . . .
vinētum Weinpflanzung
vinum Wein
viŏlāre verletzen
violatĭo Verletzung
violātor Verletzer
violenter heftig
violentĭa Gewalt
violentus gewaltsam
vipĕra Schlange
vir * Mann, Gatte
virdiarĭum = viridiarium
virens grünend
virga Rute
Virgilius berühmter Dichter
virginālis jungfräulich
virginĭtas Jungfrauschaft
virgo Jungfrau
virgultum Gebüsch
viridĭa grüne Pflanzen
viridiarĭum Lustgarten
virĭdis grün, frisch
virīlis männlich, auf den Mann
virilĭtas Männlichkeit
viriŏla Armband
viripōtens mannbar
virītim einzeln, nach Köpfen
virtūs, ūtis Tüchtigkeit, Eigenschaft
virus Gift
vis Kraft, Geltung, Gewalt, Gewalttätigkeit, Eigenmacht
viscĕra Eingeweide
visceratĭo öffentliche Fleischverteilung
Visellia lex s. Abschn. II. [lung
visĕre besichtigen, aufsuchen
visĭo Fall
visĭtāre besuchen
vispellĭo Leichenträger
visus Anblick
vita Leben, Lebensunterhalt, =weise, Dauer
vitāre meiden [Dauer
Vitellius s. Abschn. II.
vitiāre verletzen, verderben, schädigen, entkräften
vitiōsus fehlerhaft
vitis Rebe [keit
vitĭum Fehler, Fehlerhaftigkeit
Vitrasianum s. Abschn. II.
vitreāmen Glasgeschirr
vitrĕus gläsern
vitriarĭus Glaser
vitrĭcus* Stiefvater
vitta Kopfbinde
vitŭlus Kalb
vitupĕrāre tadeln
vituperatĭo Tadel
vitutiarĭi fahrende Leute
vivarĭum Tiergarten
vivens lebendig
vivĕre leben, bestehen
Vivianus s. Abschn. II.
vivus lebendig
vix kaum
vocabŭlum Wort, Name
vocāre rufen, herbei-, aufrufen, vorladen, auffordern, benennen, versetzen
vocatĭo Vorladung, Berufung
vocifĕrāri schreien

vociferatĭo Geschrei
vocĭtare auffordern
Voconia lex s. Abschn. II.
volāre fliegen
volgāris = vulgaris
volgo = vulgo
Volsiniensis = Vulsiniensis
volŭcris Vogel
volumen Rolle, Band, Verwicklung
voluntarĭus freiwillig
voluntas Wille, Verlangen, Willkür, Entschluß, Einwilligung
voluptarĭus vergnüglich, wollüstig
voluptas Genuß, Wollust
voluptuōsus wollüstig, genußsüchtig
Volusianum s. Abschn. II.
Volusius s. Abschn. II.
volutāre wälzen, darauf herum- [reiten
vomĕr Pflugschar
voracĭtas Habgier
vorax habsüchtig
votĭvus gelobt, erwünscht [Absicht
votum Gelübde, Wunsch, Verlangen,
vovēre geloben [Wort, Sentenz
vox Stimme, Sprache, Äußerung,
vulgāre veröffentlichen [mein
vulgāris allgemein, gewöhnlich, ge-
vulgo im allgemeinen
vulgus große Menge, Leute, Volk
vulnĕrāre verwunden, beschädigen
vulnus, ĕris Wunde
vulnuscŭlum unbedeutende Wunde
Vulsiniensis aus Vulsinii in Etrurien
vultus Miene, Gesicht, Abbild
vulva Gebärmutter

X.

xenĭa Gastgeschenke (an den Statt-
xeniŏlum kleines Geschenk [halter)
xenodochĭum Fremdenhospital
xenodŏchus Herbergsvater
xenon = xenodochium
xenoparŏchus Fremdenverpfleger
Xenŏphon athenischer Historiker
xylocassĭa Cassienholz
xylocinnamōmum Zimmetholz
xystĭcus Athlet
xystum Übungshalle der Athleten

Z.

zaba Brustharnisch
zanga = tzanga
Zarmizegethusa Stadt in Dacien
Zeno Kaiser, 474—491 n. Chr.
Zenonianus nach Zeno benannt
Zernensis aus Zernes in Dacien
zetarĭus Zimmerhüter
Zeuxippus Besitzer eines Bades in Konstantinopel
zibinni = siginni (von siginnus)
zingibĕri Ingwer
zona Gürtel
zygostasĭum Amt des Wägemeisters
zygostătes Wägemeister
zythum Gerstentrank

Abschnitt II.

Juristen, Leges, Senatus Consulta.

1. Juristen.

Aburnius, Valens — (unter Antoninus Pius). Sabinianer.

Aelius, Sextus, Paetus Catus (um 204 v. Chr.). Schrieb „Tripertita": die zwölf Tafeln, Interpretation und legisactiones enthaltend (sog. jus Aelianum).

— Publius, Bruder des vorigen.

Africanus, Sextus Caecilius (unter Antoninus Pius). Schüler des Salvius Julianus, den er mit „ait" zitiert. Schrieb u. a. „Quaestiones" d. h. schwierige Rechtsfragen, Schulfälle.

Alfenus, Varus (um 50 v. Chr.). In den Digesten zitiert.

Appius Claudius (312 v. Chr. Censor). Bekannt durch das jus Flavianum, ein Verzeichnis der legisactiones (s. a. Flavius).

Aquilius, C., Gallus (66 v. Chr. Prätor). Schüler des Qu. Mucius Scaevola. Lehrer des Serv. Sulpicius Rufus. Urheber der formula de dolo malo, der stipulatio Aquiliana (Generalquittung), postumi Aquiliani (nachgeborene Enkel).

Arcadius Charisius (um 350 n. Chr.). In den Digesten exzerpiert.

Aristo (z. Z. Trajans lebend). In den Digesten zitiert.

Arrianus (z. Z. Trajans lebend). In den Digesten zitiert.

Atejus s. Capito.

Atilicinus (unter Augustus lebend). Prokulianer.

Atilius, Publius (um 100 v. Chr.). In den Digesten zitiert.

Aufidius Namusa (um 50 n. Chr.). Schüler des Serv. Sulpicius Rufus.

— Tucca (um 50 v. Chr.). Wie der vorige.

Aurelius Arcadius Charisius s. Arcadius.

Brutus, M. Junius (um 50 v. Chr.). In den Digesten zitiert.

Caelius Sabinus (z. Z. Vespasians).

Zeitgenosse des Pegasus. Sabinianer.

Callisträtus unter Sept. Severus und Antoninus Caracalla.

Campanus z. Z. Hadrians.

Capīto, C. Atejus (Anhänger des Augustus). Erster Sabinianer.

Cascellius, Aulus (um 50 v. Chr.). Nach ihm das Cascellianum judicium (Gaj. IV, 166. 169) benannt.

Cassius, C., Longinus (Zeitgenosse des Sabinus). Schule der Sabinianer nach ihm auch Cassianer benannt.

Cato, Marcus Porcius, Censorius. Staatsmann. Redner, Jurist.

— M. Porcius, Licianus (um 160 v. Chr.). Urheber der regula Catoniana: keine Konvalescenz bei Nichtigkeit eines Rechtsgeschäfts.

Celsus, P. Juventius (unter Domitian und Nerva). Prokulianer.

— P. Juventius, filius (129 n. Chr. Konsul). Ebenfalls Prokulianer. Urheber des SC. Juventianum, der condictio Juventiana, der „responsio Celsīna“. Schrieb 39 Bücher „Digesta“.

Charisius, Aurelius Arcadius — s. Arcadius.

Cinna (gegen Ende der Republik). Schüler des Serv. Sulpicius Rufus.

Cornelius Maximus (z. Z. des vorigen). In den Digesten zitiert.

Coruncanius, Tiberius (253 v. Chr. erster plebejischer pontifex-maxismus). Erteilte zuerst öffentlichen Rechtsunterricht.

Flavius, Cn. (Schreiber des Appius Claudius). Veröffentlichte die Sammlung der legisactiones („jus Flavianum“).

Florentīnus (unter Alexander Severus). In den Digesten zitiert.

Fufidius (Zeitgenosse des Proculus). In den Digesten zitiert.

Fulcinius Priskus, Wie der vorige.

Gajus (unter Marc Aurel). Sabinianer. Schrieb: „Institutionum juris civilis commentarii quattuor“ (Vorbild der justinianischen Institutionen), Kommentare zum edictum urbicum, edictum provinciale und den zwölf Tafeln, endlich „aurea sive res cottidianae“ (Rechtswahrheiten).

— Cassius Longinus (oft als Gajus zitiert) s. Cassius.

Gallus, Aelius (gegen Ende der Republik). Schrieb: „de verborum, quae ad jus pertinent, significatione“.

— C. Aquilius s. Aquilius.

Granius Flaccus (z. Z. Caesars). Schrieb einen Kommentar zum jus Papirianum (Königgesetzen).

Gregorianus (unter Diocletian und Konstantin). Stellte im codex Gregorianus (corpus Gregoriani) kaiserliche Konstitutionen zusammen.

Hermogenianus (z. Z. Konstantins d. Gr.). Setzte im codex Hermogenianus des vorigen Werk fort (?).

Javolēnus Priscus (unter Trajan und Hadrian). Sabinianer, Vorgänger des Salvius Julianus.

Julianus, Salvius s. Salvius.

Junius Gracchus (gegen Ende der Republik). In Digesten zitiert.

Labëo, Marcus Antistius (unter Augustus). Erster Prokulianer. Schrieb: Kommentare zu den zwölf Tafeln und zum Edikt.

Laelius (unter Trajan und Hadrian). In den Digesten zitiert.

Manilius, Manius (im 2. Jhd. v. Chr.). Stellte die „Maniliae venalium vendendorum actiones“ (Formulare für Kaufgeschäfte) auf.

Marcellus (unter Antoninus Pius, Marc Aurel und Commodus).

Marcianus (unter Alexander Severus). Schrieb den „liber singularis ad formulam hypothecariam“ (Monographie über Pfandrecht).

Mauricianus (unter Antoninus Pius). In den Digesten zitiert.

Mela, Fabius (unter Augustus). In den Digesten zitiert.

Menander, Arrius (unter Antoninus Caracalla). Wie der vorige.

Messius (Zeitgenosse Papinians).

Minutius Natalis (unter Trajan). In den Digesten zitiert.

Modestīnus, Herennius (um 235 n. Chr.). Schüler Ulpians, schreibt z. T. schon in griechischer Sprache.

Mucius, Publius, Scaevola (um 100 v. Chr.). Pontifex maximus.

— Quintus, Scaevola (gest. 82 v. Chr.). Erster Systematiker; schrieb: 18 Bücher „jus civile“, den „liber singularis ὅρων (definitionum)“. Schuf die cautio und praesumptio Muciana. Lehrer des Aquilius Gallus und Sulpicius Rufus.

Nasīca, S. Scipio (um 200 v. Chr.). In den Digesten zitiert.

Neratius Priscus (unter Trajan). Letzter Prokulianer.

Nerva, M. Coccejus (unter Tiberius). Prokulianer.

— M. Coccejus, filius (Sohn des vorigen). Prokulianer.

Ofilius, Aulus (z. Z. Caesars). Schüler des Serv. Sulpicius Rufus.

Pactumejus Clemens (um 138 n. Chr.). Unter Hadrian und Antoninus Pius.

Papinianus, Aemilius (geb. unter Antoninus Pius, praefectus praetorio unter Septimius Severus, gest. unter Caracalla). Schüler des Qu. Cervidius Scaevola, Lehrer Ulpians. Schrieb: 37 Bücher „quaestiones“ und 19 Bücher „responsa“.

Papirius, S. oder Publ., verfaßte die „jus (civile) Papirianum“ genannte Sammlung von Königsgesetzen.

— Justus (unter Marc Aurel). Verfaßte eine Privatsammlung kaiserlicher Konstitutionen in 20 Büchern.

— Fronto (unter Caracalla). In den Digesten zitiert.

Paulus, Julius (Präfekt unter Alexander Severus). Schüler des Scaevola. Schrieb Kommentare ad Edictum (78 Bücher), ad Sabinum (16 Bücher) und „Pauli sententiarum receptarum ad filium libri quinque".

Pegasus (unter Vespasian). Prokulianer. Urheber des SC Pegasianum.

Plautius (unter Vespasian). In den Digesten zitiert.

Pomponius Sextus (unter Antoninus Pius). Schrieb den „liber singularis enchiridii" mit einer Übersicht über ältere Juristen.

Proculus (unter Tiberius). Nachfolger des Labeo, Gründer der Prokulianerschule.

Puteolanus (Zeit unbestimmt). Schrieb „libri Assessoriorum".

Rufinus, Licinius (Zeitgenosse des Paulus). In Digesten zitiert.

Rutilius Rufus (um 100 n. Chr.). Schuf die actio und constitutio Rutiliana.

Sabinus, Massurius (unter Tiberius). Schrieb: „libri tres juris civilis," die von Pomponius, Paulus und Ulpian kommentiert wurden („ad Sabinum").

Salvius Julianus (unter Hadrian). Der „ordinator Edicti perpetui" (131 n. Chr.), schrieb 90 Bücher Digesten.

Saturninus, Claudius, z. Z. des Antoninus Pius und der divi fratres.

— Venulejus (z. Z. des Antoninus Caracalla). In Digesten zitiert.

Scaevola, Qu. Cervidius (unter Marc Aurel). Lehrer des Papinian und Paulus.

Sempronius (um 300 v. Chr.). Mit dem Beinamen „der Weise".

Servius Sulpicius Rufus (gest. 43 v. Chr.). Schüler des Aquilius Gallus. Lehrer des Aulus Ofilius. Verfasser des ersten Ediktkommentars.

Severus, Valerius. Von Julian zitiert.

Sextus Pomponius s. Pomponius.

Terentius Clemens (unter Marc Aurel). Schüler Julians. Schrieb 20 Bücher ad legem Juliam et papiam poppaeam.

Tertullianus (unter Septimius Severus). In den Digesten zitiert.

Tiberius Coruncanius (pontifex 254 v. Chr.). Ließ zuerst auditores beim Respondieren zu und besprach die Fälle.

Trebatius, C. Testa (um 50 v. Chr.). Lehrer des Labeo.

Tribonianus (quaestor sacri Palatii unter Justinian). Vorsitzender der Kommission für die Digesten.

Tryphoninus, Claudius (unter Septimius Severus und Antoninus Caracalla).

Tubero, Aelius (um 150 v. Chr.). — Schüler des Ofilius. Beide in den Institutionen zitiert.

Tucca, Aufidius s. Aufidius.

Ulpianus, Domitius (geb. um 170 n. Chr., praefectus praetorio unter Alexander Severus, 228 von den Prätorianern ermordet). Schrieb Kommentare ad Edictum (83 Bücher), ad Sabinum (51 Bücher); aus denen fast ein Drittel aller in den Digesten enthaltenen Excerpte genommen sind.

Ursejus Ferox (unter Tiberius und den folgenden Kaisern). In den Digesten zitiert.

Valens, Aburnius s. Aburnius.

Varus, Alfenus s. Alfenus.

Vindius (unter Antoninus Pius). In den Digesten zitiert.

Vitellius (unter Augustus). In den Digesten zitiert.

Vivianus (unter Tiberius und den folgenden Kaisern). Wie voriger.

Volusius Maecianus (unter Antoninus Pius und Marc Aurel). In den Digesten zitiert.

2. Leges.

Acilia (123 v. Chr.): repetundarum, Strafe für Erpressungsversuche der höhern Provinzialbeamten.

Aebutia (200 v. Chr.): Formularverfahren im Prozeß an Stelle der Legisaktionen allgemein eingeführt.

Aelia Sentia (4 n. Chr.): Beschränkung der Freilassungen (in fraudem creditorum, bei Minderjährigkeit des Herrn).

Anastasiana (500 n. Chr.): I. emanzipierte Geschwister des Erblassers sind erbfähig;

II. Einführung der emancipatio per rescriptum principis;

III. zedierte Forderungen sind nur in Höhe des Kaufpreises einklagbar.

Antoniniana (212 n. Chr.): alle freien Reichsangehörigen erhalten Civität.

Apuleja: mehrere Bürgen haften nur pro rata.

Aquilia (287 v. Chr.): Klage auf Schadensersatz bei widerrechtlicher Sachbeschädigung.

Atilia (188 v. Chr.): der Prätor kann dem Minderjährigen einen Tutor bestellen (tutor dativus — Atilianus).

Atinia (197 v. Chr.): res furtivae sind nicht ersitzbar.

Calpurnia (149 v. Chr.): legis-actio per condictionem kann auf jede certa res gestellt werden.

Caninia: s. Furia.

Canuleja (445 v. Chr.): ut connubia plebeieum patribus essent.

Cicereja: zum Schutz der sponsores und fidejussores (Bürgen).

Cincia (204 v. Chr.): Schenkungen sind nur bis zu einer bestimmten Höhe gestattet, darüber hinaus hat der Schenker eine exceptio.

Claudia (50 n. Chr.): die Agnatentutel kommt endgültig in Wegfall.

Cornelia (81 v. Chr.): I. de injuriis — Strafen für Realinjurien und Hausfriedensbruch;

II. de siccariis et veneficis — Strafen für Straßenraub, Testamentsunterschlagung, Meineid u. a. m.

III. de falsis = II.
IV. testamentaria = II oder V.
V. de confirmandis testamentis (testamentaria) — kriegsgefangene Römer gelten als bei Gefangennahme verstorben;
VI. de sponsu — Beschränkung der Bürgschaftsleistung.

Fabia: Strafen für das Verbrechen des Menschenraubes.

Falcidia (40 v. Chr.): Vermächtnisse können soweit geschmälert werden, daß ein Viertel des Nachlasses frei bleibt (quarta Falcidia).

Favia: s. Fabia.

Fufia: s. Furia.

Furia: I. Caninia (8 n. Chr.) — testamentarische Manumission nur beschränkt zugelassen;
II. testamentaria (183 v. Chr.) — Vermächtnisse über 1000 As dürfen nicht angenommen werden;
III. de sponsu (345 v. Chr.) — sponsores und fideipromissores haften zwei Jahre lang und repartieren untereinander.

Fusia: s. Furia.

Glicia: ein Testament, in dem ohne Grund die nächsten Verwandten enterbt sind, ist unwirksam (Pflichtteilsrecht (?) nach Cujacius).

Hortensia (287 v. Chr.): Plebiszite haben allgemeine Gesetzeskraft (Ende des Ständekampfes?).

Hostilia (170 v. Chr.): Vergünstigungen für kriegsgefangene Römer (z. B. Zulassung einer Prozeßvertretung).

Julia (alphabetisch): I. de adulteriis (18 n. Chr.) — der fundus dotalis darf nicht frei veräußert werden;
II. de ambitu (18 v. Chr.) — Verbot der Wahlbestechung;
III. de annona — Verbot des Kornwuchers;
IV. caducaria s. Julia X;
V. de collegiis — zur Körperschaftsbildung ist staatliche Genehmigung erforderlich;
VI. de fundo dotali s. Julia I;
VII. de repetundis (59 v. Chr.) — Verbot der Geschenkannahme seitens hoher Provinzialbeamten;
VIII. de maritandis ordinibus (4 n. Chr.) — Ehegesetze, Dotalpflicht;
IX. majestatis — Strafe für Majestätsbeleidigung;
X. et Papia Poppaea — Ehelosen sind Verheirateten gegenüber benachteiligt, das Konkubinat wird in bestimmter Form anerkannt;
XI. et Plautia — res vi possessae sind nicht ersitzungsfähig;
XII. et Titia — der praeses provinciae kann für Minderjährige einen tutor bestellen;
XIII. de vi — jede Vergewaltigung und Nötigung ist strafbar.

Junia (19 n. Chr.): Norbana — qui in libertate morantur gelten als latini Coloniarii (Latini Juniani — mindere Freigelassene).

Laetoria: s. Plaetoria.

Licinia: I. Verhütung der Veräußerung noch nicht geteilter Gemeinschaft;

II. Stolonis: Agrar- und Schuldenreformanträge; Wahl eines plebejischen Konsuls.

Minicia: Kinder aus Ehen mit Peregrinen folgen der Rechtslage des peregrinen Teils.

Marcia: Erschwerung des Zinswuchers (Verbot der Zinseintreibung).

Mensia: das Kind, dessen einer Elternteil peregrinus ist, folgt diesem im status.

Papia: s. Julia X.

Pesolania: Ausdehnung der Tierhaftung auf die Hunde.

Petronia (61 n. Chr.): Sklaven dürfen nicht zum Tierkampf verwandt werden.

Pinaria: Ernennung von Einzelrichtern.

Plaetoria (186 v. Chr.): der pubes minor darf sich einen curator erbitten und hat aus Geschäften ohne dessen Einwilligung eine exceptio.

Plautia: de vi — s. Julia XI.

Poetelia (313 v. Chr.): Tötung und Verknechtung des Schuldners ist verboten.

Pompeja: de parricidiis — besondere Strafen für Verwandtenmord.

Poppaea: s. Julia X.

Porcia: über die Haftpflicht der Gesellschafter.

Publilia: I. Philonis — Bestimmungen über die sponsio;

II. Voleronis — über die Wahl der Volkstribunen und -ädilen.

R(h)emmia: Strafe für wissentlich falsche Anklage (calumnia).

Rhodia: de jactu — große Haverei ist gemeinsam zu tragen.

Rubria: de Gallia Cisalpina — mit Gerichtsordnung für die dortigen Städte.

Scribonia: usucapio für Servituten aufgehoben (dafür longi temporis possessio, longi temporis quasi possessio).

Sempronia: judiciaria — die judices sind aus den Rittern auszulosen.

Silia für certa pecunia wird die legisactio per condictionem eingeführt.

Titia: I. die Wetten betreffend;

II. Julia et Titia s. Julia XII.

Valeria: de provocatione — Tötung und Geißelung römischer Bürger ist nur auf Provokation ans Volk zulässig.

Vallia: erlaubt dem der legis actio per manus injectionem unterliegenden Schuldner, sich selbst zu verteidigen (silei manum depellere).

Velleja: über Ungültigkeit von Testamenten.

Villia: annalis — Reihenfolge der Amtsbewerbungen bestimmt.

Visellia: Strafen für den Freigelassenen, der sich die Rechte des ingenuus anmaßt.

Voconia (169 v. Chr.): Milderung der Vermächtnisbeschränkungen der lex Furia (s. Furia II); — Beschränkung des Frauenerbrechts aus Testamenten.

3. Senatus Consulta.

Afinianum: trifft Bestimmungen über Adoption.

Apronianum (Hadrian): die Städte dürfen Universalfideikommisse erwerben.

Articulejanum (Trajan): für fideikommissarische Freilassungen in den Provinzen ist immer der praeses provinciae zuständig.

de Bacchanalibus (185 v. Chr.): gegen die Ausschreitungen des Bacchuskultus.

Calvisianum: die Ehe einer Frau über 50 Jahren mit einem noch nicht 60 jährigen soll keinerlei erbrechtliche Ansprüche geben.

Claudianum (52 n. Chr.): die mit einem fremden Sklaven verkehrende Freie wird Sklavin des Herrn.

Dasumianum (Trajan): fideikommissarische Freilassungen betreffend

Juncianum (127 n. Chr.): fideikommissarische Freilassungen betreffend.

Juventianum (129 n. Chr.): über den Schutz der hereditatis petitio.

Largianum (41 n. Chr.): Erbrecht der Kinder des Latinus Junianus (s. lex Junia) hinter dem patronus.

Libonianum (16 n. Chr.): Verfügungen zu gunsten des Testamentsschreibers sind in der Regel unwirksam.

Macedonianum (69—79 n. Chr.): Gelddarlehen an Hauskinder sind verboten; letztere haben eine exceptio, auch gegen das judicatum.

Neronianum (54—68 n. Chr.): Legate in unvorschriftsmäßiger Form gelten als Damnationslegate.

Orfitianum (178 n. Chr.): die Kinder gelten als die nächsten Intestaterben der Mutter (s. Tertullianum).

Orphitianum: s. Orfitianum.

Pegasianum (75 n. Chr.): Fideikommisse unterliegen wie Vermächtnisse der Beschränkung der lex Falcidia (s. daselbst); Universalfideikommisse stehen dem heres fiduciarius zu.

Pernicianum: betrifft die Bestimmungen der lex Papia (s. Julia lex X).

Pisonianum (Nero): „ut, si poenae obnoxius servus venisset, quandoque animadversum in eum esset, ut venditor pretium praestaret."

Plancianum (117—138 n. Chr.): I. die schwangere Geschiedene muß ihren Zustand binnen 30 Tagen nach der Trennung anzeigen.

II. de fideicommissis tacitis.

Sabinianum: trifft Bestimmungen über die Adoption.

Silanianum (Augustus): Sklaven des ermordeten Herrn sollen zur Ermittlung des Mörders gefoltert werden.

Tertullianum (Hadrian): die

Mutter mit dem jus liberorum hat gegen die Kinder Intestaterbrecht und zählt zu den „unde legitimi".

Trebellianum (Nero): mit der Restitution der hereditas fideicommissaria gehen Erbschaftsklagen auf den Fideikommissar über.

Turpillianum (Nero): Strafen für tergiversatio seitens des Anklägers.

Vellejanum (46 n. Chr.): Interzessionen der Frauen sind unwirksam und gewähren eine exceptio.

Vitrasianum (Hadrian): fideikommissarische Freilassungen betreffend.

Vollusianum: frivole Streitgenossen (die den Prozeßgewinn unter sich teilen wollen) unterliegen den Strafen der lex Julia de vi privata s. Julia XIII).

Verwandtschaftstafeln.

Schwägerschaft:

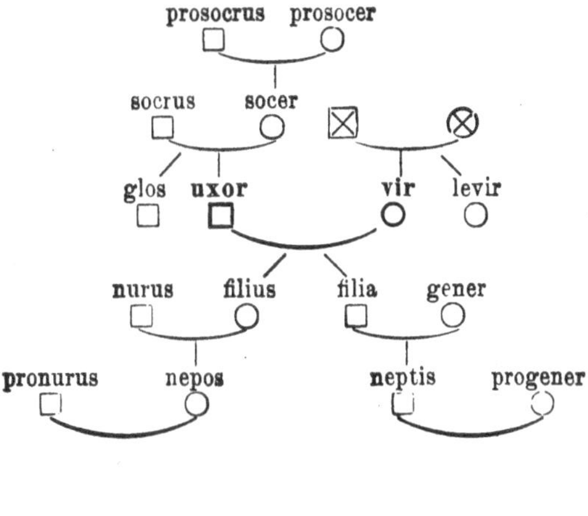

Erklärung: ○ = Mann, □ = Frau, ‿ = Ehe, X = gestorben, — = Verwandtschaft in Seitenlinie (Geschwister).

Blutsverwandtschaft:

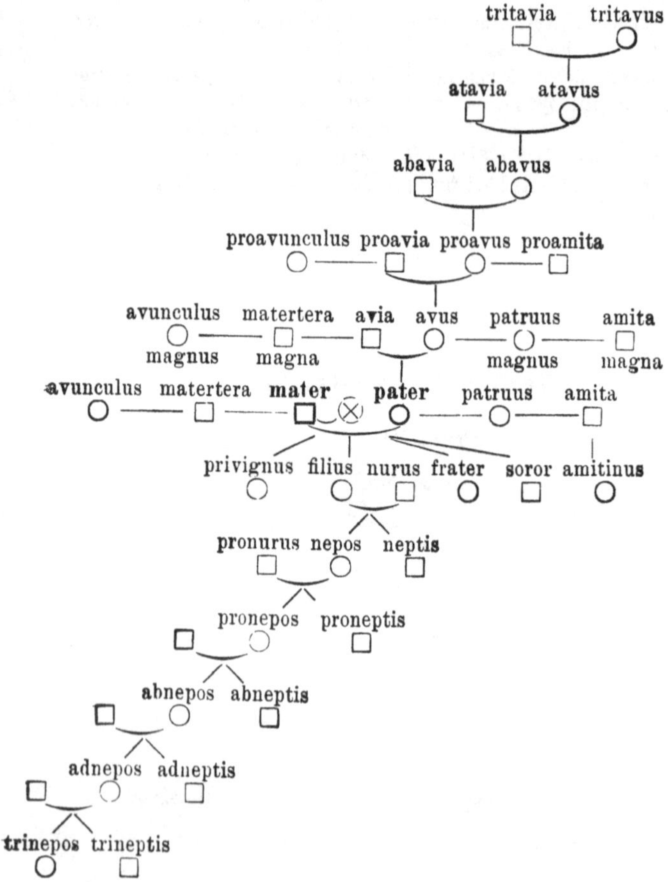

FSC
www.fsc.org
MIX
Papier | Fördert gute Waldnutzung
FSC® C083411

Kolibri 360 GmbH
Ferdinand-Jühlke-Straße 7
99095 Erfurt, Deutschland
produktsicherheit@kolibri360.de